Allitera Verlag

Weitere Informationen über den Verlag und sein Programm unter
www.allitera.de

Vollständiger Reprint der Erstausgabe von 1806,
erschienen bei Abraham Geiger in Augsburg

Dezember 2012
Allitera Verlag
Ein Verlag der Buch&media GmbH, München
Umschlaggestaltung: Alexander Strathern, München
Printed in Germany · ISBN 978-3-86906-389-8

Geschichte

der

Stadt Augsburg

seit

ihrer Entstehung

bis zum Jahre 1806.

————————

Von

Friedrich Karl Gullmann,

königlich baierischem Platzmajor zu Augsburg.

————

Vom Jahre 1556 bis zum Jahr 1649. Nebst der
Geschichte der K. B. Stadt Friedberg vom
Jahre 1541 bis 1654.

Zweyter Band.

————

Augsburg,
gedruckt bey Abraham Geiger.

Geschichte

der

Stadt Augsburg.

Zweyter Band.

Fünfte Periode.

Von dem

Religionsfrieden

bis auf

den Anfang des dreyßigjährigen Krieges 1618.

Es ist das Schicksal aller großen und kleinen Staaten, daß sie, nachdem sie einen gewißen Grad von Höhe und Macht erreicht haben, wieder herabsinken, und, wenn nicht glückliche Umstände und Ereignisse ihnen neue Schwungkraft geben, in der Tiefe bleiben, bis sie zuletzt sich ganz auflösen. — Kaiser Ferdinand bestätigte gleich nach dem Antritte seiner Regierung die Privilegien und Freyheiten der Reichsstadt Augsburg. — Die bisher erlittenen Unglücksfälle hatten diese Stadt schon sehr entkräftet, aber es standen ihr noch härtere Schläge des Schicksals bevor. Unterdessen genoß sie eine

Zeitlang Ruhe. — Die Bevölkerung hatte sich, aller Drangsalen ungeachtet, nicht vermindert; und es waren von Ostern 1559 bis Ostern 1560 nicht weniger als dreyzehntausend Ochsen geschlachtet worden. — Die Religionsirrungen waren größtentheils beygelegt. — Die Handlung hatte viel von ihrer Blüthe verloren. — Durch Einführung einer guten Polizey bemühte sich der Rath den kleinen Staat in Ordnung zu erhalten. — Die auf dem Reichstag im Jahre 1559 festgesetzte Münzordnung veranlaßte manche Betrügereyen. — Einige Bewohner der Stadt erfuhren die schlimmen Folgen eines unberechneten, allzugroßen Aufwandes. So war Ulrich Fugger durch zu große Freygebigkeit, und durch Ankauf einer Menge theurer und seltener Manuscripte und Bücher, in Vermögens-Zerrüttung gerathen; nachdem jedoch seine Brüder, Jakob und Marx, die Aufsicht über seine Finanzen übernommen hatten, und er ohne Wissen und Zustimmung derselben nichts thun durfte, kamen seine Angelegenheiten wieder in eine solche Ordnung, daß Niemand Verlust erlitt. Von einem bestimmten jährlichen Gehalt, den ihm seine Brüder aus dem Ertrag seines übrig gebliebenen Vermögens ausgesetzt hatten, lebte er in der Folge als Privatmann in Heidelberg. — Auch die Geschlechter Joh. Georg und David Baumgartner hatten übel gewirthschaftet. — Sie waren Freyherren von Hohenschwangars, und nach den Fuggern die reichsten Einwohner Augsburgs. Aber ihre ungeheure Verschwendung zersplitterte bald ihr großes Vermögen; sie borgten nun, eben so unbesonnen, zu jüdischen Zinsen, Summen auf, die sie nicht bezahlen konnten. In der hieraus entstandenen Verlegenheit entfernte sich David, welcher ansehnliche Würden im Magistrat bekleidete, heimlich aus der Stadt. Sein Bruder wollte ihm folgen, er wurde aber auf Betreiben seiner Gläubiger, denen sein Vorhaben nicht verborgen blieb, gefangen gesetzt. Fünf Jahre brachte er in diesem Zustande auf dem Rathhause zu, als ihn endlich ein Vergleich mit seinen Gläubigern befreyte. Unterdessen hatte David mit Wilhelm von Grumbach, diesem berüchtigten Störer des Landfriedens, der bereits in die Acht erklärt war, Gemeinschaft gemacht. Bey der Verhaftung desselben nebst einem großen Theile seines Anhanges hätte sich Baumgartner retten können; aber sein prachtvoller Anzug stürzte ihn ins

Verderben; erkannt, besonders an seinem Feder-
busche, wurde er ebenfalls gefangen, und mit
den Andern enthauptet. — Die in Augsburg gehaltenen Reichstage zeichneten sich, wie fruher,
durch Glanz aus. Auf einem derselben belehn-
te Kaiser Maximilian der Zweyte den
Churfürsten August von Sachsen mit der Chur-
würde, und bald darauf auch den Hochmeister
in Preußen, die beyden Erzbischöfe von Mainz
und Trier, und den Churfürsten Friedrich
von der Pfalz, auf dem Reichstage im Jahre
1566, auf welchem auch der Religionsfriede auf das feyerlichste bestättigt wurde. —

Während der Regierung des Kaisers Rudolph des Zweyten starb zu Augsburg
ausser dem berühmten Sebastian Schertlin, dessen schon gedacht worden, noch ein anderer sehr merkwürdiger Mann, Dr. Achilles
Pirminius Gasser, ein Arzt von Lindau,
der sich durch seine Annales Augsburgenses,
um die Geschichte von Augsburg äußerst verdient
gemacht hat. — Der Kaiser kam im Jahre
1582 auf auf den Reichstag nach Augsburg,
wo ihm die Bürger huldigten. — Einiger Streitigkeiten mit dem Reichsmarschall, wegen
Einführung einer sehr beschwerlichen Taxordnung,

und die Zwistigkeiten mit dem Domkapitel, wegen verschiedener Eingriffe in die Rechte der Stadt, ausgenommen, lebte man übrigens in glücklicher Ruhe, bis 1583 der leidige Kalenderstreit ausbrach. Da der alte Kalender, den man den Julianischen nannte, große Unrichtigkeiten in der Zeitrechnung hatte, und vom wahren Sonnenjahre um mehrere Tage abgewichen war, so dachte Pabst Gregor der Dreyzehnte auf die nöthige Verbesserung desselben. Den Auftrag dazu erhielt der geschickte Astronom Aloys Lili. Diesen verbesserten Kalender wollte Gregor in der ganzen Christenheit einführen; er ließ daher auf dem letztern Reichstage durch den Kardinal und Bischof von Trient, Ludwig von Modruz einen Vorschlag thun. — Herzog Wilhelm von Baiern war der Erste, der ihn annahm. Ihm folgte der Bischof von Augsburg, und der Magistrat daselbst. Aber die evangelische Geistlichkeit, allzuängstlich besorgt für die Rechte ihrer Parthey, widersetzte sich in Predigten und Schriften der Einführung des neuen Kalenders, weil er von dem Pabst ausgegangen war. Ob nun gleich der Rath ihr vorstellte, wie unbillig dieses Betragen sey,

da sie durch den verbesserten Kalender keineswegs in dem Besitz ihrer religiösen Rechte gestört würde, so wandten sich demungeachtet die
Kirchenpfleger an das Kammergericht
und bewirkten von demselben den Befehl, daß
der Rath sich nicht unterstehen sollte, den neuen
Kalender einzuführen, bis alle Stände Deutsch-
lands sich hierüber verstanden hätten. Der
Magistrat erklärte hierauf, daß man zwar die
Evangelischen nicht hindern wolle, sich in Ansehung der Feyertage und Religionsübungen nach der alten Zeitrechnung zu richten,
in Staats- und bürgerlichen Sachen aber müsse die
neue gelten. Da jedoch der Magistrat befürchtete, daß dieser Gegenstand unruhige Bewegungen unter den Bürgern veranlassen möchte, so
wurden zur Handhabung der öffentlichen Sicherheit mehrere Kriegsleute in Sold genommen.
Was indessen diese Sache noch mehr verschlim-
merte, war die Uneinigkeit, welche zwischen dem
katholischen und evangelischen Magistratstheil
selbst in der Kalenderangelegenheit, und zwischen
dem Geheimenrath und der evangelischen Bürgerschaft wegen der Berufung der evangelischen
Prediger, entstand. Bisher waren diese von den
Oberkirchenpflegern und dem geistlichen Ministe-

rium berufen worden; jetzt wollte auch der Rath
daran Antheil nehmen, und er stellte einige Prediger an, welche früher schon in Augsburg ein
geistliches Amt bekleidet, aber wegen ordnungs-
widrigen Betragens den Abschied erhalten hatten. Dagegen setzten sich die anderen evangelischen Lehrer, besonders Dr. Miller, oder
Mylius; sie wollten diese Amtsgenossen nicht
neben sich dulden, und predigten sogar öffentlich
wider sie. So wurden die Gemüther noch mehr
gegeneinander erbittert. — Eine kaiserliche
Kommission und ein Befehl des Kammergerichts entschied in dieser Angelegenheit zu
Gunsten des Magistrats, und drang auch auf die
Einführung des neuen Kalenders. Einige Rathsglieder wurden nun, ihres Widerstandes wegen, ihrer Stelle entsetzt, und Dr. Mylius,
welcher nicht aufhörte gegen das Benehmen des
Raths zu predigen, sollte die Stadt verlassen.
Der Stadtvogt begab sich deßwegen zu ihm,
hielt ihm seine Undankbarkeit und sein unwürdi-
ges Betragen gegen den Magistrat, welcher ihn,
einen noch jungen Mann, so sehr zu befördern
gesucht habe, nachdrücklich vor, und deutete ihm
an, daß er mit ihm gehen, und sich in eine
Kutsche setzen sollte, die ihn erwarte; denn er

habe Befehl vom Rath, ihn an einen sichern Ort außer der Stadt zu bringen. Es war 12 Uhr Mittags. Mylius, welcher im evangelischen Kollegium bey St. Anna wohnte, nahm Abschied von seiner Gattin und seinen Kindern, setzte sich mit zwey Schwägern, die ihn begleiten durften, in eine an der Stadtmauer hinter seiner Wohnung haltende Kutsche, und fuhr weg. Indessen erhob seine Frau ein Jammergeschrey in der Strasse, und flehte die Vorubergehenden an, ihr und ihren Kindern zu Hulfe zu kommen, und ihren Mann zu retten, der ietzt gefangen fortgefuhrt werde. Sogleich finden sich einige Burger dazu bereit; sie eilen zum Göggingerthore, muntern unterwegs noch andere zur Theilnahme auf, und ziehen sie mit sich fort. Die Kutsche, noch innerhalb der Stadt, wird angehalten, die Pferde losgemacht, Mylius aus der Kutsche genommen, und in die Wohnung eines benachbarten Beckers gebracht. Der Stadtvogt, der nur wenige Soldaten bey sich hatte, kommt mit genauer Noth davon. Dieser versahe sich nun mit einer ganzen Kompagnie Soldaten: aber dieses vergrößerte nur den Aufstand. — Mylius wurde indessen von seinen Anhängern in Sicherheit gebracht, indem

man ihn verkleidet in einer Kutsche auf das einem
Albrecht von Stetten gehörige Schloß
Bocksberg führte, von wo aus er sich am folgenden Tage nach Lauingen, und sodann nach
Ulm begab. — Das in Aufruhr gerathene Volk
zog auf den Perlach, und konnte kaum durch
die Vorstellungen der Prediger und durch das
Anrücken einer zweyten Kompagnie Soldaten
wieder zerstreut werden. — Auf Befehl des auf
dem Rathhause versammelten Magistrats wurden
nun alle Stadtthore, sogar die innern, geschlossen, und der Stadtvogt und Hauptmann Wessier mußte mit seinen Soldaten das Rathhaus
und die Geschlechterstube besetzen. Hier ließ dieser, um den Pöbel, der sich wieder in großer
Menge zusammengerottet hatte, zu vertreiben,
blind unter den Haufen feuren. Kaum war dieses geschehen, so wurde aus dem Hause des
Kaufmanns Daniel Mayr von einem Bürger, Namens Sebastian Fresser, der
Stadtvogt mit einer Kugel in den linken Arm
geschossen, was jedoch den Stadtvogt so wenig
ausser Fassung brachte, daß er, ohne auch nur
seine Verwundung zu entdecken, die angewiese-
nen Posten mit seinen Leuten besetzte. Das em-
pörte Volk zog sich hierauf etwas zurück, an

den Perlachberg. Die unglückliche Gattin des Mylius starb vor Schrecken. — Der Rath berichtete diesen Vorfall an den Kaiser, und suchte die Bürger zu besänftigen, und Ruhe und Ordnung wieder herzustellen. Dieser Vorfall machte aber auch den Magistrat sehr aufmerksam auf das Benehmen und alle Schritte der Bürgerschaft; er ließ daher verschiedene Personen, auf welche man Verdacht hatte, gefangen setzen; sie erhielten jedoch, sobald ihre Unschuld erwiesen war, sogleich die Freyheit wieder. Hiedurch wurde aber das gute Vernehmen zwischen dem Rath und der Burgerschaft nicht wieder hergestellt. Wie sehr auch die benachbarten Fürsten, besonders der Herzog Ludwig von Würtemberg, der, nebst der Stadt Ulm, deßwegen Abgeordnete nach Augsburg schickte, sich bemüheten, beyde Partheyen zu vergleichen, so hatte doch die bewirkte Vereinigung keinen Bestand, weil der unruhige Dr. Mylius auch in der Ferne nicht aufhörte, die Burgerschaft gegen den Rath durch mehrere Sendschreiben aufzureizen, und die evangelische Geistlichkeit zu beschwören, daß sie die vom Rath berufenen Prediger nicht neben sich dulden, die Festtage aber nach dem alten Kalender feyern sollte. — Als dieser verwirrte Handel zur Kenntniß des Kaisers gelangt war, ernannte er eine besondere Kommission zur genauen Untersuchung und gütlichen Beylegung der Sache. — Nach langem Widersetzen der Burgerschaft und einiger Rathsglieder kam endlich ein Vertrag zu Stande, unter dessen Artikeln der wichtigste dieser war, daß es der Obrigkeit freystehen solle, nach ihrem Gutbefinden Prediger zu wählen, und diejenigen, welche sich ihren Absichten widersetzten, zu entlassen. Und eben dieß war der Punkt, welcher den größten Widerspruch gefunden hatte, um so mehr, da die vom Rath berufenen Prediger weder durch ihre Lehre, noch durch ihr Leben die Achtung und das Vertrauen der Bürger verdienten.

Man hatte die bisherigen Prediger alle aus der Stadt entfernt, und ihre Stellen mit andern besetzt. Die Bürger, hierüber entrüstet, besuchten die Kirchen nicht mehr. Einige wurden deßwegen aus der Stadt verwiesen, andere, müde der Unruhen, giengen freywillig hinweg. — Diese Reibungen dauerten bis in das Jahr 1619, in welchem einige angesehene Bürger einen neuen Vergleichsentwurf aufsetzten, und darinn den verhaßten Artikel wegen Berufung der Prediger milderten. Der Magistrat nahm diesen Vergleich an, und der Kaiser bestättigte ihn. Vermöge desselben wurden jetzt neue Kirchenpfleger ernannt, und die Prediger durch zwey fremde Theologen geprüft. Auf diese Weise sollte das alte gute Einverständniß wieder zurückgeführt werden, aber es gelang noch immer nicht ganz. Unruhige Köpfe suchten öfters durch Schriften gegen den Rath und die Prediger, und auf andere Art die Unzufriedenheit zu unterhalten und Gährungen zu veranlassen, denen jedoch durch kluge Maaßregeln vorgebeugt wurde.

Kaum waren diese Unruhen in Augsburg gestillt, als in Deutschland weit größere und furchtbarere ausbrachen, bey welchen auch diese Stadt kein bloßer Zuschauer bleiben konnte. Das erste Signal dazu gaben die Streitigkeiten wegen der Erbfolge des Herzogthums Jülich. Herzog Johann Wilhelm war daselbst, im J. 1609 ohne männlichen Erben gestorben, und hatte drey Schwestern, und mehrere Schwestertöchter hinterlassen. Johann Sigmund, Churfürst von Brandenburg, Gemahl der ältesten Schwestertochter, Anna, und Philipp Ludwig, Herzog zu Neuburg, Gemahl der zweyten Schwefter des verstorbenen Herzogs von Jülich, machten zugleich Ansprüche auf dieses Herzogthum. — Als aber auch der Churfürst von Sachsen ein Recht darauf zu haben behauptete, und vom Kaiser zu Prag feyerlich damit belehnt worden war, vereinigten sich die Erstern mit einander, und schlossen mit Frankreich und den Niederlanden ein Bündniß. Der Kaiser hatte den Herzog Leopold zum Schiedsrichter in dieser Sache gemacht, und dieser zog nun eine Armee zusammen, mit den Churfürsten in die Lehens-Länder einzusetzen. Die evangelischen Stände, welche schlimme Folgen für sich befürchteten, hielten deßwegen zu Hall in Schwaben eine Zusammenkunft, bey der sie sich zu ihrer Vertheidigung verbanden; dieses Bündniß bekam den Namen Union. Diesem setzten die katholischen Stände ein anderes Bündniß entgegen, das sie Liga nannten, und wodurch sie sich das Gleichgewicht zu sichern suchten. Augsburg blieb dabey neutral; aber sein Bischof Heinrich, einer der eifrigsten Anhänger der Liga, rüstete sich eilends. Dem Kaiser gelang es indessen, noch den Ausbruch dieses Sturmes zu verhindern, der unter seinem Bruder und Nachfolger Matthias unabwendbar herantobte. Daß Augsburg in dieser Zeit sich von allen Bündnissen entfernt hielt, ob es gleich von verschiedenen Seiten dazu war aufgefordert worden, war vornehmlich dem weisen Rathe seines Stadtpflegers Marx Welser, eines der größten und ehrwürdigsten Männer dieser Stadt, zu danken. Er war im Jahre 1600 zur Stadtpflegerwürde gelangt, der er mit Einsicht und löblichem Eifer vorstand. Seine Verdienste um die Wissenschaften sind bekannt, und werden nie vergessen seyn. Er errichtete eine eigene Buchdruckerey ad insigne pinus genannt, welche vortreffliche Ausgaben griechischer und lateinischer Schriftsteller lieferte. Sein Tod erfolgte unter zerrütteten Vermögensumständen im Jahre 1614, und im 56sten seines Alters. Zwey Jahre vorher hatte er sein Amt niederlegen wollen. Daß er, so wie seine Brüder, den Protestanten nicht hold gewesen, ist unbestritten, daß er sich aber, wie man ihm Schuld gab, manche Ränke und Tücke erlaubt habe, um sie bey dem Kaiser verhaßt zu machen, muß für eine boshafte Erdichtung seiner Feinde erklärt werden. Nach seinem Tode machte die Stadt Anstalt, sich auf alle Fälle in Vertheidigungstand zu setzen. Ehe aber die Flamme des bald ausbrechenden, dreyßig Jahre dauernden Krieges auch Augsburg ergriff, interessirte nichts mehr die Burger als die Erbauung ihres neuen Rathhauses, dessen beyläufig in diesen Blättern schon gedacht wurde. Das erste Rathhaus, größtentheils von Holz erbaut, brannte im J. 1290 gänzlich ab. An seine Stelle wurde wieder eines von Brettern zusammengefügt, das aber nicht sehr lange brauchbar blieb und nun mit einem steinernen vertauscht wurde, dessen hölzernen Thurm man erhöhete und mit Zinn bedeckte. Im Jahr 1369 kam eine Schlaguhr auf denselben. Nachdem dieses, späterhin erweiterte und mit einem Erker verzierte, Gebäude beynahe dritthalbhundert Jahre gestanden hatte, ließ der Magistrat dasselbe abbrechen und das vortreffliche Werk aufführen, das noch gegenwärtig allgemeine Bewunderung erregt und seinem Erbauer, Elias Holl, unsterbliche Ehre macht. Anfangs war man verlegen, wo man das auf dem alten Rathhause befindliche und der Stadt unentbehrliche Uhrwerk, nebst der großen Schlagglocke, anbringen sollte. Holl schlug dazu den Perlachthurm vor. Dies schien mit zu großen Schwierigkeiten und selbst mit Gefahr verbunden zu seyn. Er wußte aber alles zu überwinden. Ohne eine Oeffnung in den Thurm zu machen, gab er demselben, vermittelst eines kunstvoll angebrachten Gerüstes die nöthige Erhöhung, um Uhr und Glocke des Rathhauses dahin versetzen zu können. Im Monat September 1615 war diese Arbeit fertig, und Holl bekam von dem Magistrat ein Geschenk von zweyhundert Reichsthalern. Während dieses Baues hatte man auch die Abtragung des alten Rathhauses begonnen, und am 25. August des eben genannten Jahres wurde der Grund zu dem neuen gelegt. Eine silberne und vergoldete Platte mit lateinischer Inschrift kam in den Grund, folgenden Inhaltes: „Höre es, „Nachwelt! erzähle es Jahrhunderte hindurch! „Unter dem Schutze des dreyeinigen Gottes, „unter der Regierung Kaisers Matthias, „und unter seiner Majestät Räthen, den Stadt- „pflegeren Johann Jacob Rembold und „Hieronymus Imhof, welche diesen Grund- „stein legten; wie auch unter den Geheimen, „Hieronymus Walther, Christoph „Freyherr von Fugger, Conrad Peu- „tinger, Leonhard Rehlinger, und „David Welser, welche beystimmten, ist „das Rathhaus der Stadt Augsburg, zur Zierde

„des Vaterlandes und zur Unterstützung der ar-
„men Werkleute, von Grund auf erbauet wor-
„den; unter der Aufsicht der Bauherren,
„Konstantin Imhof, Johann Bar-
„tholomäus Welser, und Wolfgang
„Paller, im Jahr nach Erbauung der Stadt
„1626., nach der Geburt Christi 1615 den 25
„August. Lebe wohl, Nachkommenschaft!" —
Man fuhr nun mit dem Bau rasch fort; aber
mit allem Ernst wurden auch die Vertheidigungs-
Anstalten betrieben, da man vorgus sahe, daß
der Ausbruch des Krieges nahe sey. Man schloß
deßwegen ein Bündniß mit dem Churfürsten
Maximilian von Baiern, musterte die Bürger, und ermähnte sie zur Wachsamkeit und
Ruhe. Unterdessen bot Holl alle seine Kunst
auf, um ein recht prachtiges und geschmackvol-
les Rathhaus herzustellen. Die schönen Säulen-
Ordnungen, der 22 Centner schwere Adler,
welcher allein 2000 Gulden kostete, und der
prächtige sogenannte goldene Saal, sind
ewig sprechende Zeugen von diesem Baukunst-
Genie. — Im Jahre 1620 im Monat Julius
war der Bau ganz vollendet. Als wohlverdien-
te Belohnung erhielt Holl ein Geschenk von
600 Goldgulden in einem silbernen und vergol-

sesen Becher. Es wurden Schaumünzen zum Angedenken an diesen Bau geprägt, und am 3. August 1620 hatte die erste Raths-wahl im neuen Rathhause, zur Freude der Bürgerschaft statt. Indessen war die schreckliche, Teutschland 30 Jahre lang verheerende, Kriegs-flamme in Böhmen hell aufgelodert, aus folgen-der Veranlassung. Kaiser Matthias überzeugt, daß weder er noch sein Bruder Albrecht Nachkommen zu hoffen hätten; beredete die böhmischen Stände, seinen Vetter, den Erzher-zog Ferdinand, zu ihrem Könige zu wäh-len. Sie thaten es unter der Bedingung, daß er sie bey ihren Freyheiten lasse, und beson-ders den Majestätsbrief und ihre Re-ligionsfreyheit bestättige. Nach und nach aber suchte man in Böhmen die Frey-heiten der Evangelischen immer mehr ein-zuschränken. Man nahm ihnen ihre Kirchen und Schulen, und beschränkte sie in der Ausübung ihrer Privilegien. Die böhmischen Stände fuhl-ten sich dadurch äußerst gereizt und erbittert, so daß sie drey kaiserliche Gesandte, welche ihnen auf ihre Beschwerden keine genügende Antwort ertheilten, auf dem Schlosse zu Prag in blin-der Wuth zum Fenster hinaus warfen, und eine

der größten Rebellionen, welche die Geschichte
kennt, anfiengen, die einen schrecklichen Krieg
zur Folge hatte. Kaiser Matthias erlebte
das Ende desselben nicht mehr. — Im Jahre
1619 bestieg der Erzherzog Ferdinand den
Kaiserthron. Als er noch in diesem Jahre nach
Augsburg kam, wo ihm die Bürgerschaft hul=
digte, versprach er dabey ausdrücklich, die Stadt
be ihrem alten Herkommen und Freyhei=
ten ungestört zu lassen, und vorzüglich den Re=
ligions= und bürgerlichen Frieden zu erhalten. —
Die Böhmen kündigten ihm förmlich allen Ge=
horsam auf, und erwählten den Pfalzgrafen
Friedrich den Fünften zu ihrem König.
Auf Zureden seiner Gemahlin, einer Tochter des
Königs in England, Jakobs des Ersten,
nahm Friedrich die Wahl an, und begab sich
bald darauf nach Prag, wo er sich krönen ließ.
Mit den Böhmen vereinigte sich nun auch Beth=
lem Gabor, Fürst von Siebenbürgen; er fiel
unversehens in Ungarn ein, und eroberte die
meisten Städte des Landes; nicht lange hernach
machten ihn die Ungarn, welche sich den
Böhmen anschlossen, zu ihrem Herrscher. Schle=
sien, Mähren und die Lausiz waren schon
früher auf der Seite der Böhmen. So befand

sich der Kaiser Ferdinand in einer gefahrvollen Lage, da selbst seine östreichischen Unterthanen nicht abgeneigt schienen, sich für die Sache der Rebellen zu erklären, die jetzt Wien belagerten; und fast hätte sich auch die Union, welche zu Nürnberg eine Zusammenkunft hielt, mit diesen unzufriedenen Völkern verbunden. Der Zustand der kaiserlichen Armee war schlecht, und die Liga gar nicht in der Verfassung, sie zu unterstützen. Es wäre daher ohne Zweifel die Sache des Kaisers, verloren gewesen, hätten nicht die Uneinigkeiten seiner verbündeten Feinde zu ihrer Rettung beygetragen. Johann Georg, Churfürst von Sachsen, verband sich mit dem Kaiser; von Rom aus wurde dieser mit starken Geldvorschüssen in Wechseln unterstützt, und Spanien schickte den Ambrosius Spinola mit einem Heere, welches einen Theil der Länder des Pfalzgrafen Friedrich wegnahm und besetzte. Der Pfalzgraf selbst wurde in die Acht erklärt, und den 8. November 1620 bey Prag gänzlich geschlagen, wodurch er nicht nur die Krone von Böhmen, sondern auch sein Erbland, die Pfalz, auf immer verlor. Viele der vornehmsten und bedeutendsten Theilnehmer am böhmischen Aufstande wurden gefangen genommen, und Achtundzwanzig derselben zu Prag öffentlich enthauptet. — In dieser Zeit hatte man zu Augsburg wegen der umlaufenden schlechten und falschen Geldsorten verschiedene Maaßregeln ergriffen, doch keineswegs mit entsprechendem Erfolg; denn sie verbreiteten sich immer mehr. Die Lebensbedürfnisse waren auf einen ungeheuren Preis gestiegen, und der Rath, welcher sich dadurch genöthiget sahe, eine Summe Geldes aufzunehmen, bemühte sich mit aller Anstrengung, wiewohl ohne seinen Zweck recht zu erreichen, dieser furchtbaren Theurung zu wehren. Die gute Stadt Augsburg sank in ihrem Wohlstande und Ansehen noch tiefer herab. — Endlich gelang es den strengen Verboten und zweckmäßigen Vorkehrungen des Magistrats, dem Umtreiben der falschen Münzen ein Ziel zu setzen. Es wurden von der Stadt mehrere neue Münzen, und besonders mehrere Sorten Thaler geschlagen; auch kaufte sie Getraide und andere Lebensbedürfnisse auf, um auch darinn dem schändlichen Wucher zu steuern, und den Einwohnern die Last der Zeit möglichst zu erleichtern.

Noch einige
Merkwürdigkeiten
von den
Jahren 1556 bis 1627.

Am 4. Jänner des 1556ften Jahres kam in dem Dorfe Oberhausen ein Kalb zur Welt, das nur zwey Füße hatte, auf welchen es jedoch, aufrecht wie ein Mensch, geschwinder gelaufen seyn soll, als ein anderes Kalb. — Ein Komet, der eine Zeitlang zu sehen war, erfüllte die abergläubischen Menschen jener Tage mit banger Erwartung des Unglückes, das nun kommen würde; es erfolgte aber nichts darauf, als eine sehr große Hitze während der Sommermonate, und der Herbst gab einen vorzüglichen Wein. — Es verbreitete sich die Sage, zu Donauwörth sey ein Musterplatz errichtet worden, um reisige Knechte, ungefähr 3000 an der Zahl, für den Kaiser Ferdinand nach Ungarn anzuwerben, und der Zulauf dazu sey so groß, daß bereits über 12,000 Mann beysammen seyen. Indessen kam dem Geheimenrathe der Stadt von hohen Orten die Warnung zu, auf seiner Hut zu seyn, indem verarmte Kriegsleute die Absicht hätten, Truppen zusammen zu bringen, und sich dann einer oder der andern wohlhabenden Stadt — man vermuthete, Augsburg oder Ulm — zu bemächtigen. Da kurz zuvor das rheinische Bundniß war aufgehoben worden, und nun Augsburg nirgendwoher sogleich Beystand und Hülfe erwarten konnte, so wurde vom Magistrat den 5. May beschlossen, schleunigst einiges Kriegsvolk anwerben zu lassen, und dasselbe, damit es nicht der Bürgerschaft zur Last fiele, in die Rosenau an der Wertach zu verlegen, und daselbst sich lagern zu lassen. Demnach erhielt der augsburgische Oberst Sebastian Schertlin den Auftrag, acht Fähnlein Fußer, in allem 3500 Mann, anzuwerben. Die Rathsglieder Johann Vöhlin, Georg Pfister, und Marx Walter sollten dann die Musterung vornehmen. In kurzer Zeit brachte Schertlin durch seinen Sohn Hans Sebastian und andere ausgeschickte Hauptleute die verlangte Mannschaft zusammen. Den 16. wurde der Stadtpfleger Heinrich Rehlingen, ferner Hans Jacob Fugger, Joachim Langenmantel, Hans Vöhlin, Georg Pfister und Wolfgang Walter zu Kriegsräthen ernannt. Weil aber diese unvermuthete Kriegsrüstung kein geringes Aufsehen unter den Bürgern erregt und das Gerücht veranlaßt hatte, es sey damit auf die Vertilgung der evangelischen Religion angesehen, so versammelte der Magistrat am 19. May den sogenannten großen Rath, und eröffnete demselben die Ursache jenes Unternehmens, mit der Erinnerung, daß die Mitglieder dieses Rathes nicht nur selbst im Nothfalle zur Vertheidigung der Stadt mitwirken, sondern auch ihre Mitbürger dazu ermuntern und vorbereiten sollten. Bey dem das allgemeine Beste betreffenden Zwecke der kriegerischen Anstalten ließ sich, auf Vorstellung des Magistrats, der Bischof sowohl als die Klöster bereitwillig finden, wöchentlich 100 Klafter Holz und mehrere Wagen mit Stroh in das Lager unentgeltlich zu liefern. Am 21. May mußte das angeworbene Kriegsvolk dem Rath, so wie dem Obersten und den Unterbefehlshabern in der Rosenau auf die vorgelesene Kapitulation, in welcher sich der Magistrat vorbehielt, dasselbe zu allen Zeiten wieder zu entlassen, schwören, wor-

auf es von dem Obersten Schertlin in einem geordneten Zuge durch die Stadt, nämlich zum Rothenthore herein und zum Wertachbruckerthore hinaus, in das Lager geführt
wurde. Am folgenden Tage schaffte man auch
acht Feldstücke dahin. Ein besonders aufgestell-
ter evangelischer Feldprediger, Wilhelm
Haußmann, hielt daselbst am 24. den ersten Gottesdienst in Gegenwart einer großen
Menge von Stadtleute. An diesem Tage ließ
der Rath öffentlich ausrufen, daß Niemanden
erlaubt sey, Wein oder Bier aus dem Lager in
die Stadt zu bringen. Am 25. May bewirthete der Bischof den Magistrat und die sämmtlichen Offiziere der Lagermannschaft an seiner
Tafel. Den Offizieren gab hernach auch der
Magistrat am 10. Jun. auf der Geschlechterstube
ein köstliches Mahl. Nachdem dieses Kriegsvolk
noch keinen vollen Monat in der Rosenau gela-
gert war, der Rath aber indessen sich überzeugt
hatte, daß in der ganzen Umgebung der Stadt
die größte Ruhe herrsche und von keiner Seite
ein Feind zu befürchten sey, ließ er durch die
beyden Hauptleute Nägelein und Vogel
die tauglichsten Leute unter jener Mannschaft
auswählen, und legte sie als Besatzung in die

Stadt; die übrigen erhielten ihren Abschied, und einen halben Monatsold auf den Weg. So hatte dieser sogenannte Rosenaukrieg sein Ende. Von den beybehaltenen Soldaten mußten jedoch einige alle Nacht vor der Stadt zwischen den Thoren derselben streifen. Kurz vor der Auflösung dieses Militärs wurde der Hauptmann Johann Georg Günzburger, welcher in dem Lager bey nächtlicher Weile Lärmen angefangen, und mit Gewalt sich durch die Wachen geschlagen hatte, auch vieler anderen strafbaren Handlungen, besonders der Vielweiberey überwiesen war, durch ein Kriegsgericht zum Tode verurtheilt und enthauptet.

Da die öffentliche Sicherheit in dem fränkischen und schwäbischen Kreis sehr gefährdet war, und deßwegen einige benachbarte Fürsten, vornämlich der König Ferdinand, der Erzbischof von Salzburg, und der Herzog von Baiern Albrecht, ein neues Bündniß zu errichten gedachten, in welcher Absicht eine Tagfahrt in Landsberg gehalten werden sollte, so wurde von den Stadtpflegern und Geheimen-Räthen, denen der Beytritt der Stadt zu diesem Bundnisse rathsam zu seyn schien, die Sache dem ganzen Magistrat vorgetragen, und nachdem dieser sie genehmiget hatte, zwey Abgeordnete, nämlich der Stadtpfleger Christoph Peutinger und Dr. Sebastian Christoph Rehlingen, nach Landsberg geschickt, wo im Juni das Bundniß unter dem Namen Landsberger Verein zu Stande kam.

Die Hauptpunkte desselben waren: 1) daß keines der Bundesglieder ein anderes feindlich angreifen solle; dagegen jedes demjenigen, welchem eine Beleidigung zugefügt würde, auch Beystand zu leisten habe; 2) daß jede Religions-parthey, kraft des jüngsten Reichsabschiedes, bey ihrem Bekenntnisse ungestört gelassen werden solle. — Zu dem im Juli dieses Jahrs eröffneten, aber erst im März des folgenden Jahres geendigten Reichstage zu Regensburg, auf welchem der Religionsfriede bestättigt, ein zur Ausgleichung der Religionsstreitigkeiten in Worms zu haltendes Kolloquium (Gespräch) beschlossen, und dem König Ferdinand eine Geldhülfe zum Türkenkriege zugesagt wurde, ordnete der Magistrat die Rathsglieder, Marx Pfister, Johann Baptist Hainzel, Dr. Sebastian Christoph Rehlingen, und den Dr. Marx Zimmermann ab. — Bey der Rathswahl, welche am 3. August statt fand, wurde an des verstorbenen Marx Uelstädts Stelle in den Geheimenrath Joachim Langenmantel, und für diesen Melchior Ilsung zum Bürgermeister gewählt; Marx Pfister trat, statt des resignirenden Bartholomäus Welsers, in den Geheimenrath, und Kaspar Rembold nebst Leonhard Stammler in. den innern Rath ein; Joh. Schmid aber wurde Senator von der Gemeinde. Nun hatte der Magistrat seine bestimmte volle Zahl, die in 23 katholischen und 22 evangelischen Mitgliedern bestand. — Am 5. Aug. verbot der Rath die gewöhnlichen Sprüche bey den Hochzeiten, weil sie meistens von unsittlichem Inhalte seyen. — Der große Philolog Hieronymus Wolf erhielt den Ruf als Lehrer am Gymnasio bey St. Anna, mit einem jährlichen Gehalt von 300 Goldgulden. Er führte daselbst eine bessere und leichtere Lehrart ein. — Die Grafen von Stollberg, Erben der Grafen von Königstein, stellten, vermöge der Verträge und Rechte der Letztern, den Münzmeister Kaspar Seler in Augsburg an. — Der Mangel an frischem Brunnenwasser veranlaßte den Magistrat, sich an den Prälaten von St. Ulrich mit dem Gesuche zu wenden, daß er gestatten möchte, auf dem Gebiete seines Klo-

sters bey Haunstetten Brunnen zu graben, und
in die Stadt zu leiten. Er bewilligte es mit der
Bedingung, daß seinen Unterthanen für das
Recht des Blumenbesuchs, das sie daselbst hat=
ten, eine Ergötzlichkeit abgereicht werde. — Im
Monat Februar 1558 ließ Kaiser Karl der
Funfte, welcher zwey Jahre vorher nach Spa=
nien sich begeben hatte, auf dem Churfürstenta=
ge zu Frankfurt den dort versammelten Kurfür=
sten durch seinen Gesandten die Niederlegung
seiner Regierung anzeigen. Bald darauf zog er
sich in die Einsamkeit eines Klosters zurück, um
daselbst seine letzten Tage in frommer Ruhe zu
verleben. Als die Erwählung seines Bruders
Ferdinand, der seit 27 Jahren römischer
König war, zu seinem Nachfolger auf dem Kai=
serthrone in Augsburg bekannt wurde, schickte
der Rath den Burgermeister Leonhard Chri=
stoph Rehlingen, und Hieronymus
Imhof an ihn ab, um ihm zur Kaiserwürde
Glück zu wünschen und ihn nach Augsburg ein=
zuladen. — Am Rathswahltage den 3. August
wurde statt des Hans Paul Herwart,
welcher seine Stelle niederlegte, Hieronymus
Imhof Baumeister, und Johann Hain=
zel Bürgermeister für den entlassenen Mel=

chior Ilsung. Die verstorbenen Rathsglieder, Simon Imhof, Hans Rusch, und Jakob Schönauer, ersetzte Konrad Böhlin von den Geschlechtern, und Hans Mayr nebst Veit Bötter von der Gemeinde. — Am 15ten erschien ein Komet bey dem Schwanze des großen Bären. — Den im J. 1559 auf dem Reichstage zu Augsburg anwesenden Kaiser Ferdinand beschenkte der Rath mit drey silbernen und vergoldeten Trinkgeschirren, in denen 2000 neugeprägte Augsburger Goldgulden sich befanden, ferner mit zwey Wagen rothen und weißen Wein, zwey Läglein Rheinfall, vier Wagen mit Haber, und acht Zuber mit Fischen. Am 1. Hornung drohete dem Kaiser auf einer Schweinsjagd bey Rennhartshausen ein großes Unglück, indem ein großes und hauendes Schwein ihn mit seinem Pferde niederrannte, wobey das Pferd stark beschädigt wurde, der Monarch jedoch keinen Schaden nahm. — Den 20. Februar kam der kaiserliche Prinz Erzherzog Karl nach Augsburg. — Während des Reichstages fiengen den 23. April 1559 einige Bedienten des spanischen Grafen von Luna unter der Predigt in der Hospitalkirche Unordnungen an; sie giengen mit bloßen Degen

auf den evangelischen Prediger Haußmann
los, und wurden ihn wahrscheinlich ermordet haben, wenn nicht die Zuhörer ihn in Sicherheit
gebracht hätten. Diese wüthenden Fanatiker
wurden zwar verhaftet, aber bald wieder entlassen. Am 26. traktirte der Kaiser die sämmtlichen anwesenden Churfürsten und Fürsten nebst
dem französischen Bötschafter an seiner Tafel,
wobey er sie erinnerte, sich des dermalen in
Deutschland üblichen starken und **übermäßigen
Trinkens zu enthalten; wie er solche Gewohnheit auch schon bereits** bey seinem Hofstaat abgestellt habe. — Bald hernach gab der spani-
sche Gesandte Graf von Luna den Fürsten des Reichs ein prächtiges Gastmahl. —
Am Fronleichnamsfeste wohnte der Kaiser mit
den katholischen Churfursten der Prozession bey.
— Im Monat July veranstaltete der Rath der
Stadt dem Kaiser zu Ehren ein Feuerwerk; dieses entzündete sich aber vor der Zeit durch die
Nachläßigkeit eines Arbeiters, und verletzte drey
Personen tödtlich beym Auffliegen. — Den
11ten empfieng der Churfürst von der Pfalz
Friedrich der Dritte die Lehen in der Residenz des Kaisers. — Am 16ten May wurde
ein Bürger Joachim Elsaser, zur Strafe

wegen großer Verbrechen, rückwärts auf ein Brett gebunden durch die Stadt bis an die Richtstätte geschleift, und dort enthauptet. — Bey der jährlichen Rathswahl den 3. August wurde, für den am 3. Jul. verstorbenen Joachim Langenmantel, Hans Böhlin in den Geheimenrath, und Christoph Rehlingen in den innern Rath, statt Leonhard Stammlers, der wegen körperlicher Schwäche resignirte, Paulus Hainzel aber in den Rath gewählt, und den Evangelischen hiedurch eine Rathsstelle entzogen. — Am 4. Aug. traf bey einem schweren Gewitter ein Blitzstrahl die kaiserliche Kanzley in dem Ehingerischen Hause auf dem Weinmarkt, und schlug daselbst in den Tisch, an welchem eben der kaiserliche Vicekanzler mit seiner Gattin speißte; doch wurde keines von beyden beschädigt, wohl aber in dem zunächst angränzenden Krafterischen Hause drey Diener des Grafen von Arolz. Den 12. schlug der Blitz in den St. Moritz Thurm, richtete aber keinen bedeutenden Schaden an. — Am 22. August und am 3. Oktober ließ der Magistrat durch öffentlichen Ausruf des Stadtvogts bekannt machen: „da nun der Reichstag geendige sey, so sollen alle Fremde, die sich nicht wegen Geschäfte ausweisen können, in 24 Stunden die Stadt verlassen, und es soll bey schwerer Strafe kein Burger einen solchen beherbergen. Niemand solle nach 9 Uhr Nachts Wein ausschenken, auch sich Niemand nach 7 Uhr Abends ohne Licht, oder mit bloßem Seitengewehr in den Straffen der Stadt betreten laſſen." Die letzte unter dieſen Verordnungen war eine Folge der in dieſem Jahre innerhalb der Stadt verübten Mordthaten, deren Zahl ſich auf dreyzehn belief. — Am 26. Oktober wurden von den 300, des Reichstages wegen angeworbenen Fußſoldaten, 170 Mann aus dem Dienſte der Stadt entlaſſen. — Am 14. Nov. brannte ein Theil des Maierhofs von St. Ulrich nebſt zwey benachbarten Häuſern ab. — Wegen der Unruhen, welche in der Umgegend der Stadt der im Fränkiſchen geächtete Edelmaṅ. Wilhelm von Grumbach und ſeine Spiesgeſellen erregten, wurden wieder 400 Mann Fußvolk für die Stadt angeworben, und die Poſten an den Thoren und anderwärts verſtärkt; zugleich erhielten die Bürger Hauptleute Befehl, mit ihrer Mannſchaft auf guter Hut zu ſeyn, damit kein plötzlicher Ueberfall geſchehen könnte. Dieſe gefährlichen Zeitumſtände waren auch Urſache, daß ſich die ſchwäbiſche Ritterſchaft nach

Augsburg flüchtete. — Den 17. Febr. 1560 gab Anna Welferin, geborne Adler, Freyin von Zinnendorf, das Bürgerrecht für ihre Person auf, behielt aber dasselbe ihren Kindern vor, den beyden Söhnen, Karl und Johann Georg, und ihrer mit dem Erzherzog Ferdinand von Oestreich vermählten Tochter Philippine. — Da das Brennholz schwer zu bekommen war, so ließ der Rath von dem städtischen Vorrathe an unbemittelte Bürger die Klafter Fichtenholz für 17 Batzen verkaufen. Auch wurde wieder, der herrschenden Theurung wegen, für die Bürgerschaft in den Backöfen der Stadt Brod gebacken, und um geringen Preis abgegeben. — Den 15. Jul. fieng eine Magd Anna Baurin den vierjährigen Knaben des Bürgers Marx Blattner auf der Straße auf, und bot denselben im Dorfe Oberhausen den daselbst wohnenden Juden feil. Zufälligerweise kamen zwey Nachbaren des Vaters dazu, welche sie nebst dem Kinde in die Stadt zurückbrachten und dem Gericht übergaben, das sie zum Lohne mit Ruthen auspeitschen ließ. — Am 3. Aug. wurde der Kaufmann Christoph Mayr für den verstorbenen Marx Stenglin in den Rath gewählt, und dadurch abermals den Evangelischen eine Rathsstelle entzogen; auch wurden 75 erledigte Stellen im großen Rathe wieder besetzt. — Anton Fugger, der an heftigen Steinschmerzen gefährlich krank lag, gab in der Absicht, daß für seine Genesung gebetet werde, jedem Armen im Hospital und in den Siechenhäusern vier Goldgulden; unter die armen Burger und Wittwen ließ er 1000 Thaler, und eben so viel unter die gemeinen Bettler vertheilen. Er starb aber zu allgemeinem Bedauren am 14. Sept., und wurde nach einer prächtvollen, bey St. Moritz gehaltenen, Todtenfeier auf seine Herrschaft Babenhausen zum Begräbniß gebracht. — Das Singen der armen Schüler auf den Gassen und vor den Häusern hörte auf; statt dessen führte man (den 8. Okt.) geregelten Choralgesang durch katholische Schüler aus den Schulen von Unserer Liebe Frau, St. Ulrich und St. Moritz, und durch evangelische von St. Anna ein, welcher an jedem Sonnabend und Sonntag statt hatte, und bis zur Auflösung der reichsstädtischen Verfassung sich erhielt. — Der Oberst Schertlin war wegen der Jagd und Gerichtsbarkeit mit dem Grafen Ludwig von Oettingen in Streitigkeiten befangen. Da dieß einen Arzt in Augsburg, Georg von Sailer, veranlaßte, sich ungünstig über Schertlin zu äußern, so fiel ihn dieser auf öffentlicher Straße, indem er eben zu seinen Kranken reiten wollte, mit dem Streitkolben so grimmig an, daß er nur der Schnelligkeit seines Pferdes seine Rettung zu verdanken hatte. — Von den auf der alten Stadtmauer bey den Barfußern erbauten 48 kleinen Häusern für Feuerarbeiter, so wie von den neun Wohnungen, welche Schlosser-mauerhäuslein hießen, mußten an den Rath jährlich zwölf Goldgulden Miethzins bezahlt werden. In der Folgezeit wurden sie durch Kauf ein bürgerliches Eigenthum, wie sie es noch jetzt sind. — In eben dieser Zeit entstand auch, zur Unterhaltung der Wasserleitung in der Stadt, die Verfügung, daß jedes Haus, welches von jener mit Röhrwasser versehen würde, entweder ein für allemal die Summe von 200 Goldgulden, oder einen jährlichen Wasserzins von zehen Gulden an das Bauamt zu erlegen habe. — Mehrere Handelsleute Augsburgs erklärten in genanntem Jahre ihre Zahlungsunfähigkeit. Dieß war auch der Fall im Jahre 1562 mit den angesehenen Häusern, Bernhard Meiting, Hans und Marquard Rosenberger, Christoph. Krafter, Hans, Hieronymuß und David Zangmeister, Hans Weyer und Jakob Herbrot, Vater und Sohn, durch welche ihre Gläubiger großen Verlust erlitten. Veranlaßt waren diese sehr bedeutende Fallimente theils durch die Nichtbefriedigung der Forderungen, die einige jener Handelshäuser an die Höfe in Frankreich und den Niederlanden und an Kaufleute daselbst zu machen hatten, womit das Sinken ihres Kredits auf dem hiesigen Platze sich ve band; theils auch durch die unsinnige Verschwendung der anderen, welche sich in üppiger Lebensweise und pralendem Aufwande über ihre Mitbürger zu erheben gesucht, und dabey einen stolzen, vornehmen, übermüthigen Ton in ihrem Betragen angenommen hatten. — Im Jan. 1561 war es auf den Landstraßen in der Nähe der Stadt Augsburg sehr unsicher; es wurden viele Leute von Straßenräubern angegriffen und ausgeraubt; dieß bewog den Magistrat, mit dem Herzog Albrecht von Baiern und andern benachbarten Ständen eine gemeinschaftliche Streife zu veranstalten. Das hiezu von dem augsburgischen Bischof ausgeschickte Militär bemächtigte sich eines Hauptstraßenräubers, Peter Eger, welcher zuvor Fähndrich gewesen seyn solle, und den Venediger Fuhrmann ausgeplündert und ermordet haben soll, von welcher Gräuelthat weiter unten die Rede seyn wird. Der Gefangene wurde nach Burgau gebracht, weil er in dem Amt Küllenthal, das unter die Gerichtsbarkeit der Regierung von Insbruck gehörte, war aufgegriffen worden. Auf Ansuchen des Raths von Augsburg aber wurde derselbe gegen ausgestellten Revers ausgeliefert, und sodann nebst dreyen seiner Bande am 26. April 1562 mit dem Schwerte hingerichtet. — Für das Jahr 1559 ist noch folgendes nachzuholen. Auf dem Rathhausthurm wurde neben der Stundenglocke, nach dem frühern Wunsche des Kaisers auch eine Viertelstundenglocke angebracht. Der Kreuzthurm erhielte eine neue Uhr.

Im May 1561 ließ der Rath alle vier Seiten des Perlachthurms mit Sonnenuhren versehen. — Am Tage Johannis des Täufers brach ein schweres Gewitter aus, das zwar in der Stadt selbst keinen Schaden anrichtete, aber im Dorfe Oberhausen ein Kind und zwey Kuhe verletzte, und zu Lechhausen einen Mann und einen Knaben erschlug, auch das Welsersche Schloß zu Meitingen anzündete und in Asche verwandelte.

Am 29ten Jul. kamen Herzog Ludwig von Baiern, dessen Frau Mutter, seine Gemahlin Anna, und fünf kaiserliche Prinzessinnen, Magdalena, Margaretha, Barbara, Helena und Johanna nach Augsburg, und nahmen ihre Wohnung im Hause des Jakob Fuggers. Ihnen zu Ehren stellte der Magistrat verschiedene Lustbarkeiten an, Schwerttänze, Fischerstechen u. dgl. — Bei der 1561 vorgenommenen jährlichen Rathswahl wurden die durch den Tod des Anton Rudolf und Marx Pfisters erledigten Geheimenrathsstellen den Bürgermeistern Conrad Mayr und Hieronymus Imhof zu Theil, ihr voriges Amt aber dem Carl Peutinger und Marx Ulstädt, beyde aus dem Patriziat, übertragen. Letzterer weigerte sich, das Bürgermeisteramt anzunehmen; er mußte deswegen auf sein Bürgerrecht Verzicht thun, und statt seiner wurde der Senator Hans Vöhlin zum Burgermeister ernannt, dessen bisherige Stelle im Rath aber unbesetzt gelassen. Von den Mehreren der Gesellschaft ersetzte Sixt Eiselin den verstorbenen Matthias Schellenberg, und von der Gemeinde Heinrich Leon den entlassenen Ulrich Huber, als Bürgermeister. In den Senat traten ein, Marx Fugger und Hans Welser, aus den Geschlechtern;

Bartholomäus May und Christoph Gering aus den Mehreren der Gesellschaft; und Georg Mannaßer aus der Gemeinde. Bei dieser Wahl verloren die Evangelischen eine Senatorsstelle, und zwey Stellen im geheimen Rathe. — Herzog Albrecht von Baiern ließ der Stadt auf ihr Ansuchen einige zu Peter Egers Bande gehörige, und im baierischen Gebiete festgenommene Räuber, von welchen mehrere augsburgische Einwohner waren beraubt worden, ausliefern. Sie wurden im folgenden Jahre von dem Magistrat zum Tode durch das Schwert verurtheilt.

Der 20ste October zeichnete sich durch einen wutenden Sturm aus, der viele Giebel und Kamine herabwarf, Heuwägen umstürzte, und die großen eichenen Blöcke, auf welchen damals, der Schranne gegenüber, die Lederer die Ochsenhäute feil hatten, niederriß. — In diesem Jahre wurde das sogenannte Noth-haus, fur preßhafte und mit bösen Geschwüren behaftete Personen, an der Vogelthor-Stadtmauer erbaut. Die erste Operation geschah daselbst noch im nämlichen Jahre an einer Dienstmagd, welcher ein geschickter Wundarzt die linke vom Krebs angesteckte, 11 Pfund schwere, Brust glucklich hinwegschnitt.

Im Jahr 1562, den 7. Hornung, wurde am Eserwall ein venetianischer Fuhrmann, Georg Suiter, von zwey Straßenräubern angefallen und erschossen. Der Werth des Raubes belief sich an Geld und Waaren auf mehr als 15000 Gulden. Von den Thätern erfuhr man nichts mehr. — Ein Schustergesell ergriff, nach der Ermordung seines Meisters, mit dem Weibe desselben die Flucht. — Das Ballhaus bei St. Anna wurde zur Stadtbibliothek bestimmt und eingerichtet. Man stellte daselbst die bisher im Dominikaner-Kloster aufbewahrten, aus den verlassenen Klöstern gesammelten, Bücher auf. — Im März brannte ein großer Theil des an der Hochstraße gelegenen Dorfes Großaitingen ab. Den 14. May wurde Sigmund von Burgau, welcher den Monat zuvor seine Ehegattin hinter Lechhausen grausam ermordet hatte, auf ein Brett gebunden, zum Hochgericht geschleift, enthauptet und auf das Rad gelegt. — Am jährlichen Wahltage wurde, für den verstorbenen Hans Böhlein, in den Geheimenrath Georg Pfister, in den Senat aber Marx Uhlstädt für Christoph Illsung, und Marx Pfister erwählt, wodurch den Evangelischen abermals zwey Rathsstellen entrissen waren. Der Magistrat zählte jetzt

27 katholische und 18 evangelische Mitglieder. —
Zu Anfang des Jahres 1563 kam ein franzö-
sischer Botschafter nach Augsburg, um im Namen seines Monarchen den König Maximilian
wegen erlangter römischer Königswurde zu be-
gluckwünschen. — Am 5ten Januar begnadigte der
Rath 31 in die Acht erklärte und aus der Stadt
verwiesene Personen, auf die Fürsprache des römischen Königs. Dieser reiste den 3ten Februar
zu seinem kaiserlichen Vater nach Insbruck und
ließ indessen seine Gemahlin mit den Prinzen in
Augsburg zurück. Nach seiner Wiederkehr am
25. verweilte er noch einige Tage in dieser Stadt
und reiste dann in Begleitung der Seinigen
nach Donauwörth, und von da auf der Donau
nach Wien.

Wegen der in der Gegend von Augsburg
überhand nehmenden Unsicherheit ließ der Magistrat im Monat April wieder 200 Soldaten
anwerben. Im May zeigte sich die ansteckende Seuche, das Brechen genannt, auch
in Augsburg. Es wurden dagegen folgende Vorkehrungen getroffen. Mit der Eröffnung des La-
zareths oder äußern Brechhauses gebot der
Magistrat am 13. Juli, es sollten sich, zur
Vermeidung der Ansteckung, die Burger und

Inwohner so viel möglich aller Zusammenkünfte enthalten; sie sollten, ohne höchste Nothwen-
digkeit nicht auf das Rathhaus oder an andere
öffentliche Orte, wo sich mehrere Leute zu ver-
sammeln pflegten, gehen, alle angesteckte Orte
meiden, und keinen mit diesem Uebel behafte-
ten Menschen in ihre Wohnung aufnehmen. Die
von dieser Krankheit Genesenen sollten noch vier
Wochen nach wieder erlangter Gesundheit zu Hause sich halten, und eben so die bey ihnen Wohnenden die Kontumazzeit beobachten. Auf dem
Trödelmarkt sollten, so lange die Seuche währen
würde, keine Betten und Kleider verkauft oder
eingekauft werden. Niemand sollte Betten auf
den Gassen und vor den Häusern an die Sonne
legen, noch Wasche und Leintücher der Kranken
in der Stadt waschen, und irgend eine andere
Wasche an den öffentlichen Röhrbrunnen reinigen.
Aller Unrath und Dünger soll sogleich aus den
Häusern und vor die Stadt hinausgeschaft werden. — Den Todtengräbern wurde befohlen,
ohne Wissen und Bewilligung der Bürgermeister
kein Grab in der finstern Gräbd zu eröffnen,
und alle Gräber sechs Schuh tief zu graben. —
Bey dem Fischerthörlein, an dem Hugel gegen die
Senkel, sollte ein neuer, mit einer Mauer umge-

bener Gottesacker angelegt, der Gottesacker bey dem Lazareth aber, weil die Todten daselbst wegen des sandigen Bodens nicht leicht vermoderten, stark mit Erde beschuttet werden. Zum Hinbringen der Angesteckten in das Lazareth sollten eigene Krankenträger, und zur Besorgung und Verpflegung besondere Aerzte und Wundärzte, Wärter und Wärterinnen angenommen werden. Das heilige Abendmahl, welches bisher nur in einer Kirche am Sonntage gefeiert wurde, sollte nun in zwey Kirchen gehalten werden. — Im Oktober kam die Verordnung hinzu, daß den Rathssitzungen nicht mehr als die Hälfte der Rathsglieder beywohnen, und monatlich mit der andern Hälfte abwechseln sollte. Es wurde auch Dr. Achilles Gasser mit 100 Goldgulden Gehalt nebst einem Wundarzt und Apotheker besonders beauftragt, auf die Gesundheit der Rathsglieder, der Stadtbediensteten und deren Angehörigen Acht zu haben. — Am 3. August wurde Matthias Welser in den geheimen, Paul Ulstädt in den inneren Rath, und Anton Christoph Rehlinger in das Bauamt befördert. Der Senat bestand nun in 26 katholischen und 19 evangelischen Gliedern. — Im Jahre 1563 im Monat

November hatten zwey Schwestern, Ursula, und Magdalena Riegerin, wegen Versuchen im Geldmünzen das Schicksal, vom Scharfrichter auf die Backen und Stirn gebrannt, und aus der Stadt verwiesen zu werden. Doch weit strafbarer erschien zu gleicher Zeit das Unternehmen zweyer Söhne des Kellerverwalters Späth, Wein aus dem Rathskeller zu entwenden; sie büßten beyde dafür mit dem Verlust ihres Kopfes auf dem Schaffot. — Auf Verlangen des Landsberger Vereins und des schwäbischen Kreises war Matthäus Welser zum Bundeskriegsrath, und Marx Pfister zum Kreiskriegsrath ernannt worden; in dieser Eigenschaft wurden sie dem Herzog von Baiern als dem Bundes-Obersten und dem Herzog von Würtemberg als dem Kreisobersten vorgestellt. — Im Monat September wurde auf dem Kreistage zu Ulm die erste Kreisverfassung wegen gemeinschaftlicher Hülfe wider die Friedensstörer festgesetzt, und zugleich bestimmt, was jeder Kreisstand bey ausbrechendem Kriege beyzutragen, was die kreisausschreibenden Fürsten, der Kreisoberste und dessen zugeordnete Kriegsräthe zu besorgen, und was jeder Stand an Kriegsvolk, Geschütz, Munition und Proviant in die vier Theile des Kreises zu geben habe. Für die Stadt Augsburg wohnten diesen Verhandlungen die Senatoren Johann Baptist Hainzel, Georg Pfister, und Dr. Georg Tradel bey. Vermöge dieses Kreisschlusses hatte Augsburg im bedürfenden Falle 25 Mann zu Pferd, und 125 zu Fuß, und zu den Streifen, neben dem Kriegsvolk des Bischofs, den Hauptmann und die Reuter zustellen. — Den 10. Dac. verirrte sich ein wildes Schwein in den Brunnenbach und kam, nachdem es ein eisernes Gitter zerbrochen und eine Falle aufgestoßen hatte, in den Brunnenthurm; hier aber fieng es sich selbst, indem die von demselben eröffnete Falle sogleich wieder zufiel. Der Lärmen, den dieß mitten in der Nacht verursachte, weckte den Brunnenmeister aus dem Schlafe, er eilte herbey, entdeckte die Ursache und schlug das Schwein, wiewohl nicht ohne Gefahr, todt. — Von den im Jahre 1563 in Augsburg gestorbenen 2670 Personen hatte die Pest 879 hinweggerafft. — Im Jahre 1564 den 4. Jänner wurde in dieser Stadt der kaiserliche Achtsbrief wider Wilhelm von Grumbach und seine Helfer und Anhänger öffentlich angeschlagen. — Am 15. April erlitt ein Falschmünzer, Hans

Müller von Obergasthausen, der viele Gul-
denstücke und andere Münzsorten aus Zinn und
anderm geringen Metall nachgemacht hatte, die
grausame Strafe lebendig verbrannt zu werden;
sein Weib wurde als seine Gehülfin auf die
Stirn und Backen gebrandmarkt. — Ein so-
genannter Hexenbeschwörer gab vor, daß er auf
den 20. April alle Hexen in der Nachbarschaft
hinter Lechhausen zusammen beschwören werde.
Dieß lockte viele einfältige Leute aus der Stadt
dahin, um ein so seltenes Schauspiel zu sehen.
Es erschien aber leider! weder der Beschwörer
noch seine Hexen, und die leichtgläubigen See-
len kehrten zurück, um von dem klugern Theile
ausgelacht zu werden. — Die jährliche Rathswahl führte den Hans Paul Herwart in
das Bauamt, und den Otto Lauinger in den
Senat und die Bürgermeisterstelle; in den Senat kam auch Stephan Endorfer, Paul
Böhlin, für Marx Pfister, welcher durch
einen unglücklichen Sturz mit dem Pferde das
Leben verloren hatte, Adam Rehm und Ulrich Walter, statt des wegen Schulden entsetzten Paul Ulstädt. Im Senat waren jetzt
25 Katholiken und 20 Protestanten. Der Geheimerath hatte nur katholische Mitglieder. —

Um diese Zeit traf die Nachricht von dem Tode des am 2. Jul. in Wien vollendeten Kaisers Ferdinand des Ersten ein, worauf sogleich vom Magistrat alle Tänze und Lustbarkeiten für einen Monat verboten, und den evangelischen Predigern aufgetragen wurde, deßwegen öffentliche Ermahnung zu thun. — Der zum römischen König erwählte Prinz Maximilian der Zweyte folgte in der Kaiserwürde. — Da zu Schrobenhausen in Baiern die Pest sich verbreitete, so wurde den dortigen Bäckern, welche berechtiget waren Brod zum Verkauf nach Augsburg zu bringen, dieses verboten. Unter den Thoren der Stadt hatte man auf alle ankommenden Fremden ein wachsames Auge, und sie wurden nur nach gegebener eidlicher Versicherung, daß sie seit einem Monat in keinem angesteckten Ort sich aufgehalten hätten, eingelassen. — Der neue Kaiser Maximilian bestättigte am 20. Dec. die Freyheiten und Privilegien der Stadt. — Der in diesem Monat häufig gefallene Schnee machte die Landstraßen unwegsam; auch kostete die darauf eingetretene große Kälte vielen Menschen das Leben. — An der Pest sowohl als an andern Krankheiten waren in diesem Jahre 2542 Personen ge-

storben. Die Menge der Todten machte es nothwendig, den obern Gottesacker vor dem Rothenthore, welcher als Ackerfeld benutzt worden war,
wieder seiner frühern Bestimmung zu widmen,
und ihn mit einer Mauer zu umgeben. — Zu
Anfang des Jahrs 1565 ließ die Pest bey fort-
daurender strenger Kälte twas nach. — Der
kaiserliche geheime Rath und Vicekanzler Dr
Georg Sigmund Seld, ein gebohrner
Augsburger, durch welchen der Kaiser das zünf-
tische Regiment aufgehoben hatte, und der nicht
nur bey Karl dem Fünften, sondern auch
bey dessen Nachfolgern Ferdinand dem Ersten und Maximilian dem Zweyten in
großen Ansehen stand und die wichtigste Angelegenheiten des deutschen Reichs besorgen mußte,
hatte im Monat May in Wien das Unglück,
als auf seiner Rückfahrt von dem kaiserl. Lust-
schlosse im Augarten die Pferde scheu wurden
und ausrissen, durch einen Sprung aus dem
Wagen sich so sehr zu beschädigen, daß er eine
halbe Stunde darauf starb. — Um diese Zeit
brannte ein großer Theil des dem Bernhard
Rehlinger gehörigen Dorfes Hainhofen ab. —

Bey der den 3. August gehaltenen Rathswahl fiel keine Veränderung vor; bald hernach

aber legte Jakob Fugger seine Geheime-
rathsstelle nieder, und begab sich in die Diensten des Herzogs Albrecht von Baiern, welcher
ihm sehr gewogen war. — Auf den 14. Jan.
des folgenden Jahres wurde ein Reichstag nach
Augsburg ausgeschrieben, und deßwegen die gehörigen Anstalten getroffen. — Im Jan. 1566
ordnete der Magistrat die Senatoren Christoph
Rehlinger und Wolfgang Paller nach
München ab, um den Kaiser nach Augsburg
einzuladen. Am 20. oder 26. desselben Monats
kam dieser mit seiner Gemahlin Maria und den
Prinzessinnen bey der Stadt an. Er wurde an
der Lechbrücke von den Stadtpflegern und mehr
als 300 Bürgern aus den ersten Ständen nebst
deren Dienern zu Pferd, bewillkommt. Bey
dem Rothenthore empfiengen ihn zwölf Senatoren mit einem seidenen gestickten Himmel, unter welchem sie ihn, wiewohl mit Widerspruch
der Klerisey, zum Gottesdienste in der Domkirche, und von da wieder zurück in sein Quartier im Fugger'schen Hause auf dem Weinmarkt
begleiteten. Am Tage darauf erhielt der Kaiser
das Stadtgeschenk, welches in drey kunstreich
gearbeiteten Trinkgeschirren von vergoldetem Silber mit 200 neuen Augsburger Goldgulden, das

Brustbild des Kaisers auf der einen, und das Stadtwappen auf der andern Seite darstellend, in acht Zubern mit Fischen, zwey Lägleiu Malvasier und Wein von Creta, zwey Wagen mit Neckar-Wein und vier Wagen mit Haber bestand. Die Kaiserin wurde mit einer vergoldten, 400 Gold-gulden enthaltenden Schüssel, sechs Zubern Fische, zwey Läglein mit ausländischem und einem Wagen Landwein beschenkt. — Der Rath verordnete zur Einrichtung der Reichstagstaren dem Reichs- und dem Hofmarschallamt, den Senator Christoph Rehlinger und Leonhard Sulzer; und zu der Audienz Christoph Ilsung und Paul Böhlin des innern Raths und zwey aus dem großen Rath. — Den 24. Jan. be-gnadigte der Magistrat 24 aus der Stadt ver-bannte Personen, und in der Folge noch meh-rere andere. Im Februar wurde die Galgen-strafe, zu welcher sieben Diebe verurtheilt wa-ren, in Galeerenstrafe verwandelt. Beydes ge-schahe nach dem Willen des Kaisers. —

An der Fastnacht wurde von einigen anwesen-den Fürsten und Herren auf dem Weinmarkt ein verlarvtes Ringelrennen gehalten. — Da die zum Reichstag berufenen Churfürsten und Für-sten und ihre Gesandten, verschiedener Hindernisse wegen, besonders wegen des schwedischen und dänischen Krieges, wegen der Zwistigkeiten des Herzogs Johann Friedrich von Sachsen mit seinem Bruder Wilhelm, und wegen der Vermählung des hessischen Prinzen Ludwig mit der würtembergischen Prinzessin Hedwig sehr spät eintrafen, so wurde erst am 23sten März, nach gehaltenem Gottesdienst in der Domkirche, durch den Herzog Albrecht von Baiern im Namen des Kaisers der Reichstag auf dem Rathhaus eröffnet. Der Stadt Augsburg Deputirte bey dem Reichstage waren: Hieronymus Imhof, Joh. Baptist Hainzel, Dr. Georg Tradel, Dr. Conrad Pius Peutinger.

Am 23. April wurde der Herzog August von Sachsen von dem Kaiser mit der Kurwürde belehnt. Es war deßwegen vor dem Tanzhause, dem kaiserlichen Quartier gegenüber, auf dem Weinmarkt eine Bühne errichtet und mit Tapeten behängt worden; an dem Tanzhause hatte man ein hölzernes Gerüste für die Trompeter angebracht, und gegen den Weinstadel hin eine mit Geländer versehene Bretterbrücke gelegt. Mittags 2 Uhr begab sich August mit andern Fürsten, Grafen, Edelleuten und Reisigen

durch eine Nebenstrasse auf den St. Ulrichs-
platz, wo sie sich ordneten. — Die, welche
die Blut- und Rennfahne führten, ritten
mit einem Gefolge von 75 Reutern in Reihen zu fünf Mann durch die Strasse, welche
zwischen dem Weinstadel und den Fugger'schen
Häusern hinlief, angeführt von Wolfgang
von Schönberg, Joachim Robel zu
Schweidnitz, und Heinrich von Glei-
senthal; die Blutfahne trug Christoph von
Ragnitz. Die Adelichen in diesem Haufen
bildeten 16 Glieder oder Reihen; sie waren in
schwarzen Sammet gekleidet und mit goldenen
Ketten behangen; auf dem Hut hatten sie gelbe
Federn, und jeder trug ein schwarzes und gel-
bes Fähnlein. Ihre Pferde waren mit gelben
Federbüschen und mit rothsammtnen, reich von
Goldborten umgebenen Decken geziert. An der
Spitze der zweyten größern Abtheilung, deren
Zug durch die andern von dem Weinstadel gebildete
Strasse gieng, befand sich der churfürstliche Hofmarschall Heinrich von Schulenburg, mit
25 Trompetern und einem Paucker. Nun kamen
die Grafen und Herren, welche dem Churfürsten
die Lehenfahne vortrugen. Philipp, Graf
von Hanau, hatte die Churfahne, Graf Lud-

wig von Königstein die herzoglich-sächsische, Graf Ludwig von Eberstein die landgräflich-thüringische, Graf Albrecht Georg von Stollberg die markgräflich-meisnische, Graf Wilhelm zu Schwarzenburg die sächsische, Graf Bruno von Mannsfeld die gräflich-orlamündische, Graf Wolfgang von Eberstein die burggräflich-magdeburgische, Graf Wolfgang zu Barby die thüringische, Graf Burkart zu Barby die der Herrschaft Landsberg, Graf Wolfgang von Hohenlohe die der Grafschaft an der Pleiße, Georg Freyherr von Schönburg die gräflich-altenburgische, und Wolfgang Freyherr von Schönburg die herrschaftlich-brenasche Fahne. Graf Ludwig Casimir von Hohenlohe trug dem Churfürsten ein Schwert in einer silbernen und vergoldeten Scheide vor. Der Churfürst selbst ritt, angethan mit dem Churfürstenornat, ein prächtig geschmücktes weißes Pferd. Ihm folgten, Pfalzgraf Wolfgang, Markgraf Georg Friedrich zu Brandenburg, Herzog Christoph von Würtemberg, Herzog Johannes von Holstein, Fürst Joachim zu Anhalt und Herzog Heinrich zu Liegnitz. An sie rei-

heten sich der savoyische Gesandte und zwölf
churfürstliche Räthe und Kammerherren an. Den
Beschluß machten Grafen, Edelleute und Reisige
in 37 Gliedern, jedes aus 21 Personen beste-
hend. Diese beyden Haufen stellten sich sodann
in den vorhergenannten Gassen. Nachdem indessen der Kaiser und die anwesenden Churfürsten im Tanzhause sich mit dem Schmuck ihrer
Würde umgeben hatten, traten sie auf die Bühne hervor, und nahmen hier ihre Plätze ein,
der Kaiser den unter einem Baldachin errichteten Thron, die Churfürsten aber nebst dem bran-
denburgischen Gesandten die um den Thron ge-
stellten Stühle. Hierauf sprengte der berittene
Haufe, der die Renn- und Blutfahne führte,
in vollem Lauf gegen die Bühne, und dreymal
um dieselbe herum, und verfügte sich sodann an
die Stelle, wo der Churfürst August mit seinem Gefolge war; Christoph von Ragnitz
aber stellte sich mit der Blutfahne unter die anderen
Lehenfahnen. Nun fertigte der Churfürst die ihn
begleitenden sechs Fürsten, den savoyischen Gesandten und den Rheingrafen Hans Philipp
an den Kaiser ab, welche, als sie sich dem
Throne näherten, von ihren Pferden abstiegen,
die Bühne betraten, und nach dreymaligem Nie-

derknien den Kaiser durch den das Wort führenden Pfalzgrafen Wolfgang um die Belehnung
des Churfürsten baten. Nach geschehener Umfrage bey den Churfürsten ertheilte ihnen der Churfürst von Maynz im Namen des Kaisers die
Antwort, daß, wenn der Churfürst persönlich
bey dem Reichsoberhaupt um die Belehnung ansuchen würde, ihm willfahrt werden solle. Sie
druckten hierauf ihren Dank aus, stiegen wieder zu Pferde, und kehrten zu dem Kurfürsten
zurück, um ihm den kaiserlichen Bescheid zu
melden. Jetzt vereinigten sich beyde Haufen,
und rannten gerade vor die Bühne; der Churfürst folgte ihnen mit den Trägern der Fahne und
des Schwerts und begab sich, nachdem er und
seine Begleiter abgesessen waren, auf die Bühne; es kamen auch die sechs Fürsten, deren
oben gedacht worden, und einige churfürstliche
Räthe und Kammerherren nach ihm. Erst machte der Churfürst mit seinem Gefolge zweymal
eine Kniebeugung, dann ließ er sich vor dem
Kaiser ganz auf die Kniee nieder, und bat denselben in einer kurzen Anrede um die Belehnung, mit dem Versprechen, die schuldige Pflicht
zu leisten. Als hierauf der Kaiser durch den
Churfürsten und Erzbischof von Maynz, welcher

das Evangelienbuch in der Hand hatte, die Belehnung gewährte, wurde dem Churfürsten von dem Erzbischof der Belehnungseid vorgelesen, welchen jener mit Auflegung der Finger auf das Evangelienbuch ablegte. Nun reichte ihm der Kaiser das von dem Erbmarschall von Pappenheim gehaltene bloße Schwert, das er dem Erbmarschall sogleich wieder übergab, hierauf die Blutfahne, die Kurfahne, und so die übrigen Zeichen seiner neuen Würde dar, welche zuletzt von den kaiserlichen Herolden unter das versammelte Volk geworfen wurden. Nach geendigter Zeremonie dankte der Churfürst dem Kaiser, verließ mit seinem Gefolge die Bühne, und setzte sich unter Trompeten- und Paukenschall zu Pferd, um in sein Quartier zurückzukehren. Jetzt ritt derjenige Haufe, welcher die Renn- und Blutfahne führte, voran; der Churfürst aber und die Fürsten folgten mit dem andern Zuge nach. Vor seinem Quartier sagte er den Fürsten Dank für ihre Begleitung, worauf sie sich in ihre Wohnung verfügten. Indessen begab sich der Kaiser in das Tanzhaus zurück, legte daselbst den kaiserlichen Schmuck ab, und wurde von den übrigen Churfürsten in sein Quartier zurückbegleitet. Auf ähnliche Weise, doch weniger glänzend, geschahe am 9. May die Belehnung des Hochmeisters von Preußen Georg Hundt. Die Erzbischöfe von Maynz und Trier, und der Churfürst Friedrich von der Pfalz empfiengen ihre Lehen in dem kaiserlichen Quartier. — An diesem feyerlichen Tage, dem 9. May, waren 21 Churfürsten und Fürsten zur kaiserlichen Tafel geladen; das Mahl bestand in funf Trachten, und zu jeder Tracht gehörten 125 Speisen. — Am 12. May war auf dem Weinmarkt ein prächtiges Ringelrennen, zu welchem der Churfürst August von Sachsen als Hannibal, und Rudolph Kuhn, kaiserlicher Stallmeister, als Hekter die anwesenden Fursten, Grafen und Edeueute eingeladen hatten, so wie sie auch dabey in diesem Charakter und Anzug erschienen. Der zum Rennen bestimmte Platz wurde mit hölzernen Schranken eingefaßt, und mit lebendigen Bäumen geziert. In der Mitte desselben war ein Triumphbogen errichtet, und in demselben der Ring aufgehangen. Auf einer Bühne neben dem Rennplatze hatten die Richter ihren Sitz; vor ihnen lagen auf einem Tische die Gewinnste — silberne Gefäße und Kleinodien. Es fanden sich bey diesem Spiele sehr viele vermummte Ritter in verschiedenen Kleidungen ein. Wer den besten Preis gewonnen habe, melden die alten Erzähler nicht. — Da im Monat May die Berathschlagungen des Reichstages ihr Ende erreicht hatten, so wurde am 20ten auf dem Rathhause der Reichsabschied vorgelesen. Durch denselben war dem Kaiser die vom Reich verlangte Hülfe wider die Türken bewilliget, und zugleich der Religionsfriede, ungeachtet der Einwendungen des Pabstes dagegen, auf das feyerlichste bestättigt. Der Bischof und Kardinal Otto, welcher die päbstliche Parthey vertreten hatte, unterschrieb nun selbst den Reichsabschied. — Am nächst folgenden Tage huldigte der Rath und die Bürgerschaft dem Kaiser auf dem Perlachplatze. Der Vicekanzler Dr. Ulrich Zusio las die Eidesformel vor. Hierauf reisten die meisten Churfürsten, Fürsten und Stände ab. Der Kaiser verließ Augsburg am 1ten Jun. und gieng über Donauwörth nach Wien auf der Donau zurück. — Auf diesem Reichstage war die letzte öffentliche Belehnung im deutschen Reich geschehen. — Am 8. Jan. 1566 wurde zu Augsburg vom Magistrat die erste gedruckte Feuerordnung bekannt gemacht. — Diese Stadt suchte bey dem Herzog von Savoyen Emanuel Philibert in dessen Staaten den freyen

Handel wieder zu erlangen, den sie früher daselbst gehabt hatte; ob sie ihren Zweck erreicht
habe, ist ungewiß. — Bald nach geendigtem Reichstage mußte Augsburg, vermöge des
Reichsschlusses, einen Beytrag von 40,000 Gulden zur Türkenhülfe, und nicht lange hernach
eine gleiche Summe zu der bewilligten dreyjäh-
rigen Hülfleistung an die hierzu verordneten kaiserlichen Pfenningmeister (Kassiere) geben. —
Im Monat Juny zog der junge Markgraf von
Baden P h i l i b e r t mit 150 Mann geharnisch-
ter Reuter durch Augsburg zum Feldzuge wider
die Türken nach Ungarn, wohin bereits 300
Reuter auf einem andern Wege voraus geschickt
waren. — Am 18. Jun. wurde den Buchhänd-
lern der Verkauf calvinischer, zwinglischer und
schwenkfeldischer Bücher strenge verboten. — Einige Tage später erfolgte, wegen des Türkenkrieges, das Verbot der S o n n e n w e n d-
oder St. J o h a n n e s f e u e r und R e i h e n,
der A b e n d- und anderer T ä n z e und des
S i n g e n s um K r ä n z e. Die Katholiken stellten Bittgänge und Wallfahrten, besonders auf
den heiligen Berg Andechs an; von den Protestanten wurden außerordentliche Betstunden gehalten. Jeden Mittag um 12 Uhr ertönten die

Glocken der Stadt, um die Einwohner zum Gebete um Sieg über die Türken aufzufordern.
An St. Peters und Paulstag brach ein schreckliches Hagelwetter aus, wobei nicht nur der Blitz
in den St. Stephansthurm schlug, sondern auch
die Schlossen an den meisten Fenstern in der
Stadt einen bedeutenden Schaden anrichteten. —
Bey der am 3. August gehaltenen jährlichen
Rathswahl wurde Marx Fugger für Joh.
Jakob Fugger, und Joh. Paul Herwart für den verstorbenen Konrad Mayr
in den Geheimenrath, an Herwarts Stelle
aber Stephan Endorfer in das Bauamt,
und Matthäus Stammler, Konrad
Mayr und Konrad Roth in den innern
Rath erwählt. Der katholische Magistrat bestand jetzt in 24, und der evangelische in 21
Personen; in dem Geheimenrath sowohl, als
in dem Einnehmeramte war kein evangelisches
Mitglied. — Die Anzahl der Bettler nahm in
Augsburg sehr überhand; fremde und einheimische
suchten Almosen auf den Strassen, und 800
verburgerte Arme genossen öffentliche Unterstü-
zung. — Im Jahre 1567 am 27. Febr. wurde der alte Gebrauch, den Senatoren bey ihren
Amtssitzungen auf dem Rathhause, vornehmlich

Nachmittags, auf Kosten der Stadt Wein und Konfekt vorzusetzen, gänzlich und für immer abgeschafft. — Der großen Getraidetheurung wegen ließ der Rath im Monat März für die armen Bürger Brod backen und alle Wochen 2000, dritthalb Pfund schwere Laib, das Stück zu 8 kr. an sie verkaufen. Da hiezu der öffentliche Getraidevorrath nicht hinreichend war, so wurden in Oesterreich 2000 Schaff Roggen aufgekauft, um auf der Donau herbeygeführt zu werden; Pfalzgraf Wolfgang zu Neuburg aber ließ dieses Getraide nicht passiren, und der Magistrat war gezwungen, es der Stadt Neuburg gegen Bezahlung zu überlassen. — Den 19. April wurde der Bauamtsschreiber Ambrosius Hack, welcher innerhalb 7 Jahren die Stadt um 7000 Gulden bestohlen hatte, aufgehangen, jedoch aus Schonung für seine Frau, die von guter Familie war, mit einem über seinen Kopf gezogenen Mantel; auch wurde er am folgenden Tage vom Galgen wieder abgenommen und begraben. — Den 18. Jun. kam der Herzog von Baiern nach Augsburg, und erzeigte der Stadt die Gnade, dem ihm zu Ehren auf der Geschlechterstube angestellten Gastmahle beyzuwohnen. Schon einige Zeit vorher hatte der Magistrat verschiedenes Silbergeräthe, Schüsseln, Teller, Salzfässer, Löffel, Handbecken, Pokale, Becher, Kannen und dergleichen verfertigen lassen, um hohe Gäste damit anständig bedienen zu können; nachdem man bisher zu solchem Gebrauche bei den Fuggern und andern Geschlechtern silbernes Tafelgeräth entlehnt hatte. — Um diese Zeit kam ein altes Weib nach Augsburg, welches sich für eine Freyin von Wolfsstein ausgab, und sich der Kunst zu wahrsagen, und verlorne oder verborgene Sachen wieder herbeyzuschaffen rühmte. Es fehlte ihr nicht an großem Zulauf von Leuten aus allen Ständen, und sie sammelte sich in kurzer Zeit eine ansehnliche Summe Geldes. Endlich befürchtend, sie möchte nicht lange mehr in der Stadt sicher und unangefochten seyn, begab sie sich in das benachbarte Dorf Leutershofen, und trieb dort ihr Wesen fort. So bald der Oberbeamte der Markgrafschaft Burgau hievon Nachricht erhalten hatte, ließ er sie dort abholen, und in der Meinung, sie habe Zauberkünste getrieben, auf die Tortur bringen. Es ergab sich aber, daß ihr Gewerbe, wie sich von selbst versteht, bloße Betrügerey war. Abhanden gekommene Sachen, welche sie den Eigenthümern durch ihre vorgeblichen Künste wieder zustellte, hatte sie durch Leute, mit denen sie insgeheim einverstanden war, entweder wegstehlen und ihr überbringen, oder das von Andern Entwendete auskundschaften lassen. Es war ihr bey dem großen Zutrauen, welches sie fand, um so mehr gelungen, ein hübsches Kapital von 20,000 Gulden zusammen zu bringen, da sie sich gewiße Prozente von dem Werthe der vermißten oder gestohlenen Dinge bey der Auffindung derselben hatte bezahlen lassen. Indessen begnügte sich der burgauische Oberbeamte, die eine Hälfte ihres Gewinnstes für den Fiskus in Anspruch zu nehmen; mit der andern verwies er sie über den Rhein. — Am jährlichen Rathswahltage fiel keine Veränderung vor. — Bey einem heftigen Donnerwetter am 7. August sollen Schlossen in der Größe von Hünereyern gefallen seyn, und viele Dächer, Fenster und Bäume in Augsburg beschädigt haben. — Zu Anfang des Oktobers stellte der Rath, wegen der Anwesenheit des Herzogs Albrecht von Baiern, dessen Gemahlin Anna und beyder Prinzen Wilhelm und Ferdinand, der Grafen v. Montfort und Löwenstein und vieler Adelichen, ein großes Armbrustschießen in dem Schießgraben bey dem Göggingerthore an, bey welchem 295 Schützen sich einfanden. Der beste Gewinnst war 100 fl., in welchen sich Jakob Klaus aus dem Würtembergischen, Georg Springinsklee von Bopfingen, und Wolfgang Angerer von Passau theilten, weil jeder derselben 15 Schwarzschüße gethan hatte; die dazu gehörige Fahne gewann Klaus allein. — Die zu Gewinnsten bestimmten Fahnen waren von 68 Bürgerssöhnen aus Geschlechter- und anderen angesehenen Familien, in weißfarbigem Anzuge, mit Kränzen um die Stirn und goldner Kette am Halse, unter Musik und Trommelschlag durch die Stadt, in den Schießgraben getragen worden. Dem Herzog und seinen Angehörigen wurden im Fugger'schen Hause, den übrigen fremden Schützen aber in dem Schießgraben ein Gastmahl auf Kosten der Stadt gegeben; es fanden auch verschiedene Tänze und Volkslustbarkeiten statt. —

Auf den 16. Oktober erhielt der Magistrat von dem Herzog eine Einladung nach Friedberg, wo er Mittags und Abends köstlich bewirthet wurde. — Nicht lange hernach, am 3. Jan. 1568, erfolgte die Einladung zu der auf den Sonntag Sexagesima bestimmten Vermählungsfeierlichkeit des Erbprinzen Wilhelm von Baiern mit der Prinzessin Renata, Tochter des Herzogs Franz von Lothringen. Der Magistrat ernannte zu seinen Abgeordneten die Stadtpfleger Christoph Peutinger und Hieronymus Imhof; sie überreichten als Hochzeitgeschenk im Namen der Stadt ein großes silbernes und vergoldetes Handbecken (Lavoir) mit 100 Goldgulden. — Am 15. May war in Augsburg eine schreckliche Exekution. Ein Mordbrenner Michael Schwarzkopf, welcher mehr als zwanzig Gräuelthaten und manchen höchst grausamen Mord, indem er unter andern einem schwangern Weibe das Kind aus dem Leibe geschnitten, verübt, aber alles hartnäckig geläugnet hatte, bis ihm die Folterqual das Geständniß erpreßte, wurde an vier Pläzen der Stadt, nämlich bey St. Peter, bey dem Eggenbergischen Hause, bey dem Frauenthore, und bey dem St. Georg-Gäßchen mit glühenden Zangen gerissen und bey dem Galgen lebendig gerädert. — Durch die Rathswahl am gewöhnlichen Tage gelangte, für den verstorbenen Georg Pfister, in den Geheimenrath Joh. Baptist Heinzel, und an dessen Stelle sein Bruder Paul Heinzel als Burgermeister. Im innern Rath erhielt aus dem Patriziat eine Stelle, Hans

Heinrich Herwart und Hieronymus Rehm statt der durch den Tod Abgegangenen, Georg Pfister und Wolfgang Langenmantel. Von den Mehreren der Gesellschaft wurden Senatoren: Anton Pimel, für den wegen hohen Alters abtretenden Leonhard Sulzer, und Leonhard Weiß für Christoph Gehring, welcher, nachdem er 7000 Gulden im Spiel verloren hatte, seine Rathsstelle niederlegte, um nicht nach den Gesetzen als Verschwender aus dem Senat gestossen zu werden. Von der Gemeinde traf die Wahl einen Mezger Adam Häfelin, welcher seinen verstorbenen Mitmeister Jakob Burkart ersetzte. Der Senat hatte jetzt 23 katholische und 22 evangelische Glieder, von welchen letztern Eines in Geheimenrathe saß. — Im Oktober gab Hieronymus Fugger den Schützen in der Rosenau 80 Gulden zum Besten. Es kamen 273 Schützen zusammen. Der größte, in 40 Gulden bestehende Gewinnst fiel einem augsburgischen Bürger und Zimmermann, Christoph Beck, zu. — Am 15. Dez. beglückte Herzog Albrecht von Baiern die Stadt abermals mit seiner Gegenwart; er speiste mit Patriziern bey den Fuggern. — Im Jahre 1569 den 2ten Jan. gebahr in Augsburg ein Weib, Anna Clausenburgerin ein Kind, dessen Kopf und Oberleib zwar, den fehlenden Daumen der rechten Hand ausgenommen, regelmäßig gestaltet, der untere Theil des Körpers aber völlig zusammen gewachsen, und in allem wider die Natur gebildet war; es lebte nur 6 Stunden nach der Geburt. — Den 4. Jan. holten die Fugger und andere Patrizier die Hofdamen der zu Friedberg im Schlosse residirenden verwittweten Herzogin von Lothringen, Christina, in Schlitten nach Augsburg, und fuhrten sie einige Stunden spazieren. Am nächsten Tage wurden diese Edelleute von der Frau Herzogin zu Friedberg fürstlich bewirthet. Drey Tage hierauf war der Tochtermann dieser Fürstin, Prinz Wilhelm von Baiern, Gast bey den Fuggern in großer adelicher Gesellschaft. — Von der Mitte des Monats Januar bis zu Ende März herrschte in Augsburg, so wie in andern Gegenden, eine furchtbare Kälte bey anhaltendem Nordostwinde, wodurch viele arme Menschen und Wanderer erfroren. — Am 20. Febr wurden die Stadtpfleger, Bürgermeister und noch mehrere des Raths vom Herzog Wilhelm von Baiern und von der Herzogin von Lothringen in dem Schloß zu Friedberg zur Tafel gezogen. — Um diese Zeit war das Teufelaustreiben bey der katholischen Geistlichkeit Augsburgs an der Tagesordnung; besonders thätig zeigten sich die Jesuiten darin. So soll ein Doktor der Theologie, Scheibenhort, von einer Fugger'schen Magd Katharina Gutlebin, welche an Mutterbeschwerden und Krämpfen litt, am 21. März fünf Teufel ausgetrieben haben; wenigstens behauptete es dieser Gaßner des sechzehnten Jahrhunderts. — Am 3. August war eine einzige erledigte Rathsstelle wieder zu besetzen; es geschahe durch die Erwählung eines Schlossermeisters Lorenz Brunner in den innern Rath. Das Verhältniß der beyden Religionstheile in Ansehung der Zahl der Senatoren blieb das vorjährige. — In dieser Zeit kam Erzherzog Ferdinand von Oestreich zur Jagd nach Günzburg. — Er erlaubte mehreren Juden, sich in dem der Stadt nahe gelegenen Dorfe Pfersen gegen den Willen des Eigenthümers dieses Orts, eines augsburgischen Bürgers Bartholomäus Sailer, wohnhaft niederzulassen. Der Rath bezeugte dem Erzherzog durch die Deputirten, Senator Leonhard Christoph Rehlinger und Dr. Georg Stadel seine Ehrfurcht, bat aber zugleich um Wiederentfernung des der Stadt und Bürgerschaft in Handel und Wandel schädlichen Judenvolks aus dem Dorfe Pferfee. Aber Ferdinand nahm keine Rücksicht auf diese Bitte, und die Juden blieben, wo sie waren, unter burgauischem Schutze —

Am 15. Septemb. wurden drey den Chorherren zu St Moritz gehörige Häuser auf dem Herrenhof (Morizplatz) ein Raub der Flammen. Bey dem Wiederaufbau derselben mußte das Chorstift dem Magistrat einen Revers ausstellen, daß es zwischen dem Kornhause (jetzt Feuerhaus) und dem daneben aufzuführenden Hause einen Raum von 27 Schuh lassen wollten. — Um diese Zeit gaben die Domherren in dem bischöflichen Garten ein Scheibenschießen, bey welchem auch der baierische Prinz Wilhelm, der zu Friedberg seinen Aufenthalt hatte, erschien — Der damalige große Getraidemangel und die Theurung der Lebensmittel setzte die verarmten Bürger in eine traurige Lage. Die Straßenbetteley war groß und neben dieser bestand eine Almosenaustheilung im Leihhause an 1700 Stadtarme. Um die Noth zu mindern, ließ auch der Rath anstatt der alten öffentlichen Backöfen, welche abgetragen worden, auf dem Herrenhof bey St. Moritz neue erbauen, worinn wohlfei= les Brod für die Dürftigen gehacken wurde. — In diesem Jahr erkaufte der Magistrat einige zwischen dem Klinkerthore und dem Einlaß vor der Stadt gelegene Gärten zur Erweiterung der in dieser Gegend zu enge gewesenen Landstraße. — Neben dem früher schon zwischen dem Frauen= thor und St. Stephan angelegten Kornstadel wur= de ein großes Kornhaus gebaut bey dessen Grundgrabung man einige römische Münzen und Steine mit Inschriften fand. — Ein Exorzist, der Jesuiten Provinzial Peter Canisius ver= suchte seine Kunst an einem Dienstmädchen An= na Bernhauserin, und behauptete, durch Gebet und Schläge sieben Teufel von ihr aus= getrieben zu haben; dieß veranlaßte ihren Brod= herrn Marx Fugger mit seiner Gemahlin, Sibylla von Eberstein eine Wallfahrt nach Altötting anzustellen und dem daselbst verehr= ten Marienbild einen goldenen Kelch zu opfern. — Auf dem zu Speyer gehaltenen Reichstage waren die Gegenstände der Berathung: die Ver= besserung der Kriegszucht; die Bewilligung einer zwölfmonatlichen Hülfe zur Befestigung der Städ= te und Pässe gegen die Türken in Ungarn; der

Erſatz der gothaiſchen Exekutionskoſten, und die Verbeſſerung des kammergerichtlichen Prozeſſes ſowohl, als des Münzweſens. Als Deputirte der Stadt Augsburg erſchienen dabey der Senator Johann Matthäus Stammler und Dr. Peutinger. — Der anhaltenden großen Theurung des Getraides und aller andern Lebensmittel wegen, wurden in jeder Woche 3000 vierpfündige Roggenbrode von den Stadtbacköfen um die Hälfte des Bäckerpreiſes, oder zu acht Pfenningen der Laib, an ſolche Perſonen abgegeben, welche von den Gaſſenhauptleuten ein Zeugniß ihrer Dürftigkeit aufweiſen konnten. Auch verkauften die Handwerksvorgeher und Kornpröbſte einen Theil ihres Getraidevorrathes mit Genehmigung des Raths an ihre Mitmeiſter. — Aus dem Holzmagazin der Stadt erhielten die Burger die Klafter Fichtenholz für einen Goldgulden oder 3 fl. 15 kr. Bey St. Martin wurden wochentlich 36 Centner Schmalz, das Pfund um 2 Pfenninge weniger als es bey den Huckern galt, an Unbemittelte verkauft. — Auſſer denen, welche im Hoſpital, in der St. Jakobspfründ, im Blatter- und Siechenhauſe und von andern Stiftungen Verpflegung oder Unterſtützung hatten, empfiengen jetzt mehr als 4000 Men-

schen milde Gaben von der Stadt. Den Metz-
gern gab der Rath einen unverzinslichen Vorschuß von einigen tausend Gulden auf ein Jahr,
zum Ankaufe des benöthigten Schlachtviehes. —
Da einige wohlhabende, aber schlechtdenkende
Bürger auf verschiedenen Schleichwegen sich das
nur für Arme bestimmte, wohlfeilere Brod zu
verschaffen wußten, so machte der Magistrat zu
Ende dieses Jahrs die Verordnung, daß in Zukunft
kein Hausbesitzer, kein Wirth, kein die Wache ver-
richtender oder erst seit fünf Jahren verheura-
theter Bürger an dem für ganz verarmte Einwohner bestimmten Brod Antheil zu nehmen habe,
und daß zu Verhütung künftigen Misbrauches
besondere Brodzeichen eingeführt werden sollen.
— Dr. Daniel Keller, augsburgischer Arzt,
welcher schon einige Jahre Alchemie getrieben
hatte, bot sein angebliches Geheimniß, Gold
zu machen, um 400,000 fl. aus; es fand sich
aber kein Käufer dazu. Später wußte er den
Marx Fugger zu bereden, mit ihm einen
Vertrag einzugehen, kraft dessen Fugger die Kosten zur Ausübung der Kunst, das Silber auf
das Dreyfache zu vermehren, und jede Mark
Silber in eine Unze Gold zu verwandeln, her-
geben, und dafür drey Viertheile des Gewin-

nes, Dr. Keller aber ein Viertheil beziehen sollte. Der Erfolg war der gewöhnliche; es gieng
alles im Rauch auf. —

Herzog Karl von Lothringen kam mit einem Gefolge von hundert Personen nach Augsburg, wo ihn der Prinz Wilhelm von Baiern
nach Friedberg zu seiner Frau Mutter abholte.
Am 3. August war die gewöhnliche Rathswahl.
Für Sixt Eiselin, welcher seine Entlassung
vom Burgermeisteramt gesucht und erhalten hatte, kam Bartholomäus May, einer der
Mehrer der Gesellschaft, zu dieser Würde. In
den Senat wurden gewählt: Jeremias Stenglin, aus dem Handelsstande, und Ulrich
Fugger, ein Kürschner, von der Fuggerschen
Linie abstammend und ein Reh in seinem Wappen führend, von der Gemeinde; jener an des
verstorbenen Christoph Mayr's, dieser an
des gewesenen Zollers Georg Manasser
Stelle. Die Evangelischen hatten jetzt ein Mitglied mehr im Rath, als die Katholischen. —
Da Kurbaiern die Ausfuhr des Salzes verbot,
so stieg der Preis desselben auf zwey Gulden
für die Scheibe. — Vorzüglich bemerkenswerth
ist, daß in diesem Jahre der Bürgermeister
Paulus Hainzel einen beweglichen astrono-

mischen Quadranten von seltner Größe, aus Forenholz, nach des berühmten Mathematikers Tycho de Brahe Anleitung, verfertigen und auf seinem Gute in Gögginen unter freiem Himmel aufstellen ließ. Die Grade wären an diesem Werkzeuge für die Beobachtung der Gestirne mit eingelegtem Metall bezeichnet, und es hatte damals in Deutschland seines Gleichen nicht; um so mehr mußte es bedauert werden, daß es schon nach vier Jahren von einem heftigen Sturm zertrümmert wurde. — Die außerordentliche, im Januar 1571 gefallene Menge Schnee, verhinderte eine Zeitlang die Zufuhr der Lebensmittel nach Augsburg, daher diese sehr hinaufgiengen, indem das Schaff Kern 9 bis 10, Roggen und Gersten 6, und Haber 3 Goldgulden galt, ein ganz unerhört theurer Preis zu damaliger Zeit. Ein Ey wurde mit drey Kreuzern bezahlt. Diese traurigen Umstände bewogen den Magistrat, durch öffentlichen Verruf am 12. Februar die sonst gewöhnlichen Fastnachtlustbarkeiten und Mummereyen zu verbieten. Da Theurung und Mangel in der Stadt immer mehr zunahmen, so gab der Rath zween Senatoren, Felix Rehm und Georg Resch, den Auftrag, Getraide im Auslande einzukaufen, wo sie sodann von dem

Deutschmeister zu **Mergentheim, Georg Hundt,** 4000 Schaff um billigen Preise erhielten. Auch ließ der Magistrat einen bedeutenden Vorrath von Kornfrucht aus Friesland und Seeland kommen, welches aber erst nach zehn Monaten in Augsburg eintraf. — Am 15. März entwich ein Rathsdiener **Veit Mayr** mit einer dem Bauamte geraubten großen Summe Geldes und trieb sich in verschiedenen Gegenden umher; endlich wurde er im August zu Wasserburg angehalten, gefangen nach Augsburg gebracht, und am 13. September enthauptet. — Fortdaurende Noth und Mangel vermehrten die Zahl der Diebe. Der Magistrat gebrauchte daher scharfe Ahndungsmittel. Am letzten März wurden drey uber dem Stehlen Ergriffene aufgehangen. Mehrere andere Diebe empfiengen das Urtheil, mit Ruthen ausgepeitscht zu werden; einige kamen auf die Galeeren nach Venedig.

Den 21. Jul. wurde **Kaspar Holl,** weil er sich in der St. Johanniskirche die Monstranz zugeeignet hatte, durch das Schwert hingerichtet. — Wildschützen lieferte man im Monat März nach Burgau gegen Revers aus. — Verarmten Burgern verbot der Magistrat das Betteln auf dem Lande in den benachbarten Ortschaften, dagegen hielt er auch fremde Bettler, welche, von der allgemeinen Noth herumgetrieben, in Schaaren vor die Stadt kamen, von den Thoren derselben ab. — Im May überreichte ein Graf von Arn dem Rath zwey Werbpatente, das eine von dem Kaiser, das andere von dem König in Spanien ausgefertigt, und begehrte die Erlaubniß, durch öffentlichen Trommelschlag zwey Fähnlein reisige Fußknechte in Augsburg anwerben zu dürfen. Der Trommelschlag wurde verweigert, **die Werbung** aber unter der **Bedingung zugestanden**, daß der Graf als Werboffizier, dem unlangst auf dem Reichstage zu Speyer erfolgten Reichsabschiede gemäß, zuvor angeloben solle, die angeworbene Mannschaft sogleich hinweg zu schicken, da in diesen theuren Zeiten ohnehin das Land mit Volk überhäuft sey, welches aber nicht in die Stadt gezogen werden dürfe, um daselbst einen Musterplatz auf dem freyen Reichsboden zu haben; es dürften demnach die Söldlinge nicht rottenweise durch die Stadt laufen. Graf von Arn ließ sich dieß alles ohne Widerrede gefallen, und so hatte die erste fremde Werbung in der Reichsstadt Augsburg statt. — Am 30. May brannte die Hammerschmiede vor dem Stephingerthore ab. Gleiches

Unglück traf am 21. August die Stoßmühle bey
dem Oblaterthor innerhalb der Stadt. — Da
die bischöflichen Beamten die Augsburger an dem
Mitjagen von Schwabmünchen herab hindern
wollten, so beschwerte sich hierüber der Rath bey
der Regierung zu Dillingen, und ermahnte zugleich die jagdberechtigten Bürger, sich das Recht
der Stadt an dieser Mitjagd auf keine Weise
nehmen zu lassen. Jene Beamten giengen aber
noch weiter in ihrer Gewaltthätigkeit. Sie ver-
urtheilten einen angesehenen Bürger der Stadt,
der zugleich Besitzer eines Guts im Dorfe Inningen war, wegen eines Vergehens wider das
sechste Gebot, welches bereits der Magistrat
Augsburgs geahndet hatte, ohne Fug und Recht
gleichfalls zu einer Geldstrafe, und zwangen ihn,
weil er die Summe nicht erlegen konnte oder wollte, durch Androhung des Gefängnisses, einen
Schuldschein auszustellen. Kaum war der Rath
hievon in Kenntniß gesetzt worden, als er sogleich dem bischöflichen Rentmeister in seiner
Wohnung Arrest ankündigen, den bischöflichen
Wagmeister aus der Stadt hinausschaffen, und
die Vögte zu Bobingen, Inningen und Göggingen so lange gefangen setzen ließ, bis sie den
abgedrungenen Schuldschein herausgaben; nun

erst erhielten sie nach geleisteter Urpheb ihre Freyheit wieder. — Am jährlichen Rathswahltage
ersetzte Leonhard Weiß, Mitglied der Mehreren der Gesellschaft, den verstorbenen Baumeister Joachim Jenisch, und Georg Sul-
zer, gleichfalls zu den Mehreren der Gesellschaft
gehörig, den seine Stelle niederlegenden Sixt
Eiselin. Andreas Harder, vom Handelsstande, wurde in den Rath gewählt. Die
Zahl der katholischen und der evangelischen Rathsglieder war der vorjährigen gleich, 23 von diesen, und 22 von jenen.

Der neue Stadtmünzmeister Hans Vogler
von Eichstädt legte ein Münzwerk an, welches
die Münzen nicht nur weit geschwinder, als
bisher mit dem Hammer geschehen war, sondern
auch schöner ausprägte. In den folgenden Jahren giengen viele Reichsgulden und anderes gu-
tes Geld aus dieser Münzstätte hervor. — Das
furchtbare Uebel der Pest regte sich aufs neue
in Augsburg; dieß brachte die bereits früher
dagegen angeordneten Schutz- und Rettungsmit-
tel wieder in Anwendung. — Im Dezember verbot
das Bürgermeisteramt den Singknaben (Cantori-
sten), das Lied: Erhalt uns Herr bey deinem
Wort ꝛc. auf den Straßen vor den Häusern zu

singen. — Der Luginslandwall wurde, so wie die daran stossende Mauer, fester gemacht. — Auch in diesem Jahre kam der Herzog Albrecht von Baiern öfters von Friedberg nach Augsburg, wo die Geschlechter Marx, Johann Philipp, und Eduard Fugger, ferner Sebastian Schertlin, Achilles Ilsung, Johann Paul Herwart, Jakob und Anton Meiting, mit einander wetteiferten, ihn zu ihrem Gaste zu haben; dagegen widerfuhr ihnen und noch anderen aus dem Rath die Ehre, von dem Fürsten in Friedberg wieder bewirthet zu werden. — Ein wohlhabender, unverheurateter Burger, Christoph Bissinger, erklärte in seinem Testament, daß nach seinem Tode sein Haus verkauft, das dadurch gewonnene Kapital angelegt und die davon fallenden Zinsen zu einer Aussteuer für arme ehrbare Bürgerstöchter verwendet werden sollten. — Am 4. Jan. 1572 empfand man zu Augsburg starke wiederholt Erdstöße. Zwey Tage hernach wollte man einen großen unbekannten Vogel auf der Spitze des linken Thurms der Domkirche, und am folgenden Morgen auf dem rechten Thurm, sodann aber wieder auf dem ersten gesehen haben, und es soll weder das öftere Läuten der

Domglocken noch das wiederholte Schießen nach ihm im Stande gewesen seyn, ihn von da zu vertreiben, bis es ihm in der dritten Nacht selbst gefiel, Abschied zu nehmen. Daß es dabey nicht an wunderlichen Urtheilen, Deutungen und Prophezeyungen gefehlt habe, läßt sich leicht denken, und eben so wenig bedarf es vieler Worte über die Täuschung solcher Menschen.

Im Monat Februar ließ der Rath das erstemal eine blecherne Fahne, auf welcher das Stadtwappen gemahlt war, bey der Schranne oder auf dem Kornmarkt aufstecken, als Zeichen für Käufer und Verkäufer, wann der Getraidehandel anfangen dürfe, um dadurch dem Vorkauf und der Kipperey vorzubeugen. — Nachdem am 24. Februar einige Patrizier bey Herzog Albrecht von Baiern in dessen Schloß zu Friedberg zur Tafel gewesen waren, hielten sie den Tag hernach mit baierischen Edelleuten ein Turnier in Augsburg, bey welchem Marx Fugger und Hans Honold die Kampfrichter waren. Am 26. dieses Monats, an welchem Herzog Albrecht mit dreyen seiner Prinzen bey Marx Fugger das Mittagsmahl einnahm, wurde demselben das gewöhnliche Stadtgeschenk mit Wein und Fischen dargebracht. — Die Pest dauerte fort und raffte in einer Woche über 70 Personen hinweg. Auch die schon lange während Theurung minderte sich nicht; weßwegen noch immer fur die armen Burger in den öffentlichen Backöfen der Stadt Brod gebacken wurde. Das in der Turkey für Augsburg angekaufte Getraide wurde, auf seinem Wege durch Ungarn, bey Raab von Husaren weggenommen. — Auf dem Lande sowohl als in der Stadt herrschte noch große Unsicherheit; Raub und Diebstahl wurden in Menge verübt, ungeachtet sehr viele eingefangene Diebe, mit Ketten beladen, bey dem Grabenbau am Luginsland arbeiten mußten. —

Am 16. Jun. kam die Löthringische Prinzessin Dorothea von Friedberg, zur Hochzeit des Karl Imhofs mit Euphemia Vöhlin, nach Augsburg. Abends fuhr sie mit der Braut auf das Tanzhaus und tanzte frisch und fröhlich mit dem Grafen von Eberstein, dem Stadtpfleger Peutinger, und dem Marx Fugger, obgleich der eine ihrer Füße etwas verkurzt war. — Die Patrizier brachten bey dem Magistrat die Klage vor, daß sich die Kaufleute anmaßten, so wie sie, gegen ihr altes Recht und Herkommen, goldene Ketten um den Hals zu hängen. Hierauf wurde den Bürgermeistern aufgetragen, Allen und Jeden, die unbefugter-weise sich eine solche Auszeichnung erlaubten, sie strenge zu untersagen. — In den niederländi-schen Unruhen erlitten die augsburger Kaufleute nicht geringen Verlust; durch Wegnahme spani-scher und portugiesischer Schiffe von den Russen bey Vliessingen verlor das Mannlich'sche Han-delshaus allein 50,000 Gulden an Pfeffer, der demselben gehörte. — Endlich fieng in diesem Jahre, das von ersehnter, reicher Fruchtbarkeit der Felder gekrönt war, die lange und schwere Theurung an zu sinken; bereits zu Anfang des Julius kaufte man den Roggen um 6, und et-liche Monate später, um 3 $\frac{1}{2}$ Goldgulden. — Am letzten Tage des Jul. wurde Joh. Sil-liers, Hofmeister der Herzogin von Lothringen, in dem Schloßhofe zu Friedberg, auf Anstiften ei-nes Edelmannes, erschossen; der Mörder aber entfloh. Die Herzogin setzte nun eine Beloh-nung von 300 Goldgulden auf die Ergreifung des Verbrechers. Dieser fiel einem augsburgi-schen Reuter Georg Probst und dessen Ka-meraden, welche ihr Glück versuchen wollten, bey Mengen im Högau in die Hände, und er wur-de von ihnen nach Friedberg gebracht. Von da führte man denselben mit dem eigentlichen Urheber des Mordes nach Ingolstadt, wo beyde mit glühenden Zangen gerissen und gerädert wurden. —

Am Wahltage den 3ten August wurde Georg Sulzer in das Bauamt für den verstorbenen Leonhard Weiß, Hans Bahler von den Mehreren der Gesellschaft, und Georg Rösch in den Rath gewählt. Es waren jetzt 23 katholische und 22 evangelische Rathsglieder. — Zur Zeit der in Paris erfolgten grausamen Ermordung der Reformirten, welche unter dem Namen der Pariser Bluthochzeit bekannt ist, hielten sich daselbst mehrere Augsburger auf. Anton Fugger, Johann Paul Zangmeister, Andreas Widholz, und Hieronymus Fischer studirten auf der Universität zu Paris die Arzneykunst, Matthäus Laub aber verweilte als Goldschmied dort. Sie waren so glücklich, unverletzt zu bleiben, indessen in dem schrecklichen Gemezel Tausende schuldlos das Leben verloren. — Zu Anfang des Septembers brach die Pest wieder mit größerer Heftigkeit in Augsburg aus. Ausser den bisher dagegen ergriffenen Anstalten wurde auch das Verbot der Verfertigung der Blutwürste, und der Aufnah=

me derjenigen Handwerksgesellen, welche von angesteckten Orten herkämen, in die Werkstätten,
gegeben. Den Rathssitzungen wohnte nur die
Hälfte der Senatoren abwechselnd bey. Der
Magistrat nahm einen eigenen Arzt, Wundarzt und Apotheker fur sich und seine unterge-
ordnete Beamten an, und jene durften Niemand sonst ihre Dienste widmen. Ein italiäni-
scher Arzt, **Lucas de Turchi**, welcher nach
Augsburg gekommen war **und daselbst eine Ab-
handlung über die Pest herausgab**, worinn er
besonders das Aderlassen empfahl, erhielt vom
Rath die Erlaubniß, das Brechhaus zu besuchen
und die dortigen Kranken nach seiner Methode
zu behandeln. Nicht lange hernach starb er selbst
an der Pest. — Am 17. Oktober entstand in
dem Hause eines Chorherrn von St. Moritz
neben der Apothek eine Feuersbrunst, wobey einem dort wohnenden Kaufmann viele Spezerey-
waaren und sehr viel Oel zu Grunde giengen.
Durch das anhaltende Sturmläuten zersprang die
19 Zentner schwere Glocke auf dem heil. Kreuzthurm. Bey dem Aufhängen einer neuen Glocke
von 9 Zentnern stürzte ein Kupferschmiedsjunge,
der mit einem Hammer an die Glocke schlagen
wollte, vom Thurm in den daran stossenden

Neidhart'schen Garten herab, erlitt aber zum all=
gemeinen Erstaunen bloß einige leichte Verletzun=
gen, ungeachtet der bedeutenden Höhe des Thurms.
— Da viele verarmte Bürger der Stadt wegen
Nahrungsmangel und großer Theurung auswan=
derten, jedoch ihre Kinder zurückließen, die man
nirgends unterzubringen wußte, so bewog der
thätige Menschenfreund und Almosenpfleger,
Hans Stöcklin den Magistrat zum Ankauf
eines großen, dem Gastgeber Bartholo=
mäus Scheyrling gehörigen Hauses in der
Bäckergasse für die Summe von 4,00 Gulden,
um die verlassenen Kinder daselbst aufzunehmen.
Dieß war das erste Waisenhaus in Augsburg.
Die neue Stiftung wurde von vermöglichen Wohl=
thätern mit Betten, Geschirren und andern Haus=
geräthen reichlich versehen, die Kinder aber aus
dem gemeinen Säckel erhalten. — Gegen Ende
dieses Jahrs sahen sich die Gläubiger eines für
reich gehaltenen Kaufmannes, Namens Georg
Neumayr, um 200,000 fl. betrogen; denn
nachdem dieser ehrlose Mann drey Jahre in der
Freyung zu Friedberg in Sicherheit gelebt hat=
te, begab er sich nach Ißny in ein Kloster, wo
er starb, ohne von seinen Schulden einen Hel=
ler bezahlt zu haben. — Am 31. Jan. 1573

machte die Prinzessin Dorothea von Lothringen, die in Friedberg ihren Aufenthalt hatte,
wieder einen Besuch zu Augsburg, und nahm bey
Marx Fugger das Mittagsmahl ein. Abends
wurde sie mit ihren Hofdame. in Schlitten in
der Stadt umher, und sodann nach Friedberg
zurück, von jungen Edelleuten und Geschlechtern
gefahren. Durch den am 6. Jan. häufig gefallenen Schnee und das hierauf eingetretene hef-
tige Regenwetter waren die benachbarten Flüsse
und Gewässer so stark angeschwollen, daß plötzlich fast die ganze Jakobsvorstadt überschwemmt
wurde, und die nahe liegenden Ortschaften in
Gefahr standen, von den Wasserfluthen hinweg-
gerissen zu werden. In mehrern anderen Gegenden hatte das schnelle Schmelzen der Schnee-
masse großen Schaden und Verheerung angerichtet. — Im März stürzte der große Wall bey
dem Rothenthore auf einmal ein; ob der damalige große Frost, oder das zu sandige Erdreich
des Walles, oder ein anderer Umstand die Ursache war, blieb unentschieden; er wurde bald
wieder mit bedeutenden Kosten möglichst haltbar
hergestellt, weil er für einen Hauptpunkt der
Befestigung der Stadt galt. — Der jährliche
Rathswahltag gieng ohne eine Veränderung. in

den Aemtern und Stellen vorüber. — In diesem Jahre führte Karl Fugger dem in den
Niederlanden wider die Protestanten mit Feuer
und Schwert wütenden, grausamen Herzog von
Alba, ein zu Augsburg angeworbenes Regiment
Soldaten zu. — Es verdient bemerkt zu wer-
den, daß Konrad Roth, ein Geschlechter,
derselbe, der mit dem König Sebastian von
Portugal, wie bereits erzählt worden, einen
Kontrakt für Ankauf indianischen Pfeffers um
1,300,000 Scudi abgeschlossen hatte, in Augsburg eine Zuckerfabrik vor dem Frauenthor im
Kauzengäßchen errichtete, die das Zuckerrohr aus
Indien bezog und in Zucker verwandelte. So
regte sich schon in dieser Periode der Geist der
Industrie, der diese Stadt bis jetzt rühmlich
auszeichnete und derselben Leben, Nahrung und
Wohlstand ertheilte, auch in den Zeiten gewal-
tiger Stürme sie aufrecht und bey Kraft erhielt,
so daß sie jetzt ein vorzugliches Kleinod in der
Krone Baierns genannt werden kann. — Am
3. Jan. 1574 zog der Herzog Albrecht von
Baiern, welcher Augsburg sehr geneigt war, die
Stadtpfleger, einige Senatoren und Patrizier
zu seiner Tafel, und nahm hierauf den 7. Jan.
an einem ihm zu Ehren auf der Geschlechterstu-

be veranstalteten Gastmahle Theil. — Am 15.
April kam der baierische Prinz Ferdinand
mit einem französischen Marquis de Boé von
München nach Augsburg, und hielt sich hier einige Tage auf. — Am 19ten traf der pabstliche
Nuntius Graf von Portia ein, der länger als
ein Jahr den Fugger'schen Garten, wo jetzt das
allgemeine Krankenhaus ist, bey dem Oblaterthore bewohnte. Er berathschlagte sich mit dem
Bischof wegen Ueberlassung eines Klosters an
die Jesuiten. **Bey seiner Ankunft** war er
von dem Magistrat mit Wein und Fischen beschenkt worden. — Wegen der pfälzischen und
niederländischen Unruhen mußte die Stadt, auf
die an sie von dem Kreisobersten, dem Herzog
Ludwig von Würtemberg, ergangenen Auffor-
derung, Kriegsvolk in Sold nehmen, da der
Kaiser alle Kreise sich in Kriegsstand zu setzen
hatte erinnern lassen.

Im Jun. brach bey Melchior Mannlich,
Sohn und Tochtermann, und Schwager Karl
Neidhart ein Bankerot von 700,000 fl. aus.
Sie hatten sich zuvor heimlich aus der Stadt
entfernt, der erste auf sein in Baiern gelegenes
Gut, wo er unter dem Schutze des Herzogs
Albrecht lebte, die anderen nach Lyon; sie ka-

men aber später wieder in die Gegend der Stadt
zuruck. Ungeachtet ihre in den Niederlanden,
Spanien und andern Orten ausstehenden Aktiv-
schulden die Passivschulden ubertrafen, so blieben
doch ihre Gläubiger gänzlich unbefriedigt, weil
jene Forderungen nicht geltend gemacht werden
konnten. Ihrem sehr unlöblichen Beyspiele folgte bald ein anderes Handelshaus, S c h o r e r.
Diese Vorfälle veranlaßten den Rath folgende
Verordnung unter dem 3. Jul. ergehen zu lassen: „Bey kunftigen Fallimenten soll sogleich
„getrachtet werden, damit der Stadt und auch
„der fremden Intressenten Schaden so viel mög-
„lich verhutet werde, und um den Kredit und
„guten Ruf des Handelsplatzes aufrecht zu er-
„halten, daß, sobald die Bürgermeister von
„einem Falliment Nachricht erhalten, sie sogleich
„dem Stadtvogt auftragen, alle der Falliten hin-
„terlassene Guter unter Siegel zu bringen, ihre
„Diener zu vergelübden, ohne des Raths Wis-
„sen die Stadt nicht zu verlassen, auch die
„Frauen und andere Personen im Hause in Ge-
„lübd zu nehmen, daß sie von den Fahrnissen
„und andern dem Falliten zugehörigen Gütern,
„nichts beyseite bringen, und alle seine Habe
„getreulich angeben, und nichts vorenthalten

„wollen. Auch soll sogleich durch ein Edikt be-
„kannt gemacht werden, daß Jedermann ver-
„bindlich sey, wenn er etwas dem Falliten Zu-
„gehöriges selbst in Händen hätte, oder bey
„Andern wußte, binnen acht Tagen davon
„die Anzeige zu machen habe, widrigenfalls der-
„selbe nach der Schärfe der Gesetze bestraft wer-
„den solle. Die Gläubiger haben Massakura-
„toren vorzuschlagen, welche von dem Rath be-
„stättigt werden; diese sollen alles Eigenthum
„und alle Güter des Falliten inventiren und der
„Gläubiger Recht und Nutzen vertreten und ver-
„handeln. Die Bürgermeister haben den Falli-
„ten auf das genaueste nachzuspüren, und sie,
„wenn sie sich der Flucht verdächtig machen soll-
„ten, handfest zu machen.“ — Am 6. Jul.
kam noch diese Verordnung hinzu: „Wenn Fal-
„liten nicht mehr zu bezahlen im Stande sind,
„und noch Geld aufnehmen und neue Schulden
„machen, so werden solche wegen dieses Be-
„trugs nach Beschaffenheit der Umstände nach-
„drucksam gestraft werden. Sollten sich die
„Gläubiger uber einen vorgeschlagenen Vergleich
„nicht vereinbaren können, so soll die Mehrzahl
„der Stimmen derselben als Beschluß in der Sa-
„che angenommen und vollzogen werden.“

Bey der am 3. Aug. gehaltenen Rathswahl wurde aus dem Patriziat fur Marx Walter, der am 12. May gestorben war, Anton Christoph Rehlinger der jungere, anstatt des Wolfgang Herwarts, den das Alter zur Niederlegung seiner Stelle bewog, Jakob Reyhing, und fur Rehlinger den ältern, welcher wegen Kränflichkeit seine Entlassung erhielt, Leo Roth, ein Geschlechter von Ulm, von der Gemeinde aber an die Stelle Hans Schmids und Hans Mayrs, die durch den Tod abgegangen waren, Leonhard Wiedemann und Michael Gimperle in den Rath erwählt. Bey dieser Wahl wurden den Evangelischen zwey Rathsstellen entzogen, daher jetzt 25 Katholiken und 20 Evangelische im Senat saßen. — Um diese Zeit setzte der burgauische Landvogt in dem beynahe ganz evangelischen und mit dem Kirchensatz unter das Hospital der Stadt gehörigen Dorfe Lüzelburg, neben den bereits uber 30 Jahre daselbst angestellten evangelischen Pfarrer Georg Mayr, einen katholischen Meßpriester, worüber ein großer Proceß entständ. —

Am 29. Aug. ließ sich ein Sailtänzer an einem zu oberst an dem Perlachthurm und unten auf dem Perlachplatze befestigten Seile zu

Jedermanns Verwunderung in wirbelförmigen oder walzenden Schwingungen, glucklich herunter. — Im September lud der Pfalzgraf Philipp Ludwig den augsburgischen Magistrat zu seiner Vermählung mit der Prinzessin Anna von Cleve nach Neuburg; der Magistrat schickte deßwegen als Abgeordnete die Senatoren Johann Baptist Heinzel und Felix Rehm mit einem zum Geschenk bestimmten silbernen und vergoldeten Trinkgeschirre, dessen Werth 270 Gulden betrug, dahin. — Um diese Zeit stellten Hans Lanzenauer und die Gebrüder Haug, ansehnliche Kaufleute der Stadt, ihre Zahlungen ein und setzten ihre Gläubiger in großen Verlust; sie selbst suchten ihr Heil in der Flucht. — Bischof Johann Eglof vertrieb die Juden aus Oberhausen, und bald darauf auch aus dem Hochstift und domkapitlischen Gebiet. Sie zogen sich nach Fischach und Bodewiesen, wo sie sich anfäßig machten. —

Als im Jahre 1575 am 9. Jan. der Wächter der Hirsche, welche in dem Stadtgraben bey dem Göggingerthore unterhalten wurden, (eine Gewohnheit, die im Jahre 1800 der Kosten wegen aufhörte, indem man diese Thiere damals alle erlegte) die zugefrorne Wasserrinne des Grabens aushauchen wollte, ergriff ihn ein Hirsch und brachte ihn durch wiederholte Stöße mit seinem Geweihe, ehe man ihm zu Hülfe kommen konnte, ums Leben. — Im März las der Jesuit Georg Wolschedel nach seiner Predigt in der Domkirche einen bischöflichen Befehl ab, kraft dessen Jeder, welcher „den Wechs-„lern, Kaufleuten und handelnden Gesellschaften „Geld vorstrecken oder leihen würde, von dem „heil. Abendmahl ausgeschlossen und nach der „Beicht nicht absolvirt werden sollte." Da diese Verfügung dem ganzen Handelsstande höchst nachtheilig war, so ordnete der Rath die Bürgermeister Wolfgang Paller und Otto Lauinger an das Domkapitel, und den Senator Matthäus Welser an den Bischof nach Dillingen ab, um Beschwerde darüber zu führen, worauf dann jenes Verbot wieder aufgehoben wurde. —

Den 19. kam die Herzogin von Lothringen von dem Schlosse zu Friedberg nach Augsburg, und verweilte eine ganze Woche in dem Marx Fugger'schen Garten; während dieser Zeit ließ sie für ihre verstorbene Schwiegertochter Claudia die Exequien bey St. Katharina halten. —

Auf das Verlangen des Kaisers gestattete der Rath einigen kaiserlichen Hauptleuten in der Stadt Soldaten zu werben, jedoch mußten sie sich verbindlich machen, die Werbung ohne Trommelschlag in der Stille vorzunehmen, die angeworbenen Soldaten sogleich abzuführen, und Keinen aus der Stadtgarde anzunehmen. — Da im Monat Juny der Getraidepreis uber 10 Gulden hinaufgegangen war, so ließ der Magistrat von dem Stadtkornboden das Schaff um 2 Gulden unter dem Schrannenpreise an die Bürgerschaft verkaufen. —

Am 18. Jun. starb der um Augsburg sehr verdiente kaiserliche Rath und Stadtpfleger Heinrich Rehlinger, ein Sohn des Johann Rehlinger von Radau und Horgau und der Anna von Dietenheim, im Bade zu Ueberkingen, 66 Jahre alt. Durch ausgezeichneten Verstand, tiefe Einsicht, menschenfreundliche Gesinnung, und leutseliges Benehmen gegen Hohe und Niedrige, verbunden mit strenger Rechtschaffenheit, hatte er nicht wenig zur musterhaften Eintracht des Raths und der Bürgerschaft beygetragen. Es wird ihm zwar von Einigen ein zu großer Eifer fur die katholische Religion vorgeworfen; wer muß ihn aber nicht als einen frommen Katholiken, in jenen unaufgeklärten Zeiten, wo die Gemüther durch religiösen Partheygeist gegen einander aufgereizt waren, entschuldigen? —

Am 3ten August als dem jährlichen Rathswahltage erhielt die Würde des verstorbenen Stadtpflegers Heinrich Rehlinger, der Baumeister Anton Christoph Rehlinger; an dessen Stelle aber kam Matthias Rehlinger in das Bauamt. In den Rath wurde aufgenommen Ulrich Herwart, Michael Mayr für Jeremias Stenglin vom Handelsstande, und Ulrich Fugger statt des wegen Blindheit zur Ruhe gesetzten Heinrich Kronen, und Paulus Heggenstaler von der Gemeinde. Hieronymus Imhof, Geheimer und Einnehmer, legte einige Wochen nach dem Wahltage, weil er bey der Stadtpflegerwahl übergangen worden war, und wegen gewisser Irrungen mit seinem Vater, seine Rathsämter nieder, und begab sich nach Landsberg, ohne je wieder nach Augsburg zurück zu kehren.

Um diese Zeit ließen die Gebrüder Christoph und Leonhard Stammler auf dem Moose zwischen Mühlhausen und Stätzling nach holländischer Art Torf graben, in der Hoffnung,

solche Pflanzenerde zu finden, welche im getrock-
neten Zustande zur Feuerung gebraucht werden
könnte. Sie fanden auch, was sie suchten;
aber Niemand wollte ihren Torf, seines übeln
Geruches beym Brennen wegen, kaufen, und
sie mußten ihr Unternehmen wieder aufgeben. —
Zu Ende dieses Jahres kam Herzog Albrecht
von Baiern nach Augsburg, und wohnte am 1.
Jan. des folgenden Jahres der ersten Messe des
für den verstorbenen Johann Eglof erwählten Bischofs Marquart bey. — Am 20. Jan.
1576 reiste Herzog Wilhelm von Baiern
mit Elisabeth, Wittwe Karls des Neun-
ten, Königs von Frankreich, und Tochter Kaisers Maximilian des Zweyten, welche er
zu Nancy in Lothringen abgeholt hatte, über
Augsburg, wo ihr im Namen der Stadt ein
ansehnliches Ehrengeschenk gemacht wurde, nach
Linz, der künftigen Residenz dieser Fürstin. —
In dieser Zeit entsagte Johann Paulus
Herwart, Mitglied des Geheimenraths, seinem Bürgerrechte, verkaufte seine drey Häuser
auf dem Weinmarkte, nebst den Gütern Hainhofen und Ottmarshausen, und wohnte von jetzt
auf seinem in Baiern gelegenen Gute Hohen-
burg. Von ihm stammt die baierische, ehemals

freyherrliche, und gräfliche Herwart'sche Linie ab. —

Im Juny starb der Stadtpfleger Christoph Peutinger, ein Sohn des berühmten Dr. Peutinger und der Margaretha Welser, im 65sten Jahre seines Alters, plötzlich an einem Schlagflusse. Als ein kinderloser Mann hatte er auf den Fall seines Todes seine kostbare Bibliothek, in welcher unter andern Merkwürdigkeiten die bekannte Peutingersche Karte (Tabula Peutingeriana) sich befand, so wie sein mit römischen Alterthümern angefülltes Haus, nebst seinem übrigen bedeutenden Vermögen in ein Fideikommiß für die Söhne seiner Brüder verwandelt, und zugleich eine milde Stiftung für arme nothleidende Personen errichtet. Es entstanden aber in der Folge wegen des Fideicommisses viele Streitigkeiten unter seinen Erben. —

Durch die jährliche Rathswahl gelangte, nach dem Tode des Stadtpflegers Peutinger, Marx Fugger, Freyherr von Rechberg und Weißenhorn, zu dieser ersten Würde in Augsburg, nachdem er sich lange geweigert hatte, sie anzunehmen. Kaspar Rembold, Quirinus Rehlinger und Hans Jakob Rembold traten in den innern Rath ein;

Konrad Roth und Baumgartner wurden in den Geheimenrath versetzt, jener an des verstorbenen Hieronymus Imhof Stelle, dieser für Johann Paul Herwart, welcher sein Amt niedergelegt hatte; sie waren alle von den Geschlechtern. Aus den Mehreren der Gesellschaft wurde Hans Bechler Burgermeister anstatt des verewigten Bartholomäus May, und Peter Roch Mitglied des Raths. Dieser bestand nun aus 24 katholischen und 21 evangelischen Senatoren. — Im Oktober erhielt man in Augsburg die Nachricht von dem am 12ten dieses Monats sich ereigneten Sterbefall Kaisers Maximilian des Zweyten. Ihm folgte auf dem kaiserlichen Throne der bereits im Jahre zuvor erwählte römische König, als Rudolph der Zweyte.

Im November wurde mit Bewilligung des Magistrats das im Findelgäßchen gelegene Findelhaus von den Pflegern desselben an einen Geschlechter Imhof gegen das bisher bestehende Findelhaus am untern Schmidberge, der größern Bequemlichkeit wegen, vertauscht. — In diesem Jahre litt die Stadt und ihre Nachbarschaft von Feuer und Wasser nicht geringen Schaden. — Am 6. März brannte die sogenannte Schwallmühle, welche der Prälatur von St. Ulrich gehörte, durch die Verwahrlosung einer Magd, und am 14. Jul. zwey in der Pulvergasse gestandene Quirin Rehlinger sche Häuser bis auf den Grund ab; und die Wertach trat so stark aus ihren Ufern, daß das Dorf Oberhausen gänzlich uberschwemmt zu werden bedrohet war. ——

Zur Faßnachtzeit 1577 stellten die jungen Geschlechter einen feyerlichen sogenannten Gesellentanz on. Da es bey solchen Belustigungen Sitte war, daß zwey Personen von den Geschlechtern und eben so viel aus den Mehreren der Gesellschaft, in einem eigens dazu bestimmten Anzuge und das Haupt mit köstlichen Kränzen geschmuct, dazu die Einladung machten, so traf dießmal die Wahl zu diesem Geschäfte die Patrizier Albrecht von Stetten und Wilhelm Rehlinger und die Mehrer der Gesellschaft Johann Baptist Schellenberger und Johann Pimmel.

Im März setzte der Rath, um seine Rechte gegen den burgauischen Landvogt, der vor zwey Jahren gewaltthätig einen katholischen Meßpriester in dem evangelischen Hospital-Dorfe Lützelburg angestellt hatte, geltend zu machen, einen

evangelischen Pfarrer dahin. Einige Monate hernach fielen die burgauischen Beamten in den
Pfarrhof ein, und führten den evangelischen
Pfarrer mit Gewalt hinweg. Da dieses Verfahren wider die Artikel des landsbergischen Bun-
des, zu welchem sowohl der Erzherzog Ferdinand als die Stadt Augsburg gehört, ver-
stieß, so ordnete der Rath den Senator Felix
Rehm und den Dr. Peutinger an den Herzog Albrecht von Baiern ab, und wandte
sich zugleich in einem Schreiben an die Reichsstadt Nürnberg, um beyde als Bundesverwandte aufzurufen, sich dieser Sache anzunehmen.
Durch ihre Vermittlung geschah es auch in der
Folge, daß der evangelische Pfarrer wieder eingesetzt wurde. Ehe es aber dazu kam, mußten
auf Befehl des Raths die Unterthanen zu Lützelburg ihre neugebohrnen Kinder zur Taufe in die
Stadt bringen, und den Gottesdienst daselbst
besuchen.

Im July fiel bey einem Gewitter ein sehr
verheerender Hagel, welcher nicht nur die Feld-
fruchte in einer großen Strecke zerschlug, sondern auch an den Fenstern in der Stadt großen
Schaden anrichtete. Dieß Letztere veranlaßte
Streitigkeit zwischen den Eigenthümern der Häu-

fer und den Miethbewohnern, wer von ihnen diesen Schaden zu tragen habe. Der Rath entschied hierauf durch eine Erklärung vom 27sten Jun., daß solches die Hauseigenthümer allein betreffe. —

Der Leichnam des am 7. Jul. in Landsberg verstorbenen, gewesenen Geheimen Hieronymus Imhof wurde nach Augsburg gebracht und daselbst bey St. Moritz in die Familiengruft beygesetzt. —

Am Wahltage dieses Jahres trug sich keine Veränderung im Senat zu. —

Um diese Zeit erhielt der Magistrat auf sein Ansuchen vom Kaiser Rudolph dem Zweyten die Bestätigung der von vorigen Kaisern und Königen verliehenen Privilegien und Freyheiten, nämlich der von Kaiser Rudolph dem Ersten im Jahre 1276., Ludwigs von Baiern im Jahre 1344., Sigmunds im Jahre 1431., Friedrichs des Dritten im Jahre 1485., Maximilians des Ersten im Jahre 1501. Karls des Fünften in den Jahren 1521. 1541. 1548. 1551. 1555. und Kaisers Ferdinand im Jahre 1559. —

Auch war es um diese Zeit, daß die sehr zahlreiche Rehlingersche Familie die zu Anfang

des fünfzehnten Jahrhunderts von Ulrich Reh
linger gestiftete St. Alexiuskapelle bey den
Barfüßern erneuern ließ. Die damals leben-
den Rehlinger waren: Hieronymus, Konrads
Sohn; Leonhard, Christoph, Sebastian, Chri-
stoph, und Anton Christoph, Christophs Söhne;
Matthäus, Johannes des Jüngern Sohn; Karl
Wolfgang, Wolfgangs Sohn; Leonhard Wolf-
gang, Jakob und Viktor, Heinrichs Söhne;
Wilhelm, Lukas Leonhard Sohn; Wilhelm, Chri-
stophs des Dritten Sohn; Bernhard, Johann
Sebastian, und Christoph Sebastian, Christophs
Söhne; Anton Christoph der Jungere, Anton
Christophs Sohn; Christoph, Johannis Sohn;
Hieronymus der Vierte, Hieronymus Sohn;
Marx Konrad, Marxs Sohn; Wolfgang und
Karl Emanuel, Karl Wolfgangs Söhne; Jo-
hann Heinrich, Quirinus Sohn; Wolfgang
Heinrich, Gabriels Sohn; Anton Christoph
der Zweyte, Anton Christophs des Jüngern
Sohn, Anton und Bernhard. — Im Februar
kaufte ein angesehener, reicher und wohlthäti-
ger Burger, evangelischer Religion, Mar-
tin Zobel, das diefstetterische Haus auf dem
Graben um 4027 Gulden, schenkte sodann es dem
Almosensäckel, und ließ es bequem einrichten,

zur Aufnahme fremder und einheimischer, armer Kranken und presthaften Personen von beyden Religionspartheyen, welche daselbst fur ein geringes Kostgeld Speise, Trank, Arzney und andere Bedürfnisse erhalten, und bis zu ihrer Genesung verpflegt werden sollten. Diese wohlthätige Krankenanstalt, das Pilgerhaus genannt, hatte ihr Bestehen noch in unsern Tagen, wo dann das errichtete allgemeine Krankenhaus dieselbe entbehrlich machte, das Pilgerhaus aber in ein Korrektionshaus für Sträflinge sich verwandelte. Eben dieser Martin Zobel brachte auch das an der Wertach gelegene Dorf Pfersen von einem augsburgischen Burger, Namens Sailer, durch Kauf an sich, und es blieb über ein Jahrhundert ein Eigenthum seiner Familie, bis zum Erlöschen derselben. —

Am 25. May feyerte in Augsburg der kaiserliche Vicekanzler Dr. Sigmund Vienheußer seine eheliche Verbindung mit einer Geschlechtertochter Felicitas Rehlinger. — Bey der im August vorgenommenen Rathswahl wurde Hans Welser an die Stelle des verstorbenen Matthias Welser in den Geheimenrath, Matthias Welser, des Verstorbenen Sohn, in den Senat, und eben dahin auch

Jakob Baumgartner statt des wegen Krankheit zur Ruhe sich setzenden Christoph Welser gewählt. Der innere Rath bestand in 24 katholischen und 21 evangelischen Mitgliedern. —

Am 2. Aug. ergieng das Verbot, ohne Wissen und Willen eines der beyden Stadtpfleger irgend Jemand zur Nachtzeit die Stadtthore zu öffnen. In eben diesem Monat erlaubte der Rath ein Falkonetschießen in der Rosenau. Es erschienen dabey 912 Schützen, von denen jeder 20 Kreuzer Leggeld für drey Schüsse bezahlte. Die Zielstatt war 800 Schritte von der Scheibe entfernt. Die Falkoneten wurden in einem feyerlichen Zuge, bey welchem die Söhne der Patrizier die Schützen-Schieß- und Preis-Fahnen vortrugen, in die Rosenau und wieder zurück geführt. Dieses Schießen dauerte sechs Wochen; das Beste gewann David Böglen, ein augsburgischer Messerschmied. — Im September wurde von einem Bürger Georg Widemann, mit Genehmigung des Herzogs von Baiern und des Raths zu Augsburg, ein Glückshafen oder eine Lotterie aufgestellt, deren vorzüglichste Preise in Grundstucken, Wirthshäusern, Gebäuden, Aeckern, Wiesen und Gärten, in Edelsteinen, Gold- und Silbergeschmeiden be

standen. Bey der Ziehung desselben gewann
Georg Scherer, ein Burger von Isny, das
beste Loos, nämlich ein Wirthshaus im baierischen Städtchen Dachau mit dazu gehörigen Aeckern und Feldern, zu 4500 Gulden eingeschätzt.
— Wegen der in den Niederlanden herrschenden
Pest mußten alle aus dieser Gegend kommenden
Guter in einer ausserhalb der Stadt erbauten
großen Hutte abgeladen und geräuchert werden,
und Niemand wurde in die Stadt eingelassen,
der von dorther gekommen war. — Im Jahre
1579 erweiterte man den Stadtgraben zwischen
dem Rothen- und Göggingerthore, und versahe
denselben gegen die Landstraße zu mit einer Brustmauer. Bey diesem Bau stürzte am 27. März
ein großes Stück Erde und Steine ein, erschlug
fünf Arbeiter, und beschädigte noch weit mehrere, welche in das Spital gebracht wurden.
Den Wittwen und Waisen der Erschlagenen wurde vom Magistrat ein jährliches Gnadengehalt
zuerkannt. —

Am 2. April starb zu Augsburg Christoph
Fugger, Raymunds Sohn, unverehelicht,
in einem Alter von 59 Jahren. Er galt für
den reichsten Fugger. Sein großes Vermögen
bestimmte er seinen Brüdern und Bruders Kin-

dern zu einem Fideikommiß mit Ausnahme einer Summe von 30,000 Gulden, welche seine
Erben nach ihrem Gutdünken zu einer milden
Stiftung verwenden sollten. — Die jährliche
Rathswahl hatte eine einzige, durch den Tod
des Senators Paul Böhlin erledigte Stelle,
wieder zu besetzen; sie gab sie dem Heinrich
Haintzel. Das Verhältniß der Rathsglieder
von beyden Religionspartheyen in Ansehung ihrer Zahl blieb das vorjährige. — Am 9. Nov.
verlor Augsburg zu allgemeinem Bedauern durch
den Tod des Herzogs Albrecht von Baiern
einen gutgesinnten Nachbar und großen Gönner.

In dem Kornhause wurde wieder eine Parthie Schmalz an arme Burger der Stadt abgegeben. — Am 21. Nov. nahm der Stadtvogt auf
Befehl des Magistrats den Rathsdiener Paul
Hektor Mayr, einen fleißigen und geschickten
Mann, der sich aber der Veruntreuung öffentlicher Gelder verdächtig gemacht hatte, gefangen;
der Schuldige gestand die Entwendung einer beträchtlichen Summe, und ward hierauf am 10.
Dec. mit dem Strange hingerichtet. —

Am 23. Novemb. vermählte sich Octavian
Secundus Fugger mit Anna Jakobina
Fugger, und Philipp Freyherr von

Rechberg mit Maria Anna Fugger. Es herrschte dabey viel Aufwand und Glanz. Beyde Bräutigame hielten ihren Einzug mit einer Begleitung von 548 Hochzeitgästen, die sie vier Tage lang herrlich bewirtheten, indem an jedem Tage 200 Speisen aufgetragen wurden. —

Der berühmte augsburgische Arzt Adolph Occo gab zu Antwerpen, nachdem er seit vier und zwanzig Jahren durch Unterstützung und Beyhülfe Marx Fuggers viele seltene alte Münzen gesammelt hatte, ein gelehrtes Werk über dieselben zu Antwerpen in der Plantinischen Buchdruckerey unter folgendem Titel, heraus: VII. Imperatorum Rom. Numismata a Pompejo Magno ad Heraclium, quibus insuper additae sunt Inscriptiones quaedam veteres Arcus Triumphales & alia ad hanc rem necessaria &c., ein Werk, welches noch heutzutage von den Kennern und Freunden der Numismatik, der Alterthumer und der seltenen Münzen hochgeschätzt wird, —

In diesem Jahre kamen einige dem Kollegiatstift zu St. Moritz zugehörige, und bey der Morizkirche gelegene Häuser durch Tausch, mit andern Gebäuden, an die Stadt; sie wurden niedergerissen, um eine geräumige Strasse zu gewinnen. — Im Jahre 1580 am 27. Jan. wurde ein Bäckerhaus nächst dem Spital ein Raub der Flammen, aber bald wieder erbaut. — Den 28. März entfernte sich Konrad Roth, Mitglied des geheimen Raths und Einnehmer der öffentlichen Einkünfte, indem er den Seinigen einen Besuch zu seinem Schwiegersohn Hugo Engelin nach Igling vorgab, heimlich aus der Stadt und gieng nach Chur in die Schweiz. Dort schrieb er an den geheimen Rath zu Augsburg, daß er tödtlich krank liege; als Nachschrift fügte sein Bedienter hinzu, er sey gestorben, nachdem er ihm noch den Auftrag gegeben habe, in seinem Namen den geheimen Rath zu bitten, sich seiner Frau und Kinder anzunehmen. Es war aber alles eitel Betrug; er lebte frisch und gesund in Chur, und es offenbarte sich bald, daß eine große Schuldenlast ihn zu diesen Schritten bewogen habe. Er sahe Augsburg nie wieder. —

Der Jesuitenorden, immer nach einem sichern und festen Wohnsitz in Augsburg strebend, erreichte in diesem Jahre glücklich seinen Zweck. Christoph Fugger hatte, wie oben gesagt worden, ein ansehnliches Kapital zu einer milden Stiftung in seinem Testamente bestimmt.

Dieß faßten die Jesuiten ins Auge, und sie richteten nun die Bitte an Philipp Eduard Fugger und die übrigen Erben, daß man dieses Legat für sie, zur Errichtung eines Kollegiums, einer Kirche und Schule verwenden, und ihnen hiezu die Christoph Fugger'schen Häuser in der Kohlergasse oder im sogenannten Unser Frauengraben, überlassen möchte. Die Fugger'sche Familie, ohnedem geneigt, kein Mittel, der katholischen Religion in Augsburg Vorschub zu thun, unbenutzt zu lassen, bezeigte sich sogleich willfährig. Es bedurfte indessen zu der Sache des Raths Bewilligung. Sie wurde nachgesucht, und erfolgte dann unter diesen Bedingungen: erstens, sollten die Jesuiten keine Universität errichten dürfen; zweytens, sollten sie verpflichtet seyn, von ihren Häusern eine gewisse Packtsteuer zu bezahlen; drittens, bey Veräußerung derselben, sie nur an Bürger zu verkaufen, viertens, sollten zwar die Ordensbrüder umgeldfrey seyn, aber nicht ihre Schüler und Angehörige; fünftens, sollten sie der Jurisdiktion des Magistrats unterworfen seyn; sechstens, keinem Menschen, der nicht zu ihrer Schule gehörte, Unterkunft geben; siebentens, jährlich ein Verzeichniß ihrer Schüler und Diener dem Magistrat einhändigen, und sich mit ihren Schülern an den Religionsfrieden halten; achtens, Söhne der Bürger unentgeldlich in ihre Schulen aufnehmen und unterrichten; endlich neuntens, sollten sie zu ihrem vorhabenden Bau keine fremden Arbeitsleute, sondern allein Bürger der Stadt gebrauchen dürfen. In der Folge wollte der Orden seine Kirche auf dem Grund und Boden des Stadtgrabens erbauen; dieß ward aber nicht zugestanden, sondern ihm die Weisung gegeben, sie auf Christoph Fuggers Grund und Boden aufzuführen. — Die evangelischen Einwohner Augsburgs dachten jetzt an die Errichtung einer ähnlichen Anstalt für freyen Unterricht und freye Verköstigung armer studirender Jünglinge. Sie brachten auch noch in diesem Jahre durch Johann Baptist Hainzel, Mitglied des geheimen Raths, Johann Matthäus Stammler und Adam Rehm, damaligen Kirchenpfleger, welche sich einer Sammlung von Beyträgen unter ihren evangelischen Mitbürgern unterzogen hatten, eine beträchtliche Summe Geldes zusammen, und schon im nächsten Jahre 1581 kam die beabsichtigte Anstalt unter dem Namen des Kollegiums bey St. Anna zu Stande. Vorzüglich verdient um dieselbe machten sich der unvergeßliche Martin Zobel, Nicolaus Pemer und Christoph Christel durch ihre reiche Spenden. Man sorgte nun zuerst für ein schickliches und bequemes Lokal. Dieß fand sich bald in einem Philipp Fugger'schen Gebäude, das zwar sehr baufällig war, aber vielen Raum hatte. Doch jetzt traten unerwartete Schwierigkeiten der Ausführung des Werkes entgegen. Der katholische Magistratetheil glaubte in seinen Rechten gekränkt zu seyn, weil man die Sache ohne sein Vorwissen und Bewilligen unternommen hatte. Es ergieng daher von dem Geheimenrathe, welcher unter sieben Mitgliedern ein einziges evangelisches hatte, an die Unternehmer der Befehl, schleunig anzuzeigen, was sie eigentlich mit der eigenmächtig angestellten Kollekte zu thun Willens seyen. Sie machten kein Geheimniß aus der Sache, sondern theilten ihren ganzen Plan mit unbefangener Offenheit dem Geheimenrathe mit. Hierauf erhielten sie die obrigkeitliche Einwilligung, unter folgenden Vorschriften: Erstens, nicht länger als ein Jahr soll ihnen erlaubt seyn, zur Errichtung des Kollegiums bey der evangelischen Burgerschaft Beyträge zu sammeln, und nicht an den Kirchenthuren. Zweytens, von keiner an-

dern Stiftung soll hiezu Geld verwendet, sondern bloß jene Summe gebraucht werden, welche bereits im Jahre 1567 eingesammelt worden. Drittens, habe das Haus dieses Kollegiums
jährlich 32 Goldgulden, das übrige Vermögen
desselben aber 15 kr. vom Hundert zu versteuren.
Viertens, diese Fundation soll allein zur Unterhaltung der Lehrer und Schüler von der augsburgischen Konfession benutzt werden. Fünftens,
soll auch dieselbe für arme Kinder das Schulgeld
bezahlen, und ihnen die nöthigen Bücher an-
schaffen. Zur Aufnahme in das Kollegium sollen nur Bürgerssöhne eeignet seyn, und diese
auch auf der Universität aus dieser Stiftung ein
Stipendium erhalten, dagegen aber sich schriftlich verpflichten, ihrer Vaterstadt vor andern
Orten ihre Dienste zu widmen; übrigens soll
die Wahl des gelehrten Faches Jedem überlassen bleiben. Sechstens, die Lehrer und Schüler
haben keine Ungelds- oder Steuerfreyheit zu genießen. Siebentens, es können auch die Söhne vermöglicher Bürger als Kostgänger in das
Institut gegen Bezahlung aufgenommen werden.
Achtens, die Verwaltung dieser Stiftung soll von
den Kirchenpflegern augsburgischer Konfession geführt werden, ihnen aber auch erlaubt seyn, noch

andere Bürger beyzuziehen. Neuntens, Niemand, der nicht in dieses Kollegium gehört, soll daselbst Unterkunft finden. Auch soll, zehntens, aus der Anstalt keine Universität gemacht, und der Religionsfriede sowohl von den Lehrern und Schülern, als von dem Aufseher und Haushalter des Instituts, beobachtet werden. — Die Aufsicht über dieses Kollegium übernahm damals der Prediger Dr. Georg Mylius oder Müller. Die Stipendien, welche seit 40 Jahren sechs evangelische Schuler aus der St. Martins-stiftung jährlich empfangen hatten, hörten nun auf. —

Im April des Jahres 1580 stieg der Getraidepreis wieder so hoch, daß der Kern 12, die Gerste 8, und der Haber 3 Goldgulden kosteten; es erlaubte daher der Magistrat den Handwerkern, ihren Getraidevorrath an ihre armen Mitbürger unter den Backern, den Mezen Roggen zu 40 kr., zu verkaufen. — Am August wurde, für den oben genannten Konrad Roth, Jakob Reyhing in den Geheimenrath, und Octavian Secundus Fugger an Felix Rehms Stelle, welcher, weil er nur selten den Rathssitzungen beygewohnt, und sich meistens ausserhalb der Stadt aufgehalten hatte, aus dem Senat ausgeschlossen worden, und anstatt Karl Imhofs, Wilhelm Rehlinger in den innern Rath gewählt. Es waren 25 katholische und 23 evangelische Senatoren.

Am 4. Sept. starb zu Augsburg Georg Ilsung von Trazberg, ein augsburgischer Geschlechter. Er war Landvogt in Schwaben gewesen, und hatte als kaiserlicher Rath Karls des Fünften, Ferdinands des Dritten und des Erzherzogs Ferdinand von Oestreich, diesen Fürsten in Reichs- und andern Angelegenheiten wichtige Dienste geleistet. In der Ehe mit Anna Löblin von Greinburg war er Vater von neun Kindern geworden. Er liegt in dem Ilsung'schen Erbbegräbniß in der heil. Dreykönigskapelle begraben. Ihm folgte bald, nämlich am 8. Oktob., der berühmte Philolog Hieronymus Wolf von Wolfsthal, Professor an dem evangelischen Gymnasium bey St. Anna, um welches er sich große Verdienste erworben hatte, im Tode nach. Auch in der gelehrten Welt hatte sich Wolf durch Herausgebung mehrerer vorher noch nie gedruckten Werke der Griechen und durch eigene gelehrte Schriften einen Namen gemacht. Sechs seiner ehemaligen Schüler, die Gebrüder Hainzel, Johann Baptifts Söhne, bezeugten ihm noch nach seinem Tode dadurch ihre Hochachtung und Dankbarkeit, daß sie seine Leiche in ihr Erbbegräbniß bey St. Anna aufnahmen. — Um diese Zeit wurde der ein Jahr zuvor unternommene Stadtgrabenbau bey dem Göggingerthore vollendet. — Da der Handelsstand wieder angefangen hatte, den Patriziern in Kleidung und Schmuck es gleich, ja öfters auch zuvorzuthun, wodurch Neid, Mißvergnügen und Uneinigkeit erzeugt wurden, so ernannte der Senat, auf die an ihn gebrachten Beschwerden der Patrizier einen Ausschuß von funf Personen aus beyden Partheyen, um hieruber sowohl, als in Ansehung des Ranges beyder Stände, Vorschläge zu machen. Dieser Ausschuß kam über Folgendes überein. Bey Kirchgängen, Hochzeiten und Leichen sollen die Geschlechter den Vorrang haben, jedoch diejenigen unter ihnen, welche kein öffentliches Amt verwalteten, den im Rath und Gericht sitzenden Kaufleuten nachtreten. Die Geschlechter sollen in Schmuck und Kleidung, besonders im Gebrauch goldener Halsketten, ein ausschließendes Vorrecht genießen; doch soll angesehenen Kaufleuten unverwehrt seyn, wie die Geschlechter, rückmoderne Mannsröcke zu tragen. Der Magistrat nahm diese Vorschläge an, und gab

ihnen Gesetzes Kraft. — Als im März des J.
1581 die Christoph Fugger'schen Erben
dem Jesuitenorden auch ihre beyden Zwinger an
der alten Stadtmauer auf dem Frauengraben
überließen, mußte sich der Vicedirektor der hiesigen Jesuiten, Pater Johann Völckel im
Namen des Rektors Pater Gregor Rosephi
und des gesammten Kollegiums gegen den Magistrat schriftlich verpflichten: der Stadt, so lange der Orden im Besitz dieser Zwinger wäre,
einen jährlichen Grundzins von drey Goldgulden und 14 kr. zu entrichten; ohne des Raths
Bewilligung weder ein Gartenhaus noch eine
Feuerstelle daselbst anzulegen; die dortigen kleinen Mauren in gutem Stande zu erhalten, an
und auf die Stadtmauer aber weder etwas zu
bauen noch sie zu durchbrechen: und in dem
Falle, wenn die Stadt dieser Zwinger selbst be-
nöthiget seyn sollte, solche unentgeltlich der Stadt
zuruckzugeben; doch sollte dieses Letzte nur dann
statt finden, wenn auch die andern daran gelegenen Zwinger eingezogen würden.   Einige
Tage vor der gewöhnlichen jährlichen Rathswahl
wollte der Stadtpfleger Marx Fugger, seiner eigenen Geschäfte wegen, die Entlassung von
einen obrigkeitlichen Würde nehmen; weil ihn aber

der Rath durch die Senatoren Joh. Baptiſt Hainzel und Chriſtoph Baumgartner erſuchen ließ, in ſeiner Stelle noch länger zu bleiben, ſo bequemte er ſich dazu auf ein Jahr. Anſtatt Jakob Reyhings, welcher am 25. April geſtorben war, trat Konrad Mayr in den Geheimenrath ein: fur den am 12. May mit Tod abgegangenen, ſehr verdienten Paul Hainzel, kam Ulrich Walter als Bürgermeiſter, und Chriſtoph von Stetten in den innern Rath, von der Gemeine aber erſetzte Hans Frohnmiller den vollendeten Lorenz Brunner. Beyde Religionstheile hatten jetzt eine gleiche Zahl im Magiſtrat. — Die alte Gewohnheit, daß an der Vorfeyer des Michaels Feſtes der Stadtvogt, in Begleitung mehrerer Perſonen von der Gemeinde, zu Pferd einen Umzug zu den vier Hauptthoren hielt, wurde dahin abgeändert, daß nur der Stadtvogt allein kunftig dieſen Ritt machen ſollte.

Die burgauiſchen Beamten fielen mit einer ſtarken Anzahl bewaffneter Leute in das dem Martin Zobel zugehörige Dorf Pferſen ein, und führten von dort acht evangeliſche Bauern gefangen nach Burgau, wo dieſe auch ſo lange in Verhaft blieben, bis ſie alle Azungskoſten bezahlten und zugleich eidlich versprachen, sich mit Weib und Kindern von Pfersen hinweg zu begeben.

Im Monat Oktober wurden alle Unterthanen augsburgischer Konfession, 150 an der Zahl, aus diesem Ort hinweggeschafft. Der Gutsherr, Martin Zobel, bat zwar den Rath zu Augsburg, sich der Sache anzunehmen, dieser wollte aber nichts damit zu thun haben, doch erlaubte er den Vertriebenen so lange sich in der Stadt auf-zuhalten, bis sie anderswo Aufnahme finden würden. —

In diesem Jahre wurde der Göggingerthor-thurm von Grund auf, auch die Neumühle bey dem untern neuen Gang erbaut. Bey der Schmelzerbrücke wurden einige Häuser niederge-rissen, um dadurch theils den Fuggerschen Gar-ten, theils die Strasse zu erweitern. — Der Bürgermeister von den Kaufleuten, Wolfgang Paller, ein Sohn des Matthias Paller, Kammerdieners von Kaiser Maximilian dem Ersten, welcher sich durch die ungarische Kupfer-bergwerke großen Reichthum erworben hatte, ge-langte durch den Kaiser Rudolph den Zwey-ten in den Adelstand, mit Vermehrung seines Wappens und mit dem Privilegium, mit ro-them Wachse siegeln, sich von seinen Gutern schreiben, und an seine Wohnsitze und Häuser eine kaiserliche Salvegarde mahlen lassen zu dürfen. —

Nach dem am 29. Jan. 1582 erfolgten Tode des augsburgischen Hauptmanns und Stadtvogts Anton Preiß, ernannte der Geheimerath zu dessen Nachfolger Augustin Weissier, einen versuchten Kriegsmann, welcher schon früher der Stadt Augsburg, hierauf in dem niederländischen Kriege, und zuletzt der Stadt Memminaen als Hauptmann gedient hatte. — In diesem Jahre nahmen die Salzfertiger ihren sonst an dem Aschermittwoch gewöhnlichen Ritt nach Friedberg, zu einer jährlichen Gasterey, an der Fastnacht vor. — Zwischen den Goldschmieds- und Schneiders-Gesellen war aus unbekannten Ursachen eine solche Erbitterung entstanden, daß sie am 13. May gegeneinander auszogen, und sich auf dem Frohnhofe herum schlugen; sie wurden aber bey Zeiten, ehe der Kampf ernsthafte Folgen haben konnte, durch die Stadtwache auseinander getrieben. Um einem neuen Auftritte dieser Art vorzubeugen, forderte sie nun der Magistrat sämmtlich auf das Rathhaus, und nahm von ihnen bey Leib- und Lebensstrafe das Versprechen, außer Rechtens mit der That nichts gegen einander mehr anzufangen, und Friede zu halten. —

Wegen des vom Kaiser Rudolph nach Augsburg ausgeschriebenen Reichstages ließ der Rath zum Wachdienst und zur Erhaltung der öffentlichen Sicherheit eine Anzahl Soldaten anwerben, denen er folgende Anführer gab: Johann Gaudent von Raitenau als Obersten; Lorenz vou Kuchdorf als Rittmeister; Augustin Weissier, Johann Sebastian Schertlin von Burtenbach, Ludwig Schertlin von Binßwangen, Christoph Tannern von Klagenfurt, Peter von Mellerstadt, Georg Ankeln (ein außerordentlich groß gewachsener Mann) Niklas Spicks und Johann Schmalholz, als Hauptleute. — Am 10. Februar wurde der Reichstag durch öffentlichen Aufruf in der Stadt bekannt gemacht. Am 27. Jun. traf Kaiser Rudolph der Zweyte über München in Augsburg ein. Zwischen Friedberg und Augsburg bewillkommten ihn die bereits anwesenden Churfürsten, Fursten und Gesandte, wobey der Churfürst von Maynz die Anrede hielt. An der Gränze wurde er von einigen Rathsgliedern und von den Söldnern der Stadt eingeholt, und von dem Stadtpfleger Anton Rehlinger mit einer Rede empfangen. Ur-

ter dem Rothenthore stellte sich der Churfürst A u
g u ſt von Sachſen als Erzmarſchall mit entblößtem Schwerte vor den Kaiſer; dieſer trat nun
unter einem gelbſeidenen Himmel, welcher von
ſechs Senatoren, Otto Lauinger, Joh. Bechler,
Chriſtoph Ilſung, Adam Rehm, Johann Matthäus Stammler, und Ulrich Herwart, bis zu
der Domkirche getragen wurde, obgleich bey der
Judengaſſe die Kleriſey den Kaiſer unter ihren
Himmel nehmen wollte. Unter dem Portal des
Doms wurde R u d o l p h vom Biſchof M a r
q u a r d erwartet. Er begab ſich in den für ihn
zubereiteten Betſtuhl, wo er ſein Gebet verrichtete. Nachdem das Te Deum abgeſungen war,
ritt er in voriger Ordnung in ſein Quartier. —
Von Churfürſten und Furſten waren auf dem
Reichstage gegenwärtig: der Churfürſt von Maynz;
Johannes, Erzbiſchof von Trier; Auguſt, Churfürſt von Sachſen mit ſeinem Prinzen Chriſtian;
Karl, Erzherzog von Oeſtreich; Julius, Biſchof
von Würzburg; Martin, Biſchof von Eichſtädt;
Johannes, Biſchof von Strasburg; Marquard,
Biſchof von Augsburg; Ernſt, Biſchof von
Lüttich; Philipp Flach von Schwarzenburg,
Teutſchmeiſter; Herzog Wilhelm von Baiern;
Pfalzgraf Philipp Ludwig; Herzog Ludwig

von Würtemberg; Herzog Ulrich von Mecklenburg; Herzog Franz von Sachsen-Lauenburg;
Fürst Karl von Ahremberg, nebst mehreren Grafen und Prälaten. Als Abgeordnete der Stadt
Augsburg erschienen dabei die Senatoren Johann
Matthias Stammler und Matthäus Welser, und
die Rechtsgelehrten Dr. Georg Trabel und Dr.
Konrad Peutinger. — Der Kaiser erhielt das gewöhnliche Geschenk der Stadt. — Am 3. Jul. begab sich derselbe nach verrichteten Gottesdienste
in der Domkirche auf das Rathhaus, und ließ
daselbst die Reichstags-Vorträge verlesen; sie
betrafen 1) die zum Turkenkriege zu leistende
Reichshilfe, 2) die niederländischen Unruhen, und
die daraus entspringende Sperrung des Handels, 3) die Wiedererwerbung der dem deutschen
Reich entrissenen Länder, 4) die Verbesserung
des Kammergerichts, 5) die Reformation und
Moderation der Reichsmatrickel, und 6) die
Verbesserung des Munzwesens. Außerdem kamen noch viele Religions- und andere Beschwerden auf diesem Reichstage vor. — Am 25.
huldigte dem Kaiser der Rath und die Burgerschaft. Bey dieser Handlung stand der Kaiser
auf dem Erker des Rathhauses, welcher mit
Drapd'or behangen war; ihm zur Seite war der

Kurfürst von Sachsen, mit dem entblößten Mar-
schallsschwert in der Hand, und die Kurfürsten
von Mainz und Trier. Dr. Adam Zäh, ein
augsburgischer Advokat, hielt die Anrede im
Namen der Stadt, und bat um die Bestätigung der Freyheiten derselben. Hierauf antwortete im Namen des Kaisers der Reichsvice-
Kanzler, Dr. Vienheuser, daß, wenn der
Rath und die Bürgerschaft die Huldigung würden geleistet haben, alsdann die Bestätigung der
Privilegien erfolgen solle. Er las hierauf den
Huldigungs-Eid vor, und nachdem derselbe von
der Stadt abgelegt war, ertheilte er im Namen
des Reichsoberhaupts das Versprechen, der Stadt
Schutz und Schirm angedeihen zu lassen, und
sie bey ihren Rechten und Gerechtigkeiten zu handhaben. Der Stadtpfleger Rehling sprach
hierauf den Dank seiner Mitbürger aus, und
der Kaiser kehrte in sein Quartier zurück. —

Am 11. Jul. hielten einige gegenwärtige
Fürsten ein Ritterspiel (Turnier) auf dem Weinmarkt. Auch bewirthete an diesem Tage der
Erzherzog Karl von Oestreich viele anwesende
fürstliche Personen. Seinem Beispiele folgte am
14. der Herzog Ludwig von Wurtemberg, am
15. der Kurfürst August von Sachsen, und bald

hernach der Erzbischof von Trier, die Herzoge von Baiern, und der Herzog von Mecklenburg. Auf den 30sten hatte der Kaiser alle anwesenden Churfursten und Fursten zu seiner Tafel geladen; auch ließ er allen und jeden aus dem Volke, welche in das kaiserliche Quartier kamen, Wein reichen. — Am 3. Aug. fuhr der König Matthäus von Ungarn und der Großmeister des deutschen Ordens, Maximilian, Bruder des Kaisers, mit 55 Kutschen in Augsburg ein; sie gaben ebenfalls, am 5ten, den Fursten ein Gastmahl, und machten sodann in Friedberg einen Besuch bey Herzog Wilhelm von Baiern, der ihnen zu Ehren ein großes Scheibenschießen anstellte. — Am 20. wurde der Churfurst Jakob von Trier, mit den zu seinem Hochstifte gehörigen Ländern in dem kaiserlichen Quartier, belehnt. — Im September reiseten viele Churfursten und Reichsfursten wieder von Augsburg hinweg, und am 1sten Oktober folgte ihnen der Kaiser. Der Rath ließ hierauf sogleich dem Reichsprofosen, dessen Trabanten, Steckenknechten und Stockmeister, die Oberwöhren, Stecken und Schlussel zu dem Gefängniß im Barfußerthurm, welcher während des Reichstages zu den Amtsverrichtungen derselben eingeräumt war, abnehmen, weil sie nicht selbst sie zurückgeben wollten. Auch wurde ein Theil des von der Stadt in Dienst genommenen Kriegsvolkes entlassen. — Bald hernach hielten die Reichsstädte einen Städtetag zu Augsburg, auf welchem besonders Beschwerde gefuhrt wurde über die Eingriffe des Reichsmarschalls bey dem letztern Reichstag und über desselben Verletzung der Rechte der freyen Reichsstadt Augsburg, durch einseitige Aufnahme, und Beziehung des Standgeldes, der fremden Krämer, welches eigentlich dem Stadtärar zugehörte; durch Errichtung einer Garküche auf dem Frohnhofe, die jedoch der Magistrat von dem Stadtvogt hatte niederreissen lassen; durch Festsetzung eines nurnberg'schen Krämers äuf den Barfüßerthurm, weil derselbe das Standgeld nicht an den Marschall, sondern an die Stadt hatte bezahlen wollen, worauf aber der Rath nach gewaltsamer Erbrechung der Gefängnißthüren im Barfüßerthurm den Verhafteten wieder auf freyen Fuß stellen, und die Bude (Stand) desselben, um ihn vor fernern Gewaltthätigkeiten zu sichern, mit Stadtsoldaten besetzen ließ. Zu den Klagen über diese unbefugten Handlungen des Reichsmarschalls, wodurch beynahe ein Aufstand in der Stadt veranlaßt worden war, kamen noch andere Beschwerden, besonders wegen seiner während des Reichstages gemachten Taxordnung. — Auf diesem Städtetag berieth man sich auch über den gemeinschaftlichen Ersatz der Kosten, welche die Sendung der Straßburger, Regensburger und Frankfurter Abgeordneten an den kaiserlichen Hof im Namen der Reichsstädte, verursacht hatte. Deputirte der Stadt Augsburg auf dem Städtetag waren die nämlichen Senatoren, welche auf Reichstage als Abgeordnete gebraucht worden.

Im September ließ der Magistrat auf der Stadtmauer zwischen dem Rothen - und Gögginger-thore den sogenannten obern und mittlern Zwinger, oder Wohnungen für die in dem Sold der Stadt stehenden Soldaten, die Stadtgarde genannt, erbauen, nachdem sie bisher mit schlechten Hutten zwischen dem Wall und dem Stadtgraben am Stephingerthore sich hatten behelfen müssen. — Da der Reichstag die im August gewöhnliche Rathswahl verhinderte, so wurde diese am 29. Okt. vorgenommen. Diese Wahl führte den Johann Matthäus Stammler, anstatt Johann Baptist Hainzels, in den Geheimenrath, Christoph Rehlinger von Haltenberg in den innern Rath, an Leonhard Christoph Rehlingers Stelle, Christoph

Ilsung in das Bürgermeisteramt, Anton Christoph Rehlinger den Jüngern in das Einnehmeramt, Johann Friedrich Rehlinger aber, für Christoph Rehlinger, und Raymund Imhof in den Rath; sie waren alle von den Geschlechtern. Aus dem Handelsstande ersetzte Andreas Harder den verstorbenen, sehr begüterten, kaiserlichen Rath Wolfgang Paller zum Hammel, als Bürgermeister; David Jenisch trat in den Senat ein. Der Stadtmagistrat zählte jetzt 23 katholische und 20 evangelische Mitglieder. — Da der kaiserliche Kammerpräsident ein großes Anlehen von der Stadt verlangte, so wurde dieses Ansinnen mit der Vorstellung abgelehnt, daß nicht nur durch die schweren Kosten, welche der letztere Reichstag verursacht habe, und durch die starken Kreis- und Landsbergerbundes-Prästanden die Stadtkasse erschöpft worden, sondern auch die Bürgerschaft durch die vorhergegangenen Kriegsdrangsale, und durch die Sperrung des Handels, in große Vermögensabnahme gekommen sey; dabey wurde jedoch geäußert, daß, wenn der Kaiser die sämmtlichen Reichsstädte nochmals zusammen berufen wollte, diese sich ohne Zweifel noch zu der bisher verweigerten Türkenhülfe verstehen würden. So war es auch; denn als der

Kaiser auf den Monat März deßwegen einen Städtetag nach Heilbrunn ausgeschrieben, so verstanden sich auf demselben die Reichsstädte zu der auf dem jungsten Reichstage von den höhern Ständen bewilligten Kontribution, jedoch mit ausdrucklichem Vorbehalt ihrer Rechte, und mit der bestimmten Erklärung, daß sie allein zur Bezeugung ihres allerunterthänigsten Respekts gegen die kaiserliche Majestät diesen Beytrag.entrichteten. Augsburg wurde zur Leastadt dabey gewählt. Diesen **Konvent** hatte die Stadt durch den **Senator Hieronymus Rehm** und den Dr. **Georg Trabel** beschickt. Auf den im Juny wegen dieser Angelegenheit in Dünkelsbuhl gehaltenen Städtetag wurden **Matthäus Welfer**, Dr. **Laymann** und Dr. **Peutinger** im Namen der Stadt abgeordnet. Nichtsdestoweniger mußte Augsburg im May dem Kaiser das geforderte Anlehen geben; desselben wurde es wegen der Zurückzahlung an die reichsstädtische, zum Türkenkriege bestimmte Kontribution angewiesen. — Die unter allen Ständen überhand genommene Kleiderpracht veranlaßte den Magistrat, im Monat Dezember eine Polizey- und Kleiderordnung bekannt zu machen. — Am 26. März 1583 hatte der Stadtpulvermüller das Un-

glück, durch plötzliche Entzündung des Pul-
vers, mit dessen Zubereitung er beschäftigt war,
so stark verletzt zu werden, daß er wenige Tage
darauf seinen Geist aufgab. — Gegen Ende
dieses Monats ließ der Rath an den dem Rathhause gegen überstehenden Eckhäusern, so wie
an den Ecken des Rathhauses selbst starke eiser-
ne Ketten anbringen, um durch dieselben, bey
sich ereignenden Aufläufen in der Kalenderstreitig-
keit, den Zugang zu dem Rathhause während
der Versammlung des Senats sperren, und einen schnellen Andrang des Volks abwehren zu
können. — Durch die am 24. Jul. nach dem
alten Kalender, oder am 3. Aug. nach der neuen
Zeitrechnung, vorgenommenen Rathswahl traten
folgende neue Glieder in den Magistrat ein: von
den Patriziern Karl Langenmantel für den
im besten Alter verstorbenen Wilhelm Rehlinger, von der Gemeinde aber, anstatt des
verewigten Burgermeisters Ulrich Fugger,
Martin Burkardt, und Georg Walla-
ser für den als Zolleinnehmer unter dem Wertachbruckerthor angestellten Adam Hefelin.
Durch diese Wahl wurde den Evangelischen wieder eine Rathsstelle entzogen; sie hatten nur
19, die Katholischen hingegen 26 Senatoren.

Bey einem am 29. Oktob. zur Nachtzeit auf dem Gänsbühel entstandenen Brande kamen drey Kinder und ein Weib um das Leben. — Im Jahre 1584 würden am 31. Jan. sämmtliche Metzger, welche größtentheils der evangelischen Religion zugethan waren, auf das Rathhaus gefordert, und ihnen von einer Deputation des Magistrats, die aus den Senatoren Stephan Endorfer und Georg Sulzer bestand, die Frage vorgelegt, ob sie sich mit dem Schlachten nach dem neuen Kalender richten wollten, oder nicht? Die meisten erklärten sich für den alten Kalender. Nun gab der Magistrat den Bauherren den Auftrag, bey der jährlichen Loosung der Metzgerbänke sechs solcher Bänke vom Loos auszuschließen, und etliche fremde Metzger anzunehmen, welche ungehindert Vieh einkaufen, schlachten und verkaufen sollten. Die Vorgeher der Metzgerzunft wurden mit Gefängnißstrafe in der Eisen belegt. Als einige Senatoren für sie ein Wort im Rathe sprechen wollten, wurde denselben von den Stadtpflegern Stillschweigen geboten. Jetzt nahmen die meisten evangelischen Rathsglieder die Meinung der Kirchenpfleger an, welche für den alten Kalender waren; nur funfe von ihnen, Stephan Endorfer, Hieronymus Rehm, Otto Lauinger, Georg Sulzer, und Michael Mayr hielten es mit dem katholischen Magistratstheil. Da in Ansehung des neuen Kalenders der Rath am 5. Jun. nach der Flucht des Predigers Myiius einen neuen Auflauf befürchtete, so ließ derselbe unter alle Stadtthore Kanonen aufführen, und über 200 Mann neu angeworbene Soldaten in die Stadt einrücken, welche die, obwohl verschlossenen Hauptthore, das Rathhaus, Zeughaus und andere Plätze besetzen mußten. Mehrere angesehene Familien entfernten sich noch an diesem Tage, aus Besorgniß neuer gefährlicher Unruhen, mit ihren besten Habseligkeiten aus der Stadt und suchten Sicherheit auf ihren benachbarten Landgütern. Ungeachtet aller vom Senat ergriffenen Maßregeln zur Erhaltung der Ruhe und Ordnung konnte derselbe doch nicht verhindern, daß die ledigen Handwerksburschen den ganzen Tag über in großer Anzahl auf den Gassen der Stadt herumschwärmten. — Am 5ten trieb die Furcht wieder viele Bürger hinweg in die Ferne. In der darauf folgenden Nacht zog ein neuer Trupp von mehr als 200 baierischen Soldaten in die Stadt. Indessen hatte man auch an einem gütlichen Vergleich zu arbeiten angefangen. Bey allen diesen Vorkehrungen wäre es dennoch zu einem neuen Tumult gekommen; denn als in dem Oktavian Fugger'schen Hause ein Kamin in Brand gerathen war, und deßwegen die Wächter auf dem Perlachthurm die Feuerfahne aufsteckten, hörte man unter dem noch immer herumschweifenden Pöbel das Geschrey, diese Fahne sey das Zeichen von dem Anmarsch'e eines Kriegsvolfs; worauf ein starkes Zusammenlaufen und Rottieren auf den Straßen erfolgte, das jedoch bald aufhörte, nachdem die wahre Ursache des Aufsteckens der Feuerfahne bekannt geworden war. Noch an demselben Abend brachte der Ausschuß an die Rathsdeputirten die Bitte, daß, da das Auffahrtsfest Christi bereits von den Kanzeln verkündet worden sey, der Rath bewilligen möchte, dieses Fest noch nach dem alten Kalender zu zu feyern. Es wurde unter der Einschränkung zugestanden, daß nach geendigtem Gottesdienste die Kramladen geöffnet werden, und Jedem freystehn solle, zu arbeiten oder zu feyern. — Am 7. Jun., als dem Himmelfahrtfeste nach dem alten Kalender, kamen viele Burger, welche während der Unruhen sich auf das Land begeben hatten, wieder in die Stadt zurück. An diesem Tage wurde auch die vor Schrecken über die Hinwe fuhrung ihres Mannes gestor- bene Ehefrau des Predigers Dr. Mylius, unter Begleituug einer großen Menge Volks, zu Grabe gebracht. — Am 12. verwies der Ma- gistrat einen jungen fremden Menschen, welcher im Tumult war gefangen genommen worden, aus der Stadt; zugleich ließ er zwey Bürger, die das Patent wegen Beobachtuug des neuen Kalenders in Baiern abgerissen hatten, mit Ru- then auspeitschen.— Da nun die Ruhe in der Stadt wieder hergestellt war, so wurden die bis- her gesperrt gewesenen, sogenannten neuen Gäng- über den innern Stadtgraben wieder geöffnet, und der Durchgang daselbst aufs neue gestatte; eben dieß geschahe hernach auch mit den Statt- thoren. — Am 13. Jun. kamen mehrere Per- sonen von beyden Geschlechtern wegen laut ge- äusserter Drohungen uber Einfuhrung des neuen Kalenders in Verhaft. — Daniel Mayr, aus dessen Hause auf den Stadtvogt und Stadt- hauptmann Wessier war geschossen worden, mußte, ob er gleich nichts von der Sache zu wissen behauptete, zur Strafe 2500 Gulden er- legen, nachdem er vorher gefangen gessen war.

— Am 25. Jun. wurden Balthasar Streif=
fer und Johannes Mattsperger, weil
sie während des Volkstumults durch einen Schuß
aus ihres Schwiegervaters, des Kaufmanns
Mayr, Hause den Stadtvogt verwundet hatten,
zu lebenslänglichem Gefängniß verurtheilt, in
der Folge aber auf die Fürsprache des Herzogs
von Würtemberg aus dem Verhaft entlassen,
jedoch ihnen das Gewehrtragen verboten. —
Herzog Wilhelm **von Baiern und Erzherzog
Ferdinand von Oestreich** machten in ihrem
Gebiete öffentlich bekannt, daß alle diejenigen
Augsburger, welche an dem Kalenderaufstand
Theil genommen hätten, wenn dieselben in ih=
ren Landen betreten würden, verhaftet werden
sollten. — Den evangelischen Predigern wurde
erlaubt, das Pfingstfest, so wie kurz zuvor das
Himmelfahrtfest, nach dem alten Kalender zu
feyern; auch erhielten jetzt diejenigen Rathsglie=
der und Kirchenpfleger, welche wegen der Ka=
lenderstreitigkeiten in Arrest gekommen waren, ihre
Freyheit wieder. Die Irrungen selbst wurden,
wie bereits früher erwähnt worden, durch einen
Vergleich zwischen dem Magistrat und der Bür=
gerschaft beygelegt. — Die wegen des Kalender=
streits und der Aufnahme der evangelischen Pre=

diger anwesenden kaiserlichen, baierischen und öttingenschen Abgeordneten unterredeten sich mit der Rathsdeputation uber die bevorstehende Raths= wahl; sie wohnten auch derselben am 3. Aug. bey. An diesem Wahltage suchten die beyden Stadtpfleger und die Senatoren Kaspar Rem= bold, Ulrich Walter und Andreas Har= der ihre Entlassung; die Stadtpfleger wurden vom Magistrat gebeten, noch ferner in ihrer Wurde zu bleiben, die genannten drey Senato= ren aber wegen ihrer körperlichen Gebrechlichkeit in Ruhe gesetzt. Fur Kaspar Rembold und fur den verstorbenen Johann Matthäus Stammler kamen Christoph Ilsung und Stephan Endorfer in den Geheimenrath; Christoph Ilsung's, Ulrich Walter's und Andreas Harder's Stellen nahmen Hans Jakob Rembold, Hans Frie= drich Welser und Michael Mayr ein; Matthäus Welser ersetzte den Stephan Endorfer im Bauamte, Hans Herwart den Johann Matthäus Stammler, Georg Fugger den Kaspar Rembold, Hans Sigmund Stammler den Adam Rehm, Daniel Rehm den Walter, Hans Anton Lauinger den verstorbenen

Hans Heinrich Herwart, Leonhard Walter den Hans Heinrich Hainzel, Karl Reyhing den Ulrich Herwart, und Christoph Böcklin den Andreas Harder im Senat. Dieser bestand, so wie im vorigen Jahre, in 26 katholischen, und 19 evangelischen Personen. — In diesem Jahre ließ der Magistrat, zu Stadtgarde-Soldatenwohnungen, den untern Zwinger, auf der Stadtmauer von dem Göggingerthore bis zum Einlaß erbauen. — Im Jahre 1585 am 8. Aug. wurde der Senator Karl Reyhing von dem Geheimenrath seiner Stelle entsetzt, und ihm befohlen, noch vor Sonnenuntergang die Stadt zu verlassen, weil er der einzige im Rath war, welcher schlechterdings dem Vertrage wegen der Berufung der evangelischen Geistlichkeit nicht beytreten wollte, und sich dessen, ungeachtet des Vorganges der übrigen Magistratsglieder, hartnäckig weigerte. — Ein ähnliches Schicksal erwartete drey Mitglieder der sogenannten Treuherzigen, eines Ausschusses der evangelischen Bürgerschaft von 185 Personen, nämlich den Johann Baptist Hainzel, Christoph Welser und Christoph Rosenberg, welche sich aber noch früher selbst heimlich von Augsburg entfernten, und, so wie Reyhing, nach Ulm begaben. Sie wurden zwar am 3. Aug., bey Strafe der Einziehung ihrer Güter, sich wieder zu stellen vom Rath aufgefordert, kamen aber demungeachtet nicht wieder. — Die Burger Daniel und Narciß Weiß verließen ebenfalls die Stadt. David von Stetten, Anton Sulzer, die Aerzte Dr. Leonhard Rauchwolf und Adolph Occo, Hieronymus Seiz und Georg Rosenberger traten, erst durch Gefängnißstrafe genöthiget, dem von den kaiserlichen Kommissarien, den baierischen Subdelegirten Otto Heinrich Graf von Schwarzenberg und Kanzler Dr. Eisenheimer, und dem Grafen Wilhelm von Oettingen in eigener Person als Präsidenten getroffenen Vergleich bey. — Am 5. Sept. wurde in Gegenwart der Kommissarien die jährliche Rathswahl gehalten, und anstatt des Stadtpflegers Marx Fugger, welcher sich nicht mehr bereden ließ, seine Würde noch länger zu bekleiden, aber im Geheimenrath zu bleiben sich geneigt erklärte, Johann Welser, wiewohl ebenfalls gegen seinen Willen, zu jener ersten Stelle erhoben. Fur den verstorbenen Matthäus Rehlinger kam Oktavian Secundus Fugger in das Bauamt; anstatt Johann Friedrich Welser's, welcher sein Burgerrecht aufgegeben hatte, wurde Raymund Imhof, und, fur Martin Burkart, Johann Frohnmüller Bürgermeister. Neue Senatoren waren, von den Geschlechtern: Oktavian Imhof, für Rehlinger; Andreas Schlüsselfelder von Neuburg, und Albrecht von Stetten, für Karl Reyhing; von der Gemeinde: Jakob Kielenuß, statt Leonhard Wiedemann, und Heinrich Herz, für Martin Burckart. Das Zahlverhältniß zwischen dem katholischen und evangelischen Magistratstheil blieb unverändert dasselbe, wie in den beyden nächstvorhergehenden Jahren.

Am 7ten März 1585 reisten die kaiserlichen Kommissarien ab. Während ihrer Anwesenheit waren die kleinen Stadtthore und die neuen Gänge über den Graben abermals geschlossen, jetzt aber wieder geöffnet worden. — Am 27. Jun. war wieder eine Hinrichtung nach damaliger barbarischer Art. Ein Mörder, welcher zwey alte Eheleute in Sigmund Zollers Garten bey St. Servatius auf eine grausame Weise ermordet und die Leichname derselben in das heimliche Gemach geworfen hatte, wurde, nachdem er von Stuttgart gefangen war einge-bracht worden, auf einer Kühhaut durch die Stadt zum Hochgericht geschleift, unterwegs mit glühenden Zangen gerissen, sodann gerädert, und sein Körper auf das Rad geflochten. — In diesem Jahre ereigneten sich in Augsburg mehrere Unglücksfälle und Todtschläge; es ertran-ken sechs Personen in und bey der Stadt, vier fielen sich zu todt, sechs wurden ermordet, und einer erhängte sich selbst. — Im September zeig-te sich wieder die Pest. Der Magistrat machte daher am 14ten durch öffentlichen Aufruf be-kannt, wie sich die Bürgerschaft und die zum Brechhause bestellten Leute zu verhalten hätten. Weil man glaubte, daß die große Anzahl der in der Stadt unterhaltenen Schweine nicht wenig zur Beförderung der Pest beytrage, so wurde das Schweinehalten in der Stadt verboten. — Am 26. fieng, der Gefahr wegen, der Magistrat wieder an, in abwechselnder Hälfte seine Sitzun-gen auf dem Rathhause zu halten. Da mehrere fremde unberufene Aerzte oder Quacksalber Kranke zu behandeln sich erdreisteten, deren viele ein Opfer des Todes wurden, so wurde ihnen ihr schädliches Handwerk bey Leibesstrafe untersagt.

— Die der Kalenderunruhen wegen ausgetrete-
nen Bürger forderte ein Beschluß des Gehei-
menrathes vom 26. Jun. 1585 auf, sich innerhalb 27 Tagen in der Frohnfeste zu stellen und
ihrer Obrigkeit Gehorsam zu leisten, worauf ihnen Verzeihung des Vorgefallenen widerfahren
solle; im Falle des Nichterscheinens aber würden
ihre Güter und ihr Vermögen eingezogen, und
sie des Bürgerrechts verlustig erklärt werden. —
Den Einwohnern wurden alle Zusammenkünfte,
und besonders alle Geldsammlungen für die aus-
getretenen Bürger, auf das schärfste verboten. —
Als hierauf die Ausgewanderten bey dem Rath
um Verlängerung des Termins ansuchten, und
ihre Sache rechtlich behandeln wollten, verweigerte es ihnen der Geheimerath, und begann
sogleich die Berufung der neuen Prediger. — An
den Herzog Wilhelm von Baiern ergieng von
Seite des Magistrats die Bitte, bey sich erhe-
bendem Aufstande der Stadt mit Kriegsvolk zu
Hülfe zu kommen; auch wurde Mannschaft für
die Stadt angeworben, und theils in die Zwinger, theils auf die Wälle verlegt. Nun erschienen Gesandte von Pfalzneuburg, Ansbach
und Wurtemberg, um den Rath zu bewegen,
mit der Berufung der Prediger inne zu halten;

es erklärte aber ihnen der Rath, er habe aus=
drücklichen Befehl vom Kaiser erhalten, in die=
ser Sache vorzufahren; indessen werde er sich
gegen die der augsburgischen Konfession zugetha=
nen Bürger dem Religionsfrieden gemäß beneh=
men. Diese Antwort genügte den Gesandten,
und sie reisten am folgenden Tage wieder ab.
Nach ihrer Ankunft hatte der Magistrat sogleich
die kleinen Thore und die neuen Gänge uber den
innern Graben aus Vorsicht, wegen eines be=
fürchteten Auflaufes, sperren und die Posten an
den großen Thoren ansehnlich verstärken lassen.
Da in der Folge die Ruhe ungestört blieb, so
wurden im August mehrere Soldaten wieder ent=
lassen und die kleine Thore eröffnet. — Zu An=
fang dieses Jahres war die Pest im Abnehmen;
doch wurde allen Unverehelichten, welche diese
Krankheit ergriffen hatte, verboten, vor Verfluß
eines halben Jahres sich zu verheurathen. —
Am 23. Februar erlitten zwey Mörder die Stra=
fe des Räderns. — Am 25. May war ein acht=
zehnjähriges Mädchen, die Tochter eines Schlof=
sermeisters, in einen an dem Lechufer angelegten
Kahn getreten; plötzlich riß das Sail woran
man denselben befestigt hatte, entzwey, und sie
schwamm hülflos ohne Ruder bis Gerphofen;

hier zerstieß sich der Kahn an einem mitten im
Fluße stehenden Pfahl; diesen ergriff sie nun mu-
thig, und hielt sich die ganze Nacht daran fest.
Am folgenden Morgen wurde sie in diesem Zustande von Vorübergehenden wahrgenommen und
glücklich gerettet; aber Schrecken und Todes-
angst hatten ihre Sinnen so sehr zerrüttet, daß
sie nach wenigen Tagen sich in den Stadtgraben stürzte, wo sie ertrank. Ihr Körper wurde
nach einem Rechtsspruche damaliger Zeit in ein
Faß gesteckt und in den Lech geworfen, anstatt
beerdigt zu werden. — Durch die Sperrung der
Ausfuhr von Seiten Baierns stieg der Preis
des Getraides, das in Schwaben mißrathen
war, äußerst hoch. Es bat daher der Magistrat den baierischen Hof um Aufhebung der
Sperre; ob es geschehen sey, meldet die Geschichte nicht. — Wegen der Anstände mit
der evangelischen Geistlichkeit wurde die Rathswahl auf den 26. Aug. verschoben. An diesem
Tage trat für den verstorbenen Christoph
Baumgartner, den letzten unter der Regierung des Kaisers Karl des Fünften ernannten
Senator, Leo Roth in den Geheimenrath und
in das Einnehmeramt ein; Christoph Rehlinger von Horgau, und Heinrich Wid-

mann wurden in den Senat erwählt. Uebrigens änderte sich die Zahl der evangelischen und katholischen Senatoren nicht. — Im Okt. brach die Pest stärker als jemals wieder aus; es starben an derselben in Augsburg nicht weniger als 3136 Menschen. Nur die Hälfte des Magistrats besuchte die Rathssitzungen. — Am 13. Dez. erdroßelte Rudolph Boßert, ein Kistler, aus einer geringen Veranlassung, sein Weib, mit welcher er vierzehn Kinder erzeugt hatte, und hieng sie sodann an einen Nagel, damit es scheinen möchte, sie habe sich selbst das Leben genommen. Später gab er sich jedoch als den Mörder an, worauf er mit dem Schwert hingerichtet, sein Körper aber auf das Rad geflochten wurde. — Da mit dem Eintritt des Jahrs 1587 die Pest aufhörte, so kam der Magistrat wieder, wie gewöhnlich, in voller Anzahl zu den Sitzungen auf dem Rathhause. — Um diese Zeit machten die Gebrüder Johann David und Philipp Greiner einen bedeutenden Bankerott; sie entfernten sich aber vor dem Ausbruche desselben aus der Stadt und begaben sich in die Freyung nach Friedberg. — Am 4. März überschwemmte der Lechfluß die Gegend von Augsburg so sehr, daß man in dem niedrig liegenden Theile der Stadt mit Kähnen von einem Hause zum andern fahren mußte; erst nach 3 Tagen war die Flut wieder ganz zurückgetreten. — Bisher hatte der Scharfrichter öfters Missethäter allein und in Abwesenheit der zur Untersuchung verordneten Rathsdeputation in der Eisen auf die Tortur gebracht, und nicht selten auch das gesetzliche Maas dabey überschritten; dieß wurde ihm jetzt am 5. März vom Rath auf das schärfste verwiesen und bey schwerer Strafe für die Zukunft verboten. — Bey der am 4. Aug. vorgenommenen jährlichen Rathswahl wurde anstatt des Georg Resch, von der Gemeinde, welcher seine Entlassung erhielt, Ulrich Reischle, und, anstatt des Paulus Heckenstalers, Zacharias Schweicker, ebenfalls von der Gemeinde, in den Rath aufgenommen. — Der Getraidemangel hielt in der Stadt an, so daß viele Bäcker zu backen aufhörten, jedoch aber, nachdem ihnen erlaubt worden, das Brod in leichterm Gewichte zu verkaufen, ihr Gewerbe wieder anfiengen. Es entstand hierauf ein so großer Zulauf zu den Bäckerhäusern, daß die Stadtwache kaum im Stande war, das Volk vom gewaltsamen Wegnehmen des Brodes abzuhalten. Die Bäcker, noch nicht

zufrieden mit der ihnen zugeſtandenen Verringe-
rung des Brodgewichts, wollten nun gar nicht
mehr backen; dieß bewog den Magiſtrat am 3.
Sept. den Bürgermeiſtern aufzutragen, daß ſie
fremden Bäckern an den Donnerstagen, Frey-
tagen und Samstagen, und wenn es das Be-
dürfniß der Bürgerſchaft erforderte, auch an den
andern Wochentagen den Zutritt in die Stadt
erlauben, und ſie daſelbſt ihr Brod ungehindert
verkaufen laſſen ſollten. — Zu Anfang des Oktobers erregten die Kürſchnersgeſellen, wegen einiger in ihrem Handwerke abgeſchaften Mißbräu-
che, einen Aufſtand, und verließen alle die
Stadt; bald darauf aber baten ſie um Gnade.
— Im Dezember ſtürzte ein großes Stück von
der Mauer bey dem Gögginerthore, welche nicht
lange vorher war aufgeführt worden, zur Nachts-
zeit, doch ohne Jemanden zu beſchädigen, ein.
— Im Jahre 1588 am 14. May wurde Georg
Oſtermayr, ein Straſſenräuber, welcher mehr
als 30 Todtſchläge und Beraubungen verübt und
eingeſtanden hatte, auf einer Kühhaut zu dem
Hochgericht geſchleppt, und unterwegs dreymal mit
glühenden Zangen geriſſen und gerädert; ſein
Weib aber als ſeine Helfershelferin erſäuft. —
Am 17. Jul. ward Matthias Tholmann

von Aschelding, für den verstorbenen Augustin Weissier, zum Stadtvogt ernannt und dem Stadtgericht vorgestellt. — Die Rathswahl am 3. Aug. hatte folgendes Resultat. An die Stelle des, wegen seines beharrlichen Widerstandes in Betreff des neuen Kalenders und der Predigeranstellung, entsetzten Anton Pemler kam Joh. Baptist Schellenberger von den Mehreren der Gesellschaft, und an des verstorbenen David Jenisch Stelle Hans Jenisch, von den Kaufleuten. — Im Jahre 1590 war zu Augsburg der letzte peinliche Rechtstag. Er galt einem Strassenräuber und Landstreicher Georg Löcherer. Zwey Senatoren, Alexius Mayr und Martin Frey, hatten ihn gesetzlich verschiedener Kriminalverbrechen vor dem versammelten Rath angeklagt. Einige Tage hernach wurde der Rath und das Stadtgericht auf das Rathhaus berufen, daselbst das Bedenken der Advokaten in dieser Sache vernommen, und der Prozeß aus dem Stadtbuch verlesen, wie es in peinlichen Sachen, wo ein Ankläger vorhanden ist, gehalten und zum Urtheil geschritten werden solle. Hierauf erfolgte der Beschluß, „daß dem beklagten Georg Löcherer am 11. März ein peinlicher Gerichtstag anerkannt werden, und nach

der peinlichen Halsgerichtsordnung gegen ihn verfahren werden solle.'' Sämmtlichen Raths- und
Gerichtspersonen wurde sodann bey ihrem Eid
und einem Gulden Strafe sich dabey einzufinden
angesagt. Am Morgen des bestimmten Rechts-
tages errichtete man auf dem Fletz des Rathhauses,
von dem vordern gegen Morgen stehenden Fenster bis zur Gerichtsstube eine Brucke; und von
jenem Fenster herab bis zu Ende der Brücke,
sodann von dieser hinüber an die nächste Säule in
der Gerichtsstube, und von da hinunter bis an
die Treppe des obern Zimmers wurde ein Gang mit
Schranken umfangen Auf der Brucke wurden
an der Wand gegen Morgen Sitze fur die beyden Stadtpfleger, für die regierenden Bürgermeister, und für einen Geheimenrath angebracht,
für die übrigen Raths- und Gerichtspersonen aber
von der Gerichtsstube an gegen den Fischmarkt
neun Bänke, jeder fur sechs Personen, gesetzt.
Unten an den Schranken, dem ältern Stadtpfleger gegenüber, stellte man einen hohen Ses-
sel für den Stadtvogt, und an der Seite des
ältern Stadtpflegers, gegen den Fischmarkt zu,
einen Tisch für den Stadt- und Rathsschreiber,
die Gerichtsreferendarien und Schreiber. Hinter
diesem Tische wurden auf der einen Seite für

vornehme Zuschauer, auf der andern Seite ur
die Prokuratoren und ihre Prinzipale, auch fur
den Malefikanten mit Brettern eingefaßte Schranken gemacht. Morgens um 7 Uhr versammelten
sich die Senatoren in der Rathsstube, die Bey-
sitzer des Stadtgerichts aber in der Gerichtsstube,
worauf sie nach dem Gerichtsplatze sich verfügten
und daselbst ihre bestimmten Sitze einnahmen.
Unterdessen war der Verbrecher aus der Eisen (dem
Stadtgefängnisse) von der Wache des Stadtvogts
und von vier Stadtknechten in die Steuerstube
auf dem Rathhause geführt worden, dessen Thü-
ren nun verschlossen, und, so wie die Schranken
des Gerichtsplatzes, zur Verhütung des Volks-
andranges mit Soldaten und Schaarwächtern
stark besetzt wurden. Um hiezu hinlängliche Mannschaft zu haben, hatte man die kleinen Stadtthore gesperrt, und diese Thorwachen dort verwendet. Sobald sich der Rath und das Stadtgericht auf dem Gerichtsplatze befand, wurde der
Verbrecher, gefesselt an den Füssen, vorgeführt.
Ihm zur Seite stellten sich die Henkersknechte
seine Fuhrer, und sein Advokat zwischen den Schranken neben der Gerichtsstube, die Ankläger aber
zwischen den Schranken neben dem Stadtvogt;
die Letzteren baten nun durch ihren Proku-

rator um die Eröffnung des Urtheils, der Beklagte aber durch seinen Prokurator um Gnade
und Barmherzigkeit. Hierauf wurden auf Befehl des ältern Stadtpflegers die gerichtlich übergebenen Anklagspunkte der Kläger, und des Beklagten Verantwortung, nebst den gegen ihn früher erlassenen Urpheden, Urgichten, und anderen
Beweisgründen laut und öffentlich abgelesen. Als
dieses geschehen war, fragte der Stadtvogt den
ältern Stadtpfleger und alle übrigen Raths- und
Gerichtspersonen auf ihren Eid, „ob der Male-
fikant das Leben verwirkt habe,‟ worauf Jeder,
so wie ihn die Reihe traf, antwortete: „Auf
des Reichs- und Stadtvogts Frage, auch auf
die verlesene Anklage, Verantwortung und Beweise erkenne ich auf den Eid, daß Georg
Löcherer das Leben verwirkt habe;‟ der
Stadtvogt fragte nun weiter: „Was dieser Missethäter für einen Tod verschuldet habe?‟
die Antwort des Gerichts war: „Auf die verlesene Anklage, Verantwortung, Bekenntnisse
und Beweise, erkenne ich auf den Eid, daß der
125. und 129. Artikel der peinlichen Halsgerichtsordnung verlesen, und sodann ferner geschehen
solle, was Recht ist.‟ Nachdem der Stadtschreiber iene beyden Artikel stehend voraelesen

hatte, wiederholte der Stadtvogt die vorige Frage, „welches Todes dieser Mensch sterben solle?“ Nur antwortete der ältere Stadtpfleger und
jeder der andern Richter: „Ich nehme des Urtheils in Bedacht.“ sodann erhoben sie sich von
ihren Sitzen, und begaben sich in die Gerichtsstube, wo sie die Relation und das Bedenken
der Doktoren (Consulenten) ablesen ließen. Hierauf wurde der Stadtvogt hereingerufen, und ihm
befohlen seine Anfragen fortzusetzen. Es folgte
hernach das gerichtliche Erkenntniß, „daß Georg Löcherer mit dem Schwert und nasser
Hand vom Leben zum Tode gerichtet werden solle,“ welches Urtheil nach geschehener Umfrage
durch den Stadtschreiber allgemein bestätigt wurde. Die Richter kehrten jetzt auf den Gerichts-
platz an ihre vorigen Stellen zurück, und der
ältere Stadtpfleger erklärte hier öffentlich, „daß
ein ehrsamer Rath und Gericht das Urtheil gesprochen habe, welches die Partheyen nun vernehmen würden.“ Nach dem Verlesen des Urtheils wurde der Verbrecher seiner Fußketten ent-
lediget, den Händen des Scharfrichters übergeben, unter dem Läuten der Sturmglocke zur Richtstätte geführt, und daselbst enthauptet.

Am 6. März im Jahre 1590 stellten die Fugger und einige junge Geschlechter auf dem Wein-markte Fastnachtslustbarkeiten an; sie erschienen dabey in seidenen Kleidern zu Pferd und in drey Haufen getheilt, deren jeder aus 12 Personen bestand. Ihr Ziel war eine hölzerne als Turke gekleidete Figur, nach welcher sie mit dem Speere rannten; wurde dieselbe am rechten Orte getrof-fen, so stürzte sie durch einen künstlichen Me-chanismus nieder, und richtete sich sogleich wieder auf; verfehlte hingegen der Stoß jene Stelle, so drehte sich schnell der Türke und ver-setzte dem Ritter, wenn dieser mit seinem Pfer-de nicht geschwind genug umwenden konnte, mit einem in der Hand gehaltenen Stabe einen der-ben Schlag. Hierauf wurde nach einer lebendi-gen, an den Füßen aufgehängten Gans, deren Hals mit Oel schlüpfrig gemacht war, in vol-lem Gallop geritten. Die Heldenthat bestand da-rinn, daß der Ritter, im Vorbeyreiten, die Gans am Halse faßte und sie herabriß. Als Preisge-winner zeichnete sich dabey Georg Fugger, und bey jenem Spiel Anton Fugger aus.

Am 17. May wurde ein Jude von Frankfurt, welcher sich mit einer Christin gegen das sechste Gebot vergangen hatte und auf der That ertappt worden war, durch den Scharfrichter mit Ruthen ausgehauen. — Das Landvolk erlitt in diesem Sommer durch eine unter dem Hornvieh eingerissene Seuche großen Schaden. — Am 6. Aug. als dem damaligen Rathswahltage, wurde an Jakob Baumgartners Stelle Philipp Jakob Rembold, und, für Georg Sulzer, Wilhelm Sizinger aus den Mehreren der Gesellschaft, für Heinrich Wiedemann aber, Jakob Hauserer aus dem Handelsstande in den Rath, in das Bauamt hingegen, für Sulzer, der Kaufmann Christoph Böcklin erwählt. Die Anzahl der Senatoren von beyden Religionstheilen änderte sich nicht. Zwey wegen der Kalenderunruhen und Besetzung der geistlichen Stellen ausgetretene Bürger, Abraham Lotter und Matthäus Schmidt, stellten sich selbst wieder ein, und baten den Rath um Verzeihung; sie wurden zur Sühne mit der gesetzlichen Gefängnißstrafe belegt, aber in das Bürgerrecht wieder eingesetzt. — Eine schreckliche Wirkung des Zeitgeistes war es, daß in diesem Jahre nicht wenige Personen wegen angeschuldigter Zauberey, wodurch sie besonders die verheerende Viehseuche verursacht haben sollten, zu Schwabmünchen, Zusmarshausen, Donauwörth und Nördlingen den Flammentod sterben mußten.

— Im Jahre 1591 gab am 12. Febr. Joachim Langenmantel vom Sparren, der Letzte von der Langenmantlischen Familie vom Sparren, das Bürgerrecht auf; wohin er sich aber gewendet, und ob er dieses uralte Geschlecht fortgepflanzt habe, ist unbekannt. — Am 24. Februar holte Anton Fugger, Sohn von Maria Fugger, seine Braut Barbara Gräfin v. Montfort mit mehr als 700 Pferden und einigen sechsspännigen Wagen heim. Am folgenden Tage geschahe seine Verbindung in der St. Moriz-Kirche. Zu dieser führte er die Braut in Begleitung der Hochzeitgäste über eine Brücke von Brettern, die bis an die Kirche reichte. Am 27. Febr. gab Christoph Fugger, dem Brautpaare zu Ehren, auf dem Weinmarkte, wo deswegen den Tag zuvor Schranken errichtet, und der Boden mit Sand bestreuet worden, Ritterspiele zu Pferd und zu Fuß. Ein aus Leinwand verfertigter hoher Berg, der den Parnaß vorstellen sollte, und Musiker auf seinem Gipfel hatte, wurde, durch Maschinen in Bewegung gesetzt, auf dem Weinmarkte umhergeführt. Hier hatte man auch ein Schloß von Brettern erbaut, von welchem aus kleinen Kanonen Freudenschüße gemacht wurden; zuletzt brannte man das Schloß selbst ab. Am 28. war wieder Ritterspiel. Jeden dieser Tage zeichneten auch kostbare Gastmale aus, denen Abends Geschlechter-Tänze auf dem Tanzhause folgten, wobey viel Glanz und Pracht herrschte. — Im Monat Jun. ereigneten sich in und bey der Stadt verschiedene Unglücksfälle. Zwey Mägde wurden in dem Schuhgäßchen durch einen herabfallenden Zugladen getödtet; einen Fuhrknecht erschlug in der Kohlergasse ein umstürzender mit Hausgeräthe beladener Wagen, und ein Rathsstubenheizer fiel aus einem Fenster des Rathhauses auf die Straße, und war auf der Stelle todt. Einige Personen, welche von Landsberg auf einem Floße den Lech herabfuhren, kamen im Wasser um. Bey der Rathswahl wurde Leonhard Walter Bürgermeister und Hans Rehm Senator. Otto Lauinger, welcher 27 Jahr das Bürgermeisteramt verwaltet hatte, legte wegen hohen Alters diese Stelle nieder. — Im Jahre 1592 am 9. Februar hielten die Freyherren Fugger und einige Patrizier in Marx Fuggers Hofe in ganzen Küraffen ein Fuß-Turnier, welchem eine große Menge Volks zusahe. — Im April kam der Herzog Vicenz von Mantua nach Augsburg. Ihm zu Ehren ließen die Fugger ein prachtvolles

Feuerwerk und ein von Holz und Papier erbautes Schloß anzünden, und veranstalteten noch andere Lustbarkeiten und große Gastmale. — Als in diesem Jahre die Türken wieder in Kroatien einfielen, erhielt Hans Werner von Raitenau den Auftrag vom Kaiser Rudolph, für sein Heer Soldaten in Augsburg anzuwerben. Auch der Herzog Ferdinand und der Erzbischof von Salzburg sorgten für solche Werbungen, um dem Kaiser die versprochene Hülfe zu leisten. Von den Fuggern wurde ein auf ihren Gütern angeworbenes Fähnlein Füsser nach Ungarn gegen die Türken geschickt. — Zu Heidelberg starb am 1. Jun. der wegen seiner Gelehrsamkeit und staatswissenschaftlichen Kenntniß berühmte pfälzische Kanzler, Matthäus Ehem, ein Augsburger Geschlechter, Sohn von Christoph Ehem und Anna Rechlinger, im 64sten Jahre seines Lebens; er hatte dem kurpfälzischen Hofe unter dem Kurfürsten Otto Heinrich, Friedrich dem Dritten, Ludwig dem Vierten, dem Administrator Johann Casimir und dem Kurfürsten Friedrich dem Vierten seine Dienste gewidmet, und die wichtigsten Angelegenheiten mit größter Treue besorgt. — Am 3. August wurde, anstatt des verstorbenen Kon-

rad Mayr, Hans Jacob Rembold
in den geheimen Rath, und an dessen bisherige
Stelle zum Burgermeister Carl Langenmantel gewählt; in den Senat kam Melchior
Illsung, der gelehrte Marx Welser,
Oktavian Imhof für seinen Bruder Raimund Imhof, Daniel Heinzel an
Hans Rehms Stelle, welcher auf sein Ansuchen die Entlassung erhalten hatte, und für
den in den Ruhestand getretenen Jakob Jenisch, Daniel Stenglin. — Da in
diesem Monate zu Augsburg die Pest wieder ausbrach, so wurde das Brechhaus geöffnet, der
Michaelis-Markt eingestellt, der Rath nur von
der Hälfte der Mitglieder abwechselnd besucht,
die Steuerbeschreibung aufgeschoben, und die
Veränderung der Wohnung für ein ganzes Jahr
verboten. — Am 6. Oktob. machte der Magistrat
eine neue Leichenordnung bekannt; auch untersagte
er den Bäckern das Schweinemästen innerhalb der
Stadt, und den Einwohnern das Schlittenfahren und Tanzen. Bey Hochzeiten durfte die Zahl
der Gäste nicht über 24 seyn. Die früheren Verordnungen wegen der Pest wurden alle wieder
erneuert. Herzog Ludwig von Baiern sperrte sein Land; doch nur auf kurze Zeit. — Am

8. Oktob. entfernte sich der augsburgische Stadt-
sekretär Kaspar Spindelmayr heimlich aus
der Stadt, weil er die Entdeckung seiner Betrügereyen in Verfertigung falscher Kauf- und Schuld-
briefe, und anderer Bubenstücke befürchtete; man
wurde aber seiner bald habhaft, und da er seine Verbrechen nicht läugnete, so ward er am
13. Febr. des folgenden Jahres mit zwey anderen Missethätern durch das Schwert hingerichtet.
Sein Nachfolger im Stadtsekretariat, Elias
Hesselbach, erhielt eine strenge Weisung,
die Ausfertigung brieflicher Urkunden, und die
Protokollirung und Einregistrierung derselben betreffend. —

In diesem Jahre schwamm ein lebendiges
Reh in den Brunnenthurm durch die Wasserlei-
tung hinein, es wurde gefangen, und in den
Hirschengraben gesetzt: Eine Abbildung desselben,
so wie des früher dahin gekommenen wilden
Schweins, sieht man noch heutigen Tags in dem
Brunnenthurm. — Die eingefallene Bastey am
Jakobsthore wurde wieder hergestellt. — Zu An-
fang des Jahres 1593 hörte die Pest auf; es
wurden daher auch die wegen dieses furchtbaren
Uebels getroffenen Anstalten und Vorkehrungen
aufgehoben. — Im April verlegte man die

Stadtmang aus dem Schuhgäßchen in die Stein-
gasse, und erbaute an jener Stelle die Stadt-
kanzley. Statt des großen Röhrbrunnens auf
dem Fischmarkte wurde ein kleinerer zum Gebrauche der Fischer, aber ganz hinten gesetzt. —
Durch die Wahl am 2. Aug. trat für **M a r x
F u g g e r**, welcher seine Würde niederlegte, Oktavian Secundus Fugger in den Geheimenrath, für diesen Leonhard Rehlinger
in das Bauamt, und **C h r i s t o p h F u g g e r**
in den Senat ein. Nach dieser Wahl verlangte
auch der Stadtpfleger **H a n s W e l f e r** seine
Entlassung, weil er die Lasten seines Amtes
nicht mehr zu tragen vermöge; er ließ sich jedoch durch die Bitten des Raths bewegen, noch
länger in seiner Stelle zu bleiben. —

Am 13. Aug. brach Mittags ein heftiges Gewitter aus, welches in dem Wassergraben vor
dem Jakobsthore Verheerung anrichtete, indem
durch einen Blitz alle daselbst befindlichen Fische
getödtet wurden. Den Tag hernach kam ein
neues schweres Gewitter, bey welchem der Blitz
nicht nur das Gießhaus bey dem Katzenstadel,
und den Frauenthurm traf, sondern auch das
alte Zeughaus oder den sogenannten Katzenstadel in Brand steckte und zerstörte, wodurch an

verbrannten Zelten und anderm Kriegsgeräthe ein Schaden von mehreren tausend Gulden verursacht wurde. — Im Dezemb. dieses Jahrs ließ der Kaiser abermals in der Stadt Soldaten zum Türkenkriege anwerben. — Kaspar v. Schönau wurde, statt des verstorbenen Landvogtes Johann von Rechberg, vom Reichsoberhaupte mit dieser Würde belehnt. — Das Siechenhaus zu St. Sebastian vor dem Oblaterthore entstand von Grund auf neu. — Am 21. Febr. 1594 hielten die jungen Freyherren von Fugger mit den jungen Geschlechtern Karl Rehlinger, Albrecht von Stetten, Julius, Paulus und Matthäus Welser, Johann Jakob Rembold, Wolfgang Paller, und andern, auf dem Weinmarkt ein vermummtes Ringelrennen, welches am folgenden Tage wiederholt wurde. Beydemal gewann Anton Fugger das Beste, welcher die Anderen mit ihren Frauen des Abends köstlich traktirte. — Am 9. May starb der Stadtpfleger Christoph Ilsung, ein Sohn des gewesenen Bürgermeisters Melchior Ilsung, nach fünfjähriger Verwaltung dieser obersten Würde.— Der große Brunnen auf dem Perlachplatze, welcher die metallene Statue des Kaisers Au-

gustus trägt, und mit vier metallenen, die Jah-
reszeiten vorstellenden, Figuren geziert ist, aus
denen das Wasser aus 24 Röhren emporspringt,
wurde in diesem Jahre mit großen Kosten vollendet und mit einem künstlich gearbeiteten ei-
sernen Gitter umgeben, nachdem man im Jahre
zuvor mit der Errichtung des Brunnens den Anfang gemacht hatte. — Durch die Rathswahl
am 3. August kam Freyherr Oktavian Sekundus Fugger an des verstorbenen Stadtpflegers Christoph Ilsungs Stelle, Karl
Langenmantel in den Geheimenrath, Marx
Welser in das Burgermeisteramt, Hans
Lauinger aber für Stephan Endorfer,
ferner Hanns Sebastian Rehlinger und
Hieronymus Imhof, letzterer für den aus
dem Rath getretenen und auf seine Güter gezogenen Georg Fugger, in den Senat. —

Wegen des fortdauernden unglücklichen Türkenkrieges wurde das Tanzen in den Wirthshäusern und auf den Hochzeiten verboten, Mittags
in allen Kirchen zum Gebete geläutet, (es hieß
die Türkenglocke läuten) und dem Kaiser auf
sein Verlangen 10 Stück schweres Geschütz mit
Zugehör gegeben, auch für sein Heer geworben.
— Mit dem Jahre 1595 trat eine außerordentli-

che Kälte ein; es fror fast alles Wasser in der Stadt ein, und die Müller konnten nicht mehr mahlen, woraus großer Brodmangel entstand. — Am 3. Jan. ergieng vom Rath der Befehl, daß wegen des Türkenkrieges keine Fastnachts-Mummerey und kein Schlittenfahren statt finden sollte. — Im Frühjahr stellten sich endlich die Bürger Karl Reyhing, Johann Baptist Hainzel, Christoph Welser, Christoph Rosenberger, Marciß Weiß, Johann Jenisch, Jakob Greiner, Wilhelm Beyrer, Thomas Flicker, und Georg Kastler in der Frohnveste ein. Nachdem sie zur Zeit der Kalenderunruhen widerspenstig die Stadt verlassen und sich hierauf 10 Jahre lang im Auslande elend herumgetrieben hatten, öffnete ihnen die Fürsprache einiger Fürsten und das Verlangen des Kaisers den Weg zur Rückkehr. Noch besannen sie sich, diesen Weg zu betreten, bis ihnen der Rath mit dem letzten Termin, bis zu welchem sie sich in der Frohnveste einfinden sollten, zugleich bekannt machte, daß im Falle des Nichterscheinens von ihrem Vermögen der rote Pfenning werde genommen, das übrige ihnen ausgeliefert, sie selbst aber auf immer aus der Stadt verbannt werden. Nun entschlossen sie sich zur Unterwerfung, indem sie in der Frohnveste sich stellten, den Magistrat um Verzeihung ihres Vergehens baten, den Vergleich von 1591 annahmen, und vermittelst eines Reverses gelobten, sich künftig aller Widersetzlichkeit und Meuterey zu enthalten. —

Ein Bürger, **Paul Jenisch**, wurde als ein unruhiger Kopf, der sich gegen die Prediger-Anstellung und den Vergleich von 1591 auflehnte, im July aus der Stadt geschafft, und ihm sein Pfenning weiter zu zehren angewiesen, um neuen Gährungen vorzubeugen. — Bey der Johanniskirche legte man eine Heuwage an, und am 10. Jun. folgte eine Verordnung, diese Heuwage betreffend. — Am 1. Aug. war die jährliche Rathswahl. An **Leo Roths** Stelle, welcher die Entlassung erhalten hatte, trat **Oktavian Imhof** in den Geheimenrath; für ihn wurde **Philipp Jakob Rembold** Bürgermeister; **David Wèlser** ersetzte den abtretenden Senator **Bernhard Walter**; **Albrecht von Stetten** wurde Bürgermeister und **Kaspar Langenmantel** Senator. Von der Gemeinde kam, an **Hans Frohnmüllers** Stelle, **Heinrich Herz** als Bürgermeister, und **Georg Gutermann** wurde in den Rath aufgenommen. — Vom Monat August 1595 bis zum August 1596 waren auf dem Weberhause 410,930 Stück Barchet geschaut worden; wie bedeutend muß also damals der Leinwandhandel Augsburgs gewesen seyn! — Im August 1696 erhielt die Weißmahlergasse einen schönen Röhrbrunnen mit dem bronzenen Bildnisse des Neptuns. — Für den verstorbenen Kaspar Schönau wurde Freyherr Karl von Freyberg zum Landvogt ernannt. — Der jährliche Wahltag brachte keine Veränderung im Magistrat hervor. — Im Monat August ließ die Stadt Augsburg ein Fähnlein Fußvolk, 450 Mann stark, unter Anführung des Hauptmanns Hans Jenisch zu der kaiserl. Armee wider die Türken in Ungarn stoßen. — Am 29. Aug. starb der Stadtpfleger Hans Welser von Spielberg und Oberschwammbach, des Bartholomäus Welser's Sohn; er nahm den Ruhm eines klugen, einsichtsvollen und gerechten Regenten in sein Grab, und wurde um so mehr allgemein bedauert, da er sehr viel zum bessern Zusammensehen des Raths und der Bürgerschaft beygetragen hatte. Der Magistrat wendete sich nun an das Reichsoberhaupt mit der Anfrage, ob nicht wegen der mißlichen Zeitläufe diese

Stelle sogleich wieder besetzt werden dürfte, anstatt
solche bis zum künftigen jährlichen Wahltage beynahe ein ganzes Jahr unbesetzt zu lassen. Hierauf
kam der Bescheid, daß der älteste Geheime die
Stadtpflegersstelle bis zum Rathswahltage versehen solle. Es wurde daher am 24. September in einem gebotenen Rathe dem zweyten Stadtpfleger Octavian Secundus Fugger
der älteste Geheime Quirinus Rehlinger als Gehülfe beygegeben. — Im November entsagte Johann Christoph v. Stetten, ein Sohn von Christoph v. Stetten und Helena Ehinger, welcher mit
einer Frankfurter Geschlechtertochter Agatha
Christophora Reinerin sich verehelich-
te, seinem Bürgerrechte, und ließ sich in Frankfurt häuslich nieder, wo er bald Senator, und
hernach einer der Schöffen wurde; diese Linie
der von Stetten starb daselbst im Jahre 1734
mit Johann Hieronymus, der ebenfalls ein Rathsglied war, aus. — Am 4. Aug.
als dem jährlichen Wahltage, wurde zu der erledigten Stadtpflegerwürde, welche einstweilen
Quirinus Rehlinger verwaltet hatte,
Hans Welser erhoben; in den Geheimenrath wurde Marx Welser, zum Bürger-

meister Paulus Welser, an Hierony-
mus Rehm's Statt, der wegen Alter und
Schwäche sich zur Ruhe setzte, Hieronymus
Walter, und an Daniel Rehm's
Stelle, welcher am 3. Hornung auf der Straße
plötzlich gestorben war, Christoph Rehm,
aus den Geschlechtern in den Rath gewählt; an
des verstorbenen Bürgermeisters Michael
Mayr's Stelle von der Kaufmannschaft kam
Daniel Stenglin, und Hieronymus
Buroner trat in den Senat ein; von der
Gemeinde aber ersetzte im Magistrat den abge-
gangenen Ulrich Reischlin statt, wel-
cher Zolleinnehmer unter dem Wertachbruckertho-
re geworden war, dessen Bruder Jakob
Reischlin. —

In dem mittlern Zwinger am Göggingerthore wurden für die Stadtsoldaten noch mehrere
Wohnungen erbaut. — Im April 1597 wurde, dem
Reichsabschiede gemäß, täglich um 12 Uhr Mittags die Türkenglocke geläutet, um das Volk
zum Gebet wider den Erbfeind der Christenheit
zu ermahnen. — Am 12. dieses Monats war
ein Dank- und Freudenfest wegen der Eroberung
der Festung Jaurin, woran auf allen Wällen die
Kanonen abgefeuert wurden.

Der Geheimerath ließ sich ein eigenes In-
sigel schneiden, mit der Umschrift: Consilii Se-
creti Reipublicae Augustanae; es war zu besondern Ausfertigungen bestimmt. — Im Monat May gestattete Kaiser Rudolph der Zweyte
dem Geheimenrath, anstatt der vormals von
Kaiser Karl dem Fünften im Jahre 1551 bewilligten 4000 Gulden rheinisch in Gold von dem
Einkommen gemeiner Stadt, 12000 Gulden in
gangbarer Münze **zurückzubehalten,** wovon
3000 **Gulden den beyden** Stadtpflezern gehören,
die übrigen 9000 Gulden aber nach Masgabe
der Bemühung eines ieden Senators und dessen
außerordentlicher Verwendung für die Stadt und
deren allgemeines Beste, nach dem Gutdünken
der Stadtpfleger dem bisherigen Gebrauche gemäß unter die übrigen Rathsglieder vertheilt
werden sollten; und damit sich Niemand anmasse,
diese Freyheit und Gewalt der Stadtpfleger an-
zufechten, oder streitig zu machen; so setzte der
Kaiser eine Strafe von 70 Mark löthigen Gol-
des darauf. —

Am 3. August war die gewöhnliche Rathswahl. Für den verstorbenen C h r i s t o p h R e h-
l i n g e r von Horgau kam C h r i s t o p h I l-
s u n g, von den Geschlechtern, in den Rath.

An P e t e r R o t h ' s Stelle, welcher sich von
Augsburg nach Genua gewendet hatte, wurde
W o l f g a n g P a l l e r, von den Mehreren der
Gesellschaft, und, für den wegen körperlicher
Schwachheit entlassenen Baumeister C h r i s t o p h
B ö c k l i n, W i l h e l m S i z i n g e r, und
D a n i e l K r e l l, Mitglied des Handelsstan-
des, in den Rath ernannt. — Am 10. Aug.
wurden in der Rosenau vier große Kanonen pro-
birt; eine derselben sprang nach zwey Probschüs-
sen, und tödtete drey dabeystehende Personen,
drey andere wurden stark beschädiget. — Am
nämlichen Tage schlug der Blitz in den Barfüs-
serthurm, wo sich gerade viele Gefangene befanden; er richtete aber keinen Schaden an. —
Am 21. Aug. starb der Senator K a s p a r
L a n g e n m a n t e l, nachdem er nur drey Jahre im Rath gesessen war. Auch traf das Todes-
loos den Stadtvogt M a t t h i a s T h a l m a n n
von Aschelding im 46sten Jahr seines Alters;
an seine Stelle kam Ritter J o h a n n V o i t
von Berg. — Am 5. Oktob. besuchte der Erzherzog A l b r e c h t von Oesterreich, Statthalter
in den Niederlanden, die Stadt; der Rath beschenkte ihn mit einem Wagen Wein, einem Wagen Haber, sechs Zubern mit Fischen und einem

silbernen Trinkgeschirr, in welchem 500 Goldgulden waren; von den Freyherren F u g g e r erhielt er eine 1500 Kronen schwere goldene Kette
zum Geschenk. Er reiste den folgenden Tag nach
Regensburg ab. —

Am 12. Febr. 1598 kam Herzog W i l h e l m
von Baiern nebst zween Prinzen M a x i m i l i a n
und A l b r e c h t und deren Schwestern, mit einem großen Gefolge nach Augsburg. Ihnen zu
Ehren stellten die Fugger, M a r x und C h r i-
s t o p h, Söhne des J o h a n n e s, A n t o n
der Jüngere, M a r x des Aeltern Sohn, J o-
h a n n und K a r l, P h i l i p p s Söhne, nebst
andern jungen Patriziern, am 21. Februar auf
dem Weinmarkt ein Fußturnier über die Schranken an; den Tag darauf hielten die ältern Freyherren F u g g e r, J o h a n n F r i e d r i c h W e l-
s e r, W o l f g a n g P a l l e r, und andere ältere Patrizier ein Ringelrennen zu Pferd. — Am
23. gab der Magistrat jenen fürstlichen Personen
ein Gastmahl; nach demselben war Tanz auf
dem Tanzhause, wozu die Patriziatsfamilien nach
der bereits beschriebenen Sitte von zwey Patriziern, J o h a n n H e i n r i c h H e r w a r t und
B a l t h a s L a n g e n m a n t e l, und von zwey
Mitgliedern der Mehrer der Gesellschaft, L e o n-

hard Paller und David Kaffer waren eingeladen worden. Hierauf wurde auf dem Perlachplatze aus zwey von Holz erbauten Schlössern ein Feuerwerk abgebrannt, und sodann die Festlichkeit mit einer Abendtafel auf der Geschlechterstube beschlossen. Am 25. Febr. reisten die Prinzen und Prinzessinnen nach München ab. — Die Rathsadvokaten, späterhin Konsulenten genannt, waren in damaliger Zeit: der Doktor der Rechte Adam Zech; Konrad Pius Peutinger; Augustin Mayr; Philipp Baumgartner; Hieronymus Fröschel; Johann Glöpfer; Leonhard Kager; Veit Breitschwert, und Adam Schiller. — Am Wahltage den 2. August wurde, an Kaspar Langenmantel's Stelle, Friedrich Endorfer, und anstatt des verstorbenen Georg Gutermann, Hans Metzger in den Rath gewählt.

Um diese Zeit errichtete man den dritten steinernen Röhrbrunnen, mit dem Bilde des Merkurs oberhalb des Judenberges, wogegen der am Weberhause stehende weggenommen wurde. Um den neuen Brunnen mehr Wasser zu geben, erbaute man bey dem Rothenthore noch einen

zweyten Wasserthurm. Auch wurde bey dem Ste-
phingerthor die Loderwalk angelegt. — Am 4.
Jan. im Jahre 1600 wurde, aus polizeylichen
Gründen, das Schlittenfahren bey Nacht verboten. — Am 10. Febr. machte der Rath eine
Stadtthorsperrordnung bekannt, welche sich nach
den Jahrszeiten und Tageslängen richtete; nachdem bisher die Thore unregelmäßig geschlossen
und geöffnet worden waren. — Da die Augsburger reitenden und fahrenden Boten von den
Postbeamten in ihrem Geschäfte sehr bedrängt
und beeinträchtiget wurden, so brachten sie ihre
Beschwerden mit einem Vorschreiben des Raths
an den Kaiser. — Das Disputieren über Religionssachen wurde den Schülern beyder Partheyen auf strengste verboten, weil solches nur
Haß und Erbitterung, gegenseitigen Hohn und
Spott erzeugte, und daraus Unruhen und hefti-
ge Ausbrüche entstehen konnten.

Durch die Rathswahl am 1. Aug. wurde die
durch den Tod des Oktavian Imhof erledigte Geheimerathstelle dem Bruder desselben
Hieronymus Imhof, und dessen Stelle
im innern Rath dem Hans Heinrich Rehlinger zu Theil. Für den im Oktober des
vorigen Jahrs verstorbenen Bernhard Rey-

hing kam Philipp Freyherr v. Fugger, und anstatt Jakob Kielsmuß, Hans Gemelich von der Gemeinde in den Senat. Bald nach diesem Wahltage, nämlich am 31. Aug. verlor die Stadt den einen ihrer obersten Pfleger, Oktavian Sekundus Freyherrn v. Fugger, einen Sohn Georg Fuggers und der Ursula von Lichtenstein. Da es der Magistrat nicht zuträglich fand, daß diese erledigte Würde bis zu dem noch weit entfernten jährlichen Rathswahltage wieder durch den ältesten Geheimen verwaltet würde, sondern sie bald wieder zu besetzen wünschte, so ordnete er deßwegen den Rathsadvokaten Dr. August Mayr an den Kaiser ab. Es erfolgte nun die kaiserl. Entscheidung, daß künftig vier Wochen nach dem Tode eines Stadtpflegers ein neuer erwählt werden solle. Hierauf wurde am 31. Oktob. in einer außerordentlichen Rathsversammlung der gelehrte und berühmte Marx Welser zum Stadtpfleger erwählt, die durch ihn erledigte Senatoresstelle aber bis zum nächsten Rathswahltag unbesetzt gelassen. — Einige Zeit vor dem Tode des Stadtpflegers Fugger hatte der Magistrat eine silberne Schaumünze prägen lassen. Auf der Vorderseite derselben zeigt

sich Augsburg im Prospekt, mit einem darüber
schwebenden Friedensgenius und der Ueberschrift:
Deus nostrum refugium et virtus; unterhalb
sind vier Tritonen, in deren Mitte das Wappen
der Stadt sich befindet; auf beyden Seiten er-
blickt man ein Füllhorn. Ueber den Tritonen
stehen die Worte: Augusta Vindelicorum; unter denselben: Cum Privil. Caes. M. Die
Hinterseite stellt Namen und Wappen der beyden Stadtpfleger und der fünf Geheimenräthe
dar, nämlich: Octavian Secundus Fugger, Quirin Rehlinger, Joh. Jakob Rembold, Karl Langenmantel, Johann Anton Lauinger, Oktavian Imhof und Marx Welser.
Es war dieß die erste Schaumünze, welche der
augsburgische Magistrat hatte prägen lassen; sie
wiegt nicht völlig zwey Loth. Diese Medaille ist
auch in einem etwas veränderten Gepräge vorhanden, indem darauf das Wappen des evangelischen Geheimenraths Johann Anton
Lauingers zuletzt steht. — In diesem Jahre überließ der augsburgische Bischof Heinrich
mit Bewilligung des Domkapitels den demselben
zugehörigen, zwischen der Gögginger- und Haus-
stetter-Straße gelegenen, Stadel nebst dem Recht

in jener Gegend Letten zu graben, und mit der
übrigen Zubehörde, der Stadt, jedoch mit der
Bedingniß, daß dem Bischof und Kapitel und derselben Unterthanen, jährlich 70,000 Ziegelsteine in
dem Preise, wie solche den Bürgerr überlassen, abgegeben werden, und wenn dieser Ziegelstadel abgehen würde, sodann der Grund dem Hochstift
wieder anheimfallen solle. —

Wegen täglich mehr zunehmender Anzahl der
katholischen Bürgerschaft waren die Begräbnisse
in den katholischen Kirchen nicht mehr hinreichend; es wurde daher eine Sammlung unternommen, und von diesem Gelde einige Aenger
vor dem Göggingerthore erkauft, und daraus
ein geräumiger Gottesacker errichtet. — Die alte Mang hinter St. Moritz wurde abgetragen, und dieser Platz zum Zeughaus genommen. — Im Jahre 1601 am 11. Febr, erstach
ein Knabe von neun Jahren den Lehrjungen seines
Vaters mit einem Messer, nachdem derselbe ihn
durch kindische Neckereyen zum Zorn gereizt hatte. Da nun wegen seiner Jugend gegen ihn
nicht peinlich verfahren werden konnte, so wurde
er in der Eisen mit Ruthen gezüchtiget, und
sodann seinen Eltern zuruckgegeben. — Das
Getraide stieg um diese Zeit auf einen sehr hohen

Preiß; dieß bewog die Vorgeher des Weberge-
werbes an jeden sein Handwerk treibenden Mitmeister, deren damals 2208 gezählt wurden, ein
halbes Schaff Roggen um 2 fl. zu verkaufen,
jedem der verarmten 713 Meister aber einen
Gulden zur Unterstützung zu geben. — Am 27.
Jul. brannte das der Stadt gehörige Gießhaus
fast bis auf den Grund ab, wobey der Stadt-
glockengießer Neidhart den größten Theil
seiner Haabe verlor. Durch den trefflichen Baumeister Elias Holl wurde dieses Gebäude
gewölbt und feuerfester wieder hergestellt. — An
dem den 1. Aug. gehaltenen Wahltage wurde
an des verstorbenen Stadtpflegers Fugger
Stelle Georg Fugger, ungeachtet er noch
nicht Rathsglied war, in den geheimen Rath,
an Philipp Fuggers Statt, welcher seine Entlassung nahm, Konrad Peutinger,
von den Patriziern, für Wilhelm Sizinger, welcher Schulden halber nach Friedberg ent-
wichen war, Hieronymus Puponner,
ein Kaufmann, in das Bauamt, und Georg
Hopfer, von den Mehreren der Gesellschaft, in den
Senat gewählt. — Am 10ten wurden neun Mörder und Räuber auf die Galeere verurtheilt,
und deßwegen durch einige Soldaten über Wien

nach Triest gebracht. — In diesem Jahre wurde das Pfand- und Leihhaus neben dem heil. Kreuz-Kloster und dem Stadtkornstadel und Weinkeller erbaut, im Jan. 1602 aber das Bäckerzunfthaus am Perlachberg durch Elias Holl in italienischem Geschmack aufgeführt. — Bald darauf erhielt Holl, obwohl er noch ein junger Mann war, wegen seiner großen Geschicklichkeit und Erfahrung in der Baukunst, die Stelle eines Stadtwerkmeisters. — Am 6. Jan. stürzte Joh. Siegmund Stammler, evangelischer Senator und Zeugmeister, über eine Treppe herab, und wurde todt aufgehoben. — Am 20. April vollendete man die Errichtung des vierten öffentlichen steinernen Brunnens, des vortrefflichsten von allen, nämlich des Herkulesbrunnens beym ehemaligen Siegelhause, auf der jetzigen Maximiliansstrasse, von dessen metallenen Figuren schon früher die Rede war. — Am 8. May brannte die erst vor einigen Jahren bey der Domkirche am St. Johannes-Freythof erbaute Heuwaage nebst 15 daran gelegenen Kramläden und andern Buden, durch die Verwahrlosung eines Goldschmids, welcher einen Laden daselbst hatte, gänzlich ab. — Bey der den 5. Aug. gehaltenen Rathswahl wurde,

für Johann Sigmund Stamm-
ler, Heinrich Herwart, von den Patriziern, und an des zur Ruhe gesetzten Burgermeisters Heinrich Herz Stelle, von der Gemeinde, David Zorn in den Rath und zum
Bürgermeister aufgenommen. — Die Brüder
Marx und Philipp Fugger und deren
Vetter Georg, Anton und Albrecht
Fugger verschafften dem Kapuzinerorden zu
Augsburg ein Kloster und eine Kirche, indem
sie demselben nicht nur ihr in der Schönauer-
gasse gelegenes Haus nebst dem dabey befindlichen Garten schenkten, sondern auch Kloster und
Kirche auf ihre Kosten erbauen ließen. — An
dem neuen Zeughause bey St. Moritz hatte der
Stadtwerkmeister Jakob Erschan so große
Fehler wider die Baukunst gemacht, daß man
den gänzlichen Einsturz desselben befürchten mußte. Elias Holl bekam daher als Amtsnach-
folger des zur Ruhe gesetzten Erschan den
Auftrag, den Fehlern des Baues abzuhelfen,
was er auch nach Abbruch des größten Theils
desselben in einiger Zeit zu Stande brachte. —
Im März 1603 ließ der Kaiser durch den Grafen von Fürstenberg und durch Zacharias Geizkofler mit den vier Reichsstäd-

ten, Nürnberg, Augsburg, Ulm und Frankfurt wegen eines Anlehens unterhandeln, wozu jede dieser Städte 30,000 Reichsthaler geben, und sie dagegen sechs Lausizische Städte erhalten sollten; sie lehnten aber sämmtlich dieses Ansinnen mit der Erklärung ab, daß ihre Kassen durch die so lange andauernde bedeutende Türkensteuer und durch andere Zufälle ganz erschöpft seyen. Nun verlangten die genannten Unterhändler für den Kaiser das Darlehen von Nürnberg und Augsburg unter der Zusicherung, daß beyde Städte die Rückzahlung der vorgeschossenen Summe von den bey ihnen als Legstädten zu hinterlegenden Türkensteuern nehmen könnten. Nürnberg gieng jetzt die Forderung ein, Augsburg aber erbot sich zu 12,000 Gulden, solche mit der, einige Monate zuvor, dem Kaiser an Pulver unverzinslich dargeliehenen Summe von 32,000 Gulden einen Vorschuß von 44,000 Gulden ausmachten.

Am 28. Jun. ergieng die Verordnung, daß diejenigen Bürger welche Grundzinse in Geld zu bezahlen hätten, wenn sie keine Goldgulden aufbringen könnten, den Werth derselben nach der letzten Reichsmünzordnung, nämlich mit 75 Kreuzern für den Gulden, jedoch in guten Geldsorten, zu bezahlen berechtiget, und die Grund-

zinsherren solches anzunehmen verpflichtet seyn
sollten. — Zu dieser Zeit verjagten die burgauischen Beamten den evangelischen Pfarrer zu Lützelburg Simon Haderdey, auf Befehl
des Erzherzogs Maximilian von Oestreich,
Deutschmeisters und Statthalters der vorderöstrei-
chischen Lande, obgleich nur sehr wenige, erst
seit einigen Jahren von den katholischen Hospi-
talpflegern aufgenommene Katholiken sich in diesem Dorfe befanden; nur der Frau des Pfarrers
wurde gestattet noch daselbst zu bleiben. Der
vertriebene Pfarrer rief jetzt mit seiner Gemeinde den Rath zu Augsburg um Hülfe an; dieser verwendete sich hierauf bey dem Erzherzog
schriftlich, und durch die nach Insbruck abgeordneten Sonatoren Johann Lauinger und
Dr. Veit Breitschwerdt; aber ohne
günstigen Erfolg. Nicht besseres Gehör fand die
Vorstellung, welche der Magistrat im Dezember
bey dem Kaiser machte. Als im Februar des
folgenden Jahres Erzherzog Maximilian
selbst nach Augsburg kam, erneuerte der Rath
durch seine früher an diesen Fürsten geschickten Be-
vollmächtigte das Gesuch um Wiedereinsetzung des
lützelburgischen Pfarrers; jedoch eben so vergeblich.
Nachdem noch zwey Schreiben an das Reichs-

überhaupt nichts ausgerichtet hatten, blieb auch die Bitte an die kaiserlichen, im August auf dem Freißtage in Ulm anwesenden, Kommiſſarien um Vorwendung in dieſer Sache unerhört. Die Beamten der Markgrafſchaft Burgau fuhren nun auf Veranlaſſung des Biſchofs Heinrich fort, den evangeliſchen Unterthanen zu Lützelburg auf das härteſte zu begegnen, wodurch manche derſelben bewogen wurden, den katholiſchen Glauben anzunehmen, andere aber, ihre Güter an Katholiken zu verkaufen und wegzuziehen. So war bald das ganze Dorf von katholiſchen Einwohnern eingenommen, und der aufgeſtellte katholiſche Pfarrer ſahe ſich nach dem indeſſen erfolgten Tode ſeines evangeliſchen Amtsvorfahrs im ruhigen Beſitz des Pfarrhofs und der Kirche, ungeachtet dieſe Sache in einen Prozeß bey dem Kammergericht zu Speier war eingeleitet worden und dort noch anhängig war. — Bey der am 4ten Aug. gehaltenen Rathswahl wurde, an des verſtorbenen Hans Herwart Stelle, Melchior Langenmantel, für den ebenfalls abgeſchiedenen Lukas Ulſtädt, Ludwig Rehm von den Geſchlechtern, und anſtatt des mit Tod abgegangenen Reiſchlin, Balthas Wurm, von der Gemeinde, zu Rathsgliedern ernannt. Die Protestanten verloren zwey Stellen, die eine im Steueramt, die andere im Ungeldamt; ihre Zahl blieb jedoch der der Katholiken im Rath gleich. — Schon zweymal hatte es ein verwegener Dieb mit Glück versucht, durch ein Fenster des Rathhauses einzusteigen, und in des Bauschreibers Stube Geld zu stehlen; es wurde deßwegen am 25. Sept. durch einen Verruf bekannt gemacht, daß derjenige, welcher den Dieb anzeigen würde, eine große Belohnung empfangen solle. Es gelang endlich diesen verschmitzten und frechen Dieb, G e o r g B r a u n zu ergreifen, welcher bey seinem letzten Raub auf den Tisch in des Bauschreibers Amtszimmer mit Kreide die Worte geschrieben hatte: „Meine Herren sind rechte Lappen, sie können den Higgihaygehayho nicht ertappen.“ Während seiner Gefangenschaft in der Eisen setzte er sich durch den Abtrittskanal in Freyheit, wurde aber bald wieder eingefangen und hierauf gehangen. —

Am 24. Sept. 1603 kam Herzog K a r l von Lothringen nach Augsburg, wo er vom Magistrat auf der Geschlechterstube prächtig bewirthet wurde; den folgenden Tag reiste er nach München ab. — Beym Beginn des Jahres 1604 fieng der

Stadtwerkmeister Elias Holl an, auf Befehl des Raths das baufällige alte Siegelhaus bey dem Weinstadel abzubrechen, worauf er an der Stelle desselben einen großen und tiefen, 62 Schuh langen und 42 Schuh breiten Keller anlegte und auf denselben ein zierliches drey Stock hohes Gebäude nach italienischer Form mit einem Portal von rothem Marmor errichtete, dessen Verzierungen, wie das Ganze, in edelm Geschmack waren. Nachdem dieses Werk in zwey Jahren zu Stande gekommen war, wurde ein großer bronzener, 21 Zentner schwerer Adler an dem vordern Giebel auf eine vergoldete Kugel gesetzt. Hinter diesem Gebäude legte man noch einen anderen großen Keller ohne Säulen oder Pfeiler zur Aufbewahrung der fremden süßen Weine an. Als die Stadt Augsburg im Jahre 1806 an die Krone Baiern kam, wurde dieses Siegelhaus mit dem daran gränzenden Wein- und Salzstadel, zur Erweiterung und Verschönerung der Maximiliansstraße, ehemals Wein- und Brodmarkt genannt, abgebrochen.

Eine große Menge Mußiggänger und starker gesunder Bettler, welche durch Diebstähle und andere heillose Streiche den Einwohnern der Stadt sehr lästig waren, wurden gefangen genommen,

in Schellen gelegt, und für einen geringen
Lohn zur Reinigung der Stadtgräben unter
polizeylicher Aufsicht, und von Soldaten bewacht,
gebraucht. Kurz vor dem auf den 2. August
fallenden Rathswahltage verlangte Quirinus
Rehlinger, wegen täglich zunehmender Kör-
perschwäche, die Entlassung vom Stadtpflegeramt,
behielt sich aber seine Stelle im geheimen Rath vor.
An seiner Statt wurde nun am Wahltage Johann Jakob Rembold Stadtpfleger; den
Jakob Rehlinger, welcher aus dem Senat trat, ersetzte Anton Christoph Rehlinger. — Im Oktober wurde für die im
Türkenkriege verstümmelten und verwundeten Soldaten der Stadt Augsburg eine Kollekte angestellt, und das gesammelte Geld dem Reichs-
pfenningmeister Matthäus Welser übergeben. —

In den drey ersten Monaten des Jahrs 1605
war eine unerhörte Kälte in Augsburg; auch fiel
mitunter so viel Schnee, daß die zu der Stadt
führenden Landstrassen gar unzugänglich wurden,
wodurch Mangel an Lebensmitteln und große
Theurung entstand. — Am 1. Aug. war die
jährliche Rathswahl. Es kam Anton Christoph Rehlinger, für den durch Alter ge-

schwächten Quirin Rehlinger, und Hieronymus Walter, anstatt des im vorigen Jahre als wohlverdientes Rathsglied verstorbenen Johann Anton Lauinger, in den Geheimenrath, in den innern Rath aber Hans Fugger und Otto Lauinger. — Bey der wegen nöthigen Wasserbaues im September gewöhnlichen Abläffe der Lechkanäle in der Stadt hob der Werkmeister Elias Holl auf Verlangen der Stadtpfleger ein großes, steinernes, römisches Denkmal, Bachanalien vorstellend, welches als Grundstein eines Pfeilers in der Barfüßerkirche hatte dienen müssen, aus dem Grunde hervor, und legte einen andern mit Bley eingegossenen Stein von gleicher Größe, mit solcher Kunst und Geschicklichkeit unter, daß die genannte Kirche, welche bey dieser Unternehmung hätte zusammenstürzen können, nicht den geringsten Schaden erlitt. Der ausgehobene römische Stein wurde sodann in dem Siegelhause eingemauert, in der neuern Zeit aber beym Abtragen dieses Gebäudes zu einem unbekannten Zwecke verwendet. — Bey dem Brand eines Kupferschmidshauses in der Bäckergaffe am 10. Sept. kamen zwey Kinder im Feuer um; zwey erwachsene Personen wurden von dem einstürzenden Gie-

bel des Hauses erschlagen, und mehr als 20 beschädigt. — Die 104 Schuh lange Gögginger-
thorbrücke wurde von Elias Holl abgetragen, die steinernen Pfeiler, auf welchen sie ge-
ruhet hatte, ausgebessert, und eine neue Brücke
mit zwey Wachthäusern erbaut, auch eine neue
Auffahrt für das Geschütz auf die Bastey mit
einem starken Gewölbe gemacht.

Den 1. August 1606, als am Rathswahltage wurde, anstatt des verstorbenen Jeremias Buroner, Wolfgang Paller,
aus den Mehreren der Gesellschaft, zum Baumeister, und Hans Steininger aus den
Kaufleuten, für David Zorer, welcher hohen Alters wegen seine Stelle niedergelegt hatte,
in den Magistrat, Philipp Endres aber
zum Burgermeister und Rathsgliede aus der Gemeinde erwählt. — Im Jahr 1607 gab der
Wahltag keinen Wechsel in den obrigkeitlichen Aemtern; etwas später verlor der Senat durch den
Tod zwei seiner Mitglieder, Daniel Hainzel, welcher am 2. Oktober, und Christoph
von Stetten, den Vater des in Frankfurt
ansäßig gewordenen Johann Christoph
von Stetten, der am 27. Nov. starb. —
In den drey letzten Monaten dieses Jahrs raffte

die Pest, aller Vorkehrungen gegen ihre Verbreitung ungeachtet, in Augsburg 2048 Menschen hinweg. Wegen dieser Seuche durfte auf Verlangen des Herzogs Wilhelm von Bayern kein Wirth in der Stadt einem baierischen Unterthanen Aufenthalt gestatten. In dieser Zeit brachte Elias Holl das neue schöne Zeughaus völlig zu Stande, und es wurde im Junius über dem Portal desselben das bereits beschriebene kolossale Bild des Erzengels Michael, als Besiegers des Drachens, oder, nach Anderer Meinung, des den Kriegsdämon bekämpfenden Genius des Friedens, mit großer Mühe und durch künstliche Vorrichtung und Gerüste, aufgestellt, worauf man dieses Zeughaus mit allen Gattungen von Waffen, Rüstungen, schwerem Geschütze und Feuergewehr reichlich versahe. Mit Anfang des Jahrs 1608 hörte die Pest in der Stadt zu herrschen auf, weswegen das Brechhaus wieder geschlossen wurde.

Am jährlichen Wahltage, den 4. August, kam an Georg Fuggers Stelle, welcher abgetreten war, Christoph Fugger in den Geheimenrath, und Friedrich Raimund Imhof in den inneren; anstatt Christophs von Stetten wurde Daniel Walter und

für Daniel Hainzel, Balthasar Langenmantel, aus dem Patriziat, Senator;
den Georg Wallaser aber von der Gemeinde ersetzte Balthasar Schröt. Am 28. November legte eine Feuersbrunst die erst im Jahr
zuvor von Holl erbaute Lohmühle und die ebenfalls neue Poliermühle bei dem Stephinger Thore gänzlich in die Asche. Im nemlichen Jahre
ließ der Rath die eingefallene Stadtmauer bey
der Judenbastey wieder aufführen, den schadhaf-
ten Thurm bey dem Klenckerthore zum Gebrauch
des schweren Geschützes verbessern, und die beyden Brechhäuser vor dem Wertachbruckerthore,
welche nur von Leimen gemacht waren, von Zie-
gelsteinen herstellen. Im Januar 1609 wurden
auf Befehl des Magistrats sechs am Fuße des
Perlachbergs gelegene und von der Stadt erkaufte Häuser niedergerissen, und auf dem Platz
derselben ein neues Metzgerhaus, dessen bereits
im ersten Bande dieser Geschichte gedacht worden,
erbauet, weil das bisherige, auf dem Perlachplatze stehende, einen üblen Geruch in dieser Haupt-
straße verbreitete, und derselben eben nicht zur
Zierde diente. Das unter dem neuen Gebäude
fließende Wasser machte zwar dem Baumeister
Holl bei Legung des Grundes zu diesem großen,

in seinem Umfange 580 Schuh messenden Werke keine geringe Mühe und Schwierigkeit; allein
er wußte die Arbeit so gut zu leiten, und den im
Wasser zu legenden Grund so geschwind zu vollenden, daß nicht der geringste Wassermangel
fühlbar wurde. Am 26. Februar gebot der Magistrat, daß künftig die kleinen Thore oder Gänge, welche aus der Jakobsvorstadt in die innere
Stadt führen, eben so wie die Stadtthore und zur
ziemlichen Zeit, des Nachts gesperrt und des Morgens wieder geöffnet werden sollten. Durch die
Freiherren Johann Georg Hieronymus
und Maximilian Fugger, denen die
Freigebigkeit ihres Stammes für die katholische
Geistlichkeit angeboren war, kamen die Franzis-
kaner-Mönche, Fratres minores St. Francisci
de Observantia, welche zwar schon im Jahr
1555 der Domkapitular Johann Konrad
von Gimmingen, nachmaliger Bischof zu
Eichstädt, in ein Domherrngebäude aufgenommen hatte, denen es aber bisher an einem eigenen und beständigen Wohnsitze zu Augsburg fehlte, zu einem Kloster innerhalb der Mauern dieser Stadt, indem die genannten Fugger die auf
dem Gänßbühl befindlichen Nehmischen Häuser an
sich kauften, und für diese Ordensgeistlichen be-

stimmten. Das Domkapitel wollte nun gleichfalls
das Seinige zur Aufnahme dieses Ordens in Augsburg beitragen, und um diese Häuser von der
bürgerlichen Steuer, der sie bisher unterworfen
waren, zu befreien, erbot es sich, der Stadt
die oberhalb dem Predigerberge gelegene, ganz
baufällige Heiliggrab Kapelle nebst zwei daran
gränzenden Domkapitel'schen Häusern zum Eigenthum zu überlassen. Nach erfolgter Genehmigung
dieses Vorschlages von Seite des Magistrats
ließen die Freiherren Tros sogleich die Reh-
mischen Häuser auf dem Gänsbühl abbrechen und
den Grund zu einem Franziskaner Kloster und
Kirche legen. ——Bei der am 3. August vorgenommenen Rathswahl wurde Hans Christoph Rehlinger von Horgau an die
Stelle des Christoph Rehlinger von
Haltenberg, welcher am 15. März gestorben war, in den Rath aufgenommen. Um diese Zeit kam der im vorigen Jahre zwischen dem
Hochstift und der Stadt eingeleitete Vertrag wegen des gemeinschaftlichen Jagens von Schwab-
munchen an bis zum Zusammenflusse des Lechs
und der Wertach dahin zu Stande, daß festgesetzt wurde, es soll hiezu Niemand als der
Bischof, dessen Hofjunker und Jäger, und die

Domherren und Beamten des Kapitels, von
Seiten der Stadt aber nur die sämmtlichen Geschlechter und Kaufleute, und derselben gebröde-
te Diener berechtigt seyn; dabei sollen sie jedoch die weidmännischen Jahrszeiten, wann jede Art von Wildpret zu schießen erlaubt ist, genau beobachten; und damit dieses auch befolgt
werde, so soll das Hochstift, das Domkapitel
und die Stadt, jedes in seiner Jurisdiktion,
Aufseher bestellen, welche die Uebertreter durch
Wegnahme des Gewehrs pfänden dürfen; doch
soll keiner Behörde die Zugehörigen der andern
zu bestrafen erlaubt seyn, sondern dies den betreffenden Vorgesetzten überlassen werden.

Als am 3. Okt. der Kanzler des St. Ulrich-
Klosters, Dr Hieronymus Pflaumer,
im Namen dieses Gotteshauses das gewöhnliche
Schutzgeld von 100 Goldgulden dem Magistrat
überreichte; dabey aber die gebührende Danksa-
gung für den erhaltenen Schutz unterließ, so
wurde dies von dem Stadtpfleger Welser auf
der Stelle gerügt. — Um auch die Jakobsvorstadt mit Röhrwasser zu versehen, ließ der Rath
zwey Wasserthürme auf der Stadtmauer unweit
des Jakobs-Thors und bey dem Blatterhause aufführen, und von denselben das Wasser in die

Häuser leiten. Elias Holl mußte auch den der Stadt zugehörigen Lohstadel für die Rothgerber erbauen; das Fischerthor wurde um zwey Stockwerk erhöht, und zum Gebrauch des Geschützes zugerichtet; der Thurm dieses Thors bekam eine Schlaguhr; über den Graben dabey führte man eine neue Brücke mit Wachthäusern, und gab derjenigen Seite des Grabens, welche an der Straße hinläuft, eine Brustmauer. — Die Mahnung des Bischofs Heinrich an seine Unterthanen, aus den Diensten der evangelischen Bürger zu treten, machte bey den letztern einen erbitternden Eindruck. — Im Februar 1610 erschienen kaiserliche Kommissarien mit dem Auftrage, bey dem Rath ein Anlehen von 100,000 Gulden zum Türkenkriege zu suchen; der Rath lehnte die Sache ab, und entschuldigte sich in einem Schreiben an den Kaiser mit dem Unvermögen des Stadtärars, welches durch die bereits entrichteten häufigen Türkensteuern gänzlich erschöpft sey. — Zu Anfang des Juny erhob sich ein schreckliches Gewitter; in Augsburg wurde dabey der Knecht eines Bürgers, und zu Schongau und Landsberg zehn Personen durch den Blitz getödtet; zu Scherneck brannten drey Städel ab, und auf den Feldern umher richtete der Hagel großen Schaden an. — Bey der Rathswahl am 2. Aug. wurde, für den verstorbenen Karl Langenmantel, Konrad Peutinger in den geheimen, und für den Senator Johann Melchior Ilsung, Wolfgang Heinrich Rehlinger in den innern Rath erwählt. — Im November machte der Kaufmann Elias Pemer ein beträchtliches Falliment, durch welches viele Personen auf dem hiesigen Handelsplatz in Verlust kamen. — Durch die Wahl am 1. Aug. 1611 kam Bernhard Rehlinger in den Geheimenrath, Hans Sebastian Rehlinger in das Bauamt, Christoph und Leonhard Christoph Rehlinger in den innern Rath, (es saßen nun sieben Rehlinger im Senat) Raymund Imhof in das Bürgermeisteramt, und Konstantin Imhof in den Magistrat. — Zu Ende dieses Jahrs wurde die der Stadt von dem Domkapitel überlassene Heiliggrabkapelle nebst den dazu gehörigen beyden Häusern abgebrochen, und ein Theil des Platzes zur Erweitung des sogenannten Predigerberges verwendet, auf dem übrigen Platz aber ein zwar schmales (jetzt dem Kaufmann Pedroni gehöriges), aber 200 Schuh langes Haus, an dem sich 17 Buden auf welsche Art befinden, ganz im italienischen Geschmack von Elias Holl aufgeführt. Dieser Meister erbaute auch an die Stelle der abgetragenen, sehr baufälligen Brücke bey dem Barfüßerthor eine neue über den Fischgraben, welche auf den als Grund gelegten Rost künstlich gewölbt ist, wie die Rialtobrücke in Venedig, nur in sehr verkleinertem Maaßstabe, und zu beyden Seiten 15 Laden oder Buden hat. — Zu dieser Zeit wurden auch dem Findelhause sowohl als dem Pilgerhause auf dem Graben, große, zwey Stock hohe Nebenhäuser angebaut. Die drey innern Stadtthore, nämlich das Frauen- das heil. Kreuz- und das Barfüßerthor mußten neue Bedachung erhalten und ausgebessert werden; bey dieser Gelegenheit wurden die zwey erstern von dem berühmten **Matthäus Kager**, und das letztere von **Hans Freyberger** mit Freskomahlereyen geziert. — In dem alten Zeughause am Katzenstadel legte man für den Zeugwart und eben so auf dem Stadtzimmerhof für die Werkleute der Stadt Wohnungen an, und errichtete zugleich am letzten Orte Werkstätten und Hütten zur Aufbewahrung der Baumaterialien. — An dem Rothenthorwall wurde eine starke neue Streichwehr, und auf dieser eine verborgene, aus 50 Stufen bestehende Treppe zu dem Laufgraben gemacht. — Da die Wertach, wenn sie aus ihren Ufern trat, öfters die

Landstraſſe jenſeits der Brücke ſo überſchwemmte, daß ſie nicht paſſirt werden konnte, ſo wurde dieſe Straſſe bis an den Galgenberg 23 Schuh breit untermauert, und, um den Ablauf des Waſſers zu befördern, zwey ſtarke gewölbte Bogen geſprengt. Alle dieſe Bauten geſchahen unter der Leitung des geſchickten und thätigen Elias Holl. — Im Januar 1612 traf zu Augsburg die Nachricht ein, daß Kaiſer Rudolph der Zweyte am 10ten dieſes Monats in Prag mit Tod abgegangen ſey. Bey ſeinem Leben hatte keine römiſche Königswahl zu Stande gebracht werden können; es erfolgte daher eine drey Monate dauernde Erledigung des Kaiſerthrons, während deren die bereits gegen einander widrig geſinnten Churfürſten, Furſten und Stände des Reichs noch mehr Urſache zu gegenſeitiger Erbitterung fanden. Es wollte ſowohl der Pfalzgraf von Zweybrücken, Johannes, als der Pfalzgraf von Neuburg, Philipp Ludwig, weil der Churfürſt Friedrich der Fünfte von der Pfalz noch unter Vormundſchaft ſtand, ſich das Reichsvicariat in den Ländern des fränkiſchen und ſchwäbiſchen Kreiſes anmaſſen, weßwegen auch beyde von der Stadt Augsburg verlangten, daß ihre dahin geschickten Patente hier angeschlagen werden sollten. Nun sprach zwar das churfürstliche Kollegium dem Erstern das Vicariat des Reichs zu; aber demungeachtet machte der Magistrat, um nicht seinen Nachbar, den Pfalzgrafen von Neuburg wider die Stadt aufzubringen, jenes Patent so wenig als dieses bekannt.

Am 3. Jun. erhielt endlich Deutschland wieder einen Kaiser in der Person des Königs von Ungarn und Böhmen, **Matthias.** Als dieß zu Augsburg kund wurde, veranstaltete der Magistrat auf den 21sten ein Freudenfest, an welchem auch auf den Wällen um die ganze Stadt die Kanonen gelöst wurden. Das neue, würdige Oberhaupt bemühte sich zwar gleich im Anfange seiner Regierung, in dem deutschen Reiche mehr Einigkeit und Einklang zu bewirken, aber die Erbitterung der Ligisten und der unirten Stände gegeneinander hatten schon zu tiefe Wurzel gefaßt, als daß diesem Uebel wäre abzuhelfen gewesen. — Am Wahltage den 2. Aug. wurde für **Albrecht von Stetten,** welcher wegen Alter und Brustbeschwerden seinem Amte nicht mehr vorstehen konnte, **Hans Lauinger** Bürgermeister; und **David von Stetten** Senator. Die Stelle des verstorbenen Bürgermeisters Philipp Endres, von der Gemeinde, nahm Melchior Burkardt ein. In den Rath kam statt Hans Gemelich, welcher als Zoller unter dem Wertachbruckerthore war angestellt worden, Bartholomäus Koch, und für den mit Tod abgegangenen Hans Metzger, Chrysostomus Priester, beyde ebenfalls von der Gemeinde. — Von dem Kaiser Matthias erhielt der Rath schon am 9. Oktob. die Bestättigung der Freyheiten, Rechte und Privilegien der Stadt, welche ihr die Kaiser, Rudolph 1276, Ludwig 1344, Sigmund 1431, Friedrich III. 1485, Maximilian I. 1501, Karl V. 1521, 1541 1549, 1551, 1552; Ferdinand I. 1559, und Rudolph II. 1593, 1599, 1606 und 1607 verliehen hatten. Auf dem Zwinger oder der Stadtmauer bey dem Klinkerthore unterhalb des Einlasses ließ der Magistrat ein durch liebliche Aussicht in das Wertachthal und die Umgegend ausgezeichnetes Lusthaus für die Stadtpfleger erbauen, und mit allen Bequemlichkeiten versehen. — Das Stadtmünzhaus wurde ausgebessert, und eine neue Werkstätte mit neuen Münzwerken und Prägstöcken daselbst errichtet. Zum Andenken daran erschien eine kleine Schau-

münze, welche auf der einen Seite die Ansicht
der Stadt mit der Ueberschrift: Augustae Vindelicorum, und unterhalb das Stadtwappen zwischen zwey Füllhörnern mit der Jahrszahl 1612;
auf der andern Seite aber die Wappen der beyden Stadtpfleger Marx Welser und Joh.
Jakob Rembold, und der funf Geheimenräthe Hieronymus Imhof, Hieronymus Walter, Christoph Fugger, Konrad Peutinger und Leonhard Rehlinger zeigt.

Im Jahre 1613 im Januar starb der augsburgische Landvogt Karl von Freiberg,
Freyherr von Haldewang und Raunau; zum
Nachfolger ernannte der geheime Rath den Sohn
desselben. — Im April dieses Jahres langte ein
Schreiben des Kaisers an den Magistrat an, worinn diesem das besondere allerhöchste Wohlgefallen darüber bezeugt wurde, daß sich Augsburg bisher in keines von beyden, der Ruhe
des deutschen Reichs höchst nachtheiligen, Bündnissen der Liga und der Union, begeben hatte.
Der Kaiser versicherte deßwegen die Stadt seiner Gnade und ermahnte sie, sich auch in Zukunft solcher besondern Verbindungen zu enthalten. — Im May suchte der Stadtpfleger Marx

Welfer angelegenst die Entlassung von seiner Würde, weil er an Gemuth und Körper litte; auf die Vorstellungen und Bitten des Rath aber entschloß er sich zu längerer Verwaltung seines Amtes. — Am 1. Aug. war der gesetzliche Rathswahltag. Anstatt Hans Sebastian Rehlinger's trat Konstantin Imhof in das Bauamt, und Wolfgang Langenmantel in den Rath. Aus dem Handelsstande überkam Hans Christoph Fesenmayr die Senatorstelle des Hans Kreel, und von der Gemeinde Thomas Ostertag die Stelle des Lukas Schrot. — Gegen die Forderung des Kaisers an die Stadt, zum Türkenkriege 100 Zentner Pulver für künftige Bezahlung zu liefern, machte der Rath die Vorstellung, daß eine dem Kaiser Rudolph gemachte ansehnliche Pulverlieferung noch unbezahlt sey, auch die Stadt gegenwärtig nicht genugsamen Vorrath von diesem Material habe. — Um diese Zeit schenkte der Kaiser seinem Oberstkämmerer Helfrich von Meggau die jährliche Reichsstädtesteuer der Stadt Augsburg, welche bereits der Kaiser Rudolph der Zweyte dem Hermann von Alhein überlassen hatte. — Am 29. Oktob. gebahr eine bürgerliche Bäckersfrau Drillinge, welche alle

am Leben blieben. — In diesem Jahre ließ
der Magistrat das sehr baufällig, und beynahe ganz unbrauchbar gewordene Gymnasium
bey St. Anna durch den Werkmeister Holl
niederreiſſen, und ein neues drey Stock hohes Gebäude aufführen. In jedem Stock wurden zwey Säle für zwey Klaſſen, und die Trep-
pen in der Mitte angebracht. Das ganze Gebäude bekam 84 Werkschuh Länge und 36 Werkschuh Breite. Auf den Giebel wurde eine Schlaguhr und eine Glocke, um das Zeichen zur Schule zu geben, geſetzt. Während des Baues war
der Unterricht für die untern Klaſſen im evangelischen Kollegium bey St. Anna; die Schüler der
obern Klaſſen aber erhielten denselben in den
Wohnungen ihrer Lehrer. Das Rektorathaus wurde ein Stockwerk höher gemacht, und im unterſten
Stock 2 Schulzimmer angelegt. Auch dem Thurm
an der Stadtbibliothek gab man zu aſtronomiſchen
Beobachtungen 20 Schuh Höhe mehr, und ein ku-
pfernes Dach. — Elias Holl baute ebenfalls in diesem Jahre eine neue Sägmühle bey
der Neumühle, und eine Schleif- und Poliermühle im Thäle. — Die baufällige Brücke am
sogenannten Knappenthörlein wurde abgebrochen,
um einer neuen Platz zu machen. Den Holz-

garten beym Blatterhause umfieng eine neue, 440 Schuh lange Mauer. Es entstand der Eichstadel, und bey St. Martin wurden 17 Gewölber für die Kupferschmiede, so wie für die Goldschmiede ein Haus bey dem Zwinger am Göggingerthore, aufgeführt. Die Rosenau erhielt ein neues, drey Stock hohes, 105 Schuh langes und 45 Schuh breites Haus für die Schützen. — In der Stadtau führte Holl über den Brunnenbach zwey gewölbte Brücken, und bey dem kleinen Ablaß sprengte er oberhalb der Lechhütte ein 50 Schuh langes Gewölbe über das Wasser, und verwahrte es mit Tuffsteinen. Das Werk dieses Meisters war auch eine neue Brucke bey dem Künkerthore die Wiederherstellung einiger Thurme bey der Judenbastey, und ein neues Haus am Eser für den Todtengräber.

Am Wahltage den 1. Aug. 1614 wurde, für den am 23. Jun. schnell vollendeten M a r x W e l s e r, H i e r o n y m u s I m h o f Stadtpfleger; den D a v i d W e l s e r machte die Wahl zum Mitgliede des geheimen Raths, und K a r l R e h l i n g e r von Horgau zum Senator. An M a t t h i a s W e l s e r s Stelle kam M a r x F u g g e r in den Rath und in das Bauamt zugleich, und anstatt P a u l Wel

fer's wurde Hans Heinrich Rehlinger zum Bürgermeister, Hans Bartholomäus Welser aber in den Magistrat erwählt. — Im November d. J. wurden endlich
die, Jahre lang angedauerten, Jurisdiktionsstrei-
tigkeiten zwischen dem Reichserbmarschall von Pappenheim und den Reichsstädten durch die vom
Kaiser Matthias ernannten Kommissarien,
des Herzogs Maximilian von Baiern, und
des Herzogs Friedrich von Würtemberg Sub-
delegirte, welche beyde Partheyen nach Augsburg
beschieden hatten, durch folgenden gütlichen Vergleich beygelegt. Von den Reichsstädten waren
dazu die Städte Regensburg, Augsburg, Nürnberg und Ulm bevollmächtigt. Augsburg ernannte zu seinen Deputirten die Senatoren Joh.
Lauinger, Bernhard Rehlinger,
und Dr. Johann Müller. Der Marschall
Maximilian von Pappenheim, Landgraf zu
Stühlingen, und Philipp von Pappenheim
erschienen dabey in eigner Person. — Vermöge
dieses Vergleichs wurde festgesetzt: Erstens, daß
dem Marschall das Einfuriren (Einquartieren)
auf den Reichstagen gebühre, und der Obrigkeit
der Stadt, wo der Reichstag gehalten wird,
zukomme, demselben bey diesem Geschäft Eini-

ge beyzuordner, damit Niemand mit Quartier zu sehr beschwert werde, und diejenigen,
die sich gegen den Marschall ungebührlich betragen oder der sie betreffenden Einquartierung
widersetzen würden zum gehörigen Betragen
anzuhalten. Jedoch habe sich der Marschall dabei aller Gewaltthätigkeit zu enthalten. Zweytens, daß dem Marschall die Jurisdiktion über
die Juden zustehe daß er aber solche nicht früher unter seinen Geleit Schutz zu nehmen und
einzufassiren befugt sey bis der Kaiser oder dessen Kommissarien auf dem Reichstag angekom-
men seyen, welches auch nur so lange gelten
soll, als der Reichstag daure; auch soll derso-
bann Einquartierung mit Beyziehung der vom Rath
Abgeordneten vorgenommen werde. „Dem Magistrat soll ein Verzeichniß derselben eingehändigt
werden, und diesen Juden nicht erlaubt seyn,
ohne Bewilligung des Raths aus ihren Häusern
zu gehen, und wenn sie des Nachts irgendwo-
hin zu kommen berufen werden, sollen sie von
Christenleuten begleitet werden, und sie, ausgenommen die kaiserlichen und churfürstlichen Hof-
juden, „sollen gelbe Ringe zu ihrer Auszeichnung
auf ihren Kleidern tragen.“ Der Marschall sey
auch befugt, ihnen Garküchen zu erlauben, je-

doch ohne Nachtheil für das Ungeld, das sie dem Stadtärar zu geben haben. Synagogen sollen ihnen nicht gestattet seyn. Wenn sie Verbrechen begehen, sollen sie vom Reichsmarschall gebührend bestraft werden. Drittens, wurde bestimmt, daß die Civiljurisdiktion über der Reichsstände und anderer Potentaten Hofbediente, wenn sie mit Burgern einen Rechtsstreit haben sollten, dem Reichsmarschall zustehe, jedoch mit Ausnahme jener Gegenstände, welche gegen die Taxordnung sind. In peinlichen Fällen soll, wenn das Verbrechen von Hofbedienten der Reichsstände oder zum Reichstag gehöriger fremden Personen begangen wurde, und darinn kein Bürger verwickelt ist, der Reichsmarschall allein zu erkennen berechtigt seyn, die Exekution aber von demselben bloß den Bediensteten der Stadt, und Niemand anderm aufgetragen werden. In Fällen zwischen Reichsständen, ihren Bedienten, oder Fremden und Bürgern soll, wenn Letztere etwas Strafbares begangen haben, die Untersuchung und Bestrafung der Ortsobrigkeit gebühren. Gleiche Bewandtniß soll es mit Fremden in der Stadt, welche Niemanden vom Reichstage zugehören, auch dann haben, wenn sie nur um Geld zu bestrafen sind. Sollte es aber zweifelhaft seyn, ob der vorhandene Fall zu den peinlichen oder bürgerlichen gerechnet werden müsse, so ist das Erkenntniß daruber dem Reichsmarschall vorbehalten; es hat jedoch derselbe dabey nach den Rechten der Stadt, und, in deren Ermanglung, nach den Reichsgesetzen zu verfahren. Die Gefangennehmung der Verbrecher betreffend, kam man dahin überein, daß dabey das Jus praeventionis statt finden, ein Theil aber dem andern die unter demselben stehende, Personen ausliefern soll. Wegen der burgerlichen und peinlichen Jurisdiktion über die zu den Reichsständen, zum Hofgesinde ꝛc. nicht gehörigen Fremde, so wie auch in Betreff des Ungelds von allem, auch von der Juden Garküchen, des Standgeldes der Krämer, der Aufsicht und Erkenntniß über Maas und Gewicht, des Schutz- und Polittengeldes von fremden Kaufleuten, Fechtern, Musikanten und Huren, des Aufschlagzolls von Viktualien ꝛc. erklärte sich der Reichsmarschall, daß er von der früher deßwegen gemachten Forderung gänzlich abstehe, bedung sich aber aus, daß ihm dafür jederzeit von der Reichsstadt, wo der Reichstag gehalten wird, 1000 Gulden bezahlt werden solle. Viertens, verständigte man sich, daß in Zukunft die Taxordnung von dem kaiserlichen Marschall, von den chursächsischen Räthen, von dem Reichsmarschall, und von der Stadt, wo der Reichstag gehalten wird, durch Deputirte gemeinschaftlich verfaßt, und die darüber entstehenden Anstände von ihnen sämmtlich entschieden werden sollen. Die Hofbedienten der Reichsstände sollen in diesen Fällen von dem Reichsmarschall, die Bürger und Fremde aber von der Ortsobrigkeit gestraft werden. Fünftens, erklärte der Marschall, daß er sich über die von der Stadt aufgestellten Wachen und über die Thorschlüssel kein Recht anmaße, sich aber vorbehalte, wenn der Kaiser von ihm hierüber Bericht verlange, solchen bey dem Rath einzuholen, oder des Kaisers Befehl nachzusuchen, ob dieser Bericht vom Hofmarschall, oder vom Reichsmarschall, oder sonst von einem Andern erstattet werden soll. Dagegen versprachen die Abgeordneten der Reichsstädte dem Reichsmarschall, daß ihm im Falle der Noth, wenn ein Tumult oder eine Feuersbrunst entstände, mit der nöthigen Mannschaft und Wachten vor seinem Hause an Handen gegangen werden solle; nur könne man ihm keine Macht über die Soldaten der Stadt zugestehen. Sechstens, wurde verabredet, daß der Reichsmarschall weder die

Stände begleiten solle, noch sich der Malefizper-
sonen annehmen, jedoch unbeschadet seiner Rechte. Siebentens, was die Besichtigung der Raths-
stuben, der Wege und Stege betrifft, so soll der
Reichsmarschall von der Stadt Abgeordneten zwar
Bericht hierüber verlangen können, auch deßwegen die nöthige Erinnerungen zu machen berechtigt seyn, aber nichts weiters hierin zu verfü-
gen haben, indem diejenige Reichsstadt, wo der
Reichstag gehalten wird, dafür zu sorgen habe; jedoch soll die Besichtigung jener Gegenstände dem Reichsmarschall unverwehrt seyn. Endlich, achtens, haben die Städte, wo der Reichstag ist, Sorge zu tragen, daß keine angesteckte
Personen eingelassen werden; und sie sollen deßwegen dem Reichsmarschall von Zeit zu Zeit ein
Verzeichniß der Angesteckten in der Stadt zustellen. — Dieser Vertrag wurde im folgenden Jahre vom Kaiser bestättigt. — Da die innerlichen
Unruhen in Deutschland immer mehr zunahmen,
so war der augsburgische Magistrat, wie schon
früher gesagt wurde, darauf bedacht, um die
Stadt wenigstens gegen einen schnellen Ueberfall zu schützen, sie in gehörigen Vertheidigungsstand zu setzen. Es wurde daher beschlossen, zu
der bereits bestehenden Militärbesatzung der Stadt,

noch einige Kompagnien Soldaten anzuwerben, denen man Wilhelm von Tessighofen zum Befehlshaber, Jakob Philipp von Sittighausen aber und Paulus Stenglin zu Hauptleuten gab. Wegen dieser Werbung für den Dienst der Stadt wurde den Spaniern, welche auch zu dieser Zeit einen Werbplatz in Augsburg errichten wollten, solches vom Magistrat nicht gestattet. — Am 11. Dezemb. gieng der bey der letztern Rathswahl in den Rath und in das Bauamt erwählte Freyherr Marx Fugger mit Tod ab. — In diesem Jahre prägte Augsburg, noch beym Leben des Marx Welser, eine schöne Schaumünze. Auf der Vorderseite derselben erscheint die Stadt im Prospekt mit der Umschrift: Col. Aug. Vind.; auf der Hinterseite sind die Wappen der beyden Stadtpfleger Marx Welser und Johann Jakob Rembold, und der fünf Geheimenräthe, Hieronymus Imhof, Hieronymus Walter, Christoph Fugger, Konrad Peutinger und Leonhard Rehlinger mit dem Stadtwappen in der Mitte zu sehen. Zu dieser Schaumünze wurde nach dem Tode des Stadtpflegers Marx Welser eine andere Vorstellung auf der Rückseite gewählt, die sitzende Göttin Cifa, das Stadtpyr in der Hand haltend. — Um diese Zeit ließ der Rath die auf dem mittlern Zwinger stehenden Soldatenwohnungen, welche nur von Lehm erbaut waren, niederreissen, und dafur aufgemauerte und mit Kellern versehene Häuser errichten. Auch wurde ausserhalb des Zwingers an der Stadtmauer zwischen dem Göggingerthor und dem Einlaß ein noch jetzt stehendes geräumiges Haus, mit einem schönen Gesellschaftssaal im zweyten Stockwerk, und mit etlichen kleinen Zimmern, für den ältesten Rathsdeputirten zum Kriegs= und Zeugamt, zu dessen Erholung und Vergnügen aufgeführt. Ueber dem Gesundbrunnen in dem Stadtgraben bey dem Klinkerthore, dessen Wasser ehemals den Kaiser Maximilian I. vom Fieber befreyt hatte, brachte man ein kleines Gewölbe an, in dessen Innern eine Inschrift in deutschen Versen des Kaisers Maximilian gedenkt. Auf dem Perlachplatze an der Stelle, wo vormals die Metzg sich befand, erbaute Elias Holl ein 64 Schuh langes und 20 Schuh breites Haus, welches gegenwärtig der Wittwe des Kaufmanns Bomin gehört, für die Stadt, in seinem edeln Styl und nach italienischer Sitte mit vielen Kramläden im unter-

ften Stockwerke. — In diesem triegerischen Zeit-
punkte ließ der Geheimerath eine Musterung der
wehrhaften Leute in der Stadt vornehmen. Es
mußten deßwegen die Viertels - und Gaffenhaupt-
leute in ihren Bezirken alle Mannspersonen zwischen 20 und 50 Jahren aufzeichnen, und fol-
gendermaffen beschreiben:

Erstens, Name und Geburtsort; zweytens,
Handthierung und Gewerbe; drittens, Zahl der
erwachsenen Söhne und der Gesellen von bürgerlichen Handwerken; viertens, Namen und Geburtsort
solcher Gesellen; und, fünftens, ob und wer von
denselben Kriegsdienste gethan habe — Zur Unterhaltung der zur Sicherheit der Stadt angeworbenen Soldaten wurde den Landbegüterten
Burgern aufgetragen, ihre Unterthanen mit Steu-
ren zu belegen, so wie es auch in Ortschaften
und Besitzungen, welche Stiftungen zugehörten,
geschahe. Es wurde zwar schon früher in dieser
Geschichtserzählung des mit Recht berühmten Rathhauses der Stadt Augsburg kurz erwähnt; es wird
aber den verehrten Lesern nicht unangenehm seyn,
folgende ausführlichere Beschreibung zu erhalten.

Zu Anfange des J. 1519 beschloß der Magistrat das alte baufällige, im Jahre 1449 errichtete Rathhaus abbrechen zu lassen. Es frag-

te sich nun, wo man das auf diesem Gebäude befindliche, und der Stadt unentbehrliche Uhr- und Schlagwerk anbringen soll. Der Stadt-werkmeister Elias Holl versprach, wenn man ihm erlauben würde den Perlachthurm um 20 Schuh zu erhöhen, jenes Uhr und Schlag-werk sammt der großen Schlagglocke auf dem-selben ohne alle Gefahr zu versetzen. Obgleich dieser von allen Seiten freystehende Thurm sehr schmal, und die Mauer am obern Theile dessel-ben nicht dicker als 15 Zoll ist, so genehmigte dennoch der Magistrat diesen sehr gefährlichen Bau im Vertrauen auf die Geschicklichkeit sei-nes Baumeisters. Holl ließ nun ein unge-mein künstliches Gerüste verfertigen, und damit den ganzen Thurm umgeben, ohne irgend eine Oeffnung in die Mauer des Thurms zu brechen; es waren nämlich hohe, oben mit Eisenwerk ver-bundene Rüstbäume von der Straße bis zur Spi-tze des Thurms über einander errichtet, und ein besonders dazu erfundenes Taschen- und Zug-werk wurde innerhalb des Thurms angebracht. So kamen die zehn schweren, zu diesem Bau benöthigten Pfeiler von lebendigen Steinen, so wie die große Glocke des Rathhauses nebst dem dazu gehörigen Uhrwerke zur allgemeinen Bewun-

berung auf diesen Thurm, ohne die geringste
Beschädigung desselben. Dieser wichtige Bau
wurde, obgleich nur acht Maurer und wenige
Zimmerleute daran arbeiteten, im Monat Dezember völlig zu Stande gebracht. Der Rath
machte dem Baumeister für diÆes so gut und
schnell vollendete Meisterwerk 200 Reichsthaler
zum Geschenk. — In Februar des folgenden
Jahres fieng man an, das alte Rathhaus abzutragen; der Thurm desselben, in welchem die
auf den Perlachthurm versetzte Glocke gehangen
hatte, war von gothischer Bauart. Nachdem
das Ganze nicht ohne Gefahr, aber glücklich
war abgebrochen worden, wurde der Grund zu
dem neuen Rathhause zu 10 Schuh Tiefe auf
der vordern, und zu 40 Schuh auf der hintern
Seite mit einer solchen Geschwindigkeit gegraben,
daß bereits den 25. August in Gegenwart der
beyden Stadtpfleger, der Geheimen und Baumeister vom Magistrat der erste Grundstein konnte gelegt werden. Auf diesen Stein wurde ein
silbernes und vergoldetes Blech mit folgender
Inschrift befefestiget:

Accipe Posteritas, quod pertua Saecula-
narres,

DEO Ter Uni

Imp. MATTHIA Semper Augusto P. F.
ejusque Sacrae Caes. Majest. a Consiliis
JOHANNE JACOBO REMBOLD } Duum-
HIERONYMO IMHOFF } viris

Lopidem primum locantibus

Nec non

HIERONYMO WELSER
CHR STOPH FUGGER BARO.
CONRADO PEUTINGER
BERNHARDO REHLINGER
DAVID WELSER

Septemviris

Probantibus

Curia Urbis Vindelicae Patriae ornamento
atque sublevantae opificum penuriae a fun-
damentis instaurata est, curantibus
CONSTANTINO IMHOFF,
JOHANN. BARTHOL. WELSER, } Aedi-
WOLFGANGO PALLER } libus

Anno post Coloniam deductam MDCXXVI.
Mense X die XXIIX. post Christum natum
MDXV. IIX. Kal. Septembris. Salvete & va-
lete Posteri , und hierauf in dem Grund weiter zu mauern fortgefahren. — Den 16. May
ließ der Werkmeister Elias Holl durch seine zwey Söhne den andern Grundstein des neuen

Rathhauses an dem Eck bey dem Eisenberg le=
gen. Im Monat Oktober wurden bereits die
ersten Durchzugbalken in dem Rathhause gelegt,
und im J. 1617 wurde das zweyte Stockwerk des=
selben mit Durchzugbalken belegt, nachdem das
starke und künstlich angelegte unterste Gewölb
desselben zu Stande gebracht wurde. Am Ende
des Monats May im Jahre 1618 wurde das
neue Rathhaus unter das Dach gebracht. Auch
wurde auf beyden Seiten desselben, gerade auf
den Stiegen, welche nach der ersten Absicht des
Baumeisters unter ein Dach hätten gebracht wer=
den sollen, an zwey starken achteckigten Thür=
men zu bauen angefangen; hierauf wurden
auch beyde Schießer aufgemauert; auf die Spitze
des hintern ein großes, 60 Centner schweres
Stadtpyr von Marmorstein, und auf den vor=
dern ein hohles metallenes Stadtpyr, welches 144=
Pfund schwer ist, gesetzt. Indessen läßt sich,
aus einem zu Anfang desselben Jahrs geprägten
Medaillon schließen, dessen Avers das Rathhaus
ohne Thürme, mit der Ueberschrift: Accipe Po=
steritas, quod per tua Secula narres; unten
die Worte: An. Sal. MDCXVIII. Kal. Januar,
auf dem Revers die übrigen Worte, welche auf
dem in den Grund gelegten Silberblech gestochen

sind; daß man damals an die beyde besagte Thürme-Erbauung aller Wahrscheinlichkeit noch nicht gedacht, und derselben Errichtung erst diesem Bauplan später beygefügt habe *). — Im Jahre 1619 wurde an dem Baue des Rathhauses fleißig fortgearbeitet, und sowohl auf dem untersten Saal (Flöz genannt) acht starke 24 Zoll dicke und 13 ein halb Schuh hohe marmorsteinerne Säulen, deren jede 68 Centner wiegt, mit metallenen Postamenten und Kapitalen in dorischer Ordnung gesetzt; und nachdem das starke Gewölb, welches auf den Säulen ruht, zu Stande gebracht wurde; und auch in dem obern Saal (Flöz) gerade auf die untere eben so viele 16 Schuh hohe Säulen, deren jede 50 Centner schwer ist, von korinthischer Ordnung mit metallenen Postamenten und Kapitalen durch verschiedene Taschenzüge aufgerichtet wurden, so wurde auch der bereits bemerkte 22 Centner schwere metallene Adler (welcher aber im Jahre 1806 abgenommen wurde, und nicht mehr daselbst zu

---

*) Aus der Ursache, weil man den Grund zur Tragung dieser Last nicht stark genug hielt, so aber Werkmeister Holl dennoch mit glücklichem Erfolg unternahm und bewerkstelligte.

sehen ist) an dem vordern Schießer des Rathhauses befestigt, der mit dem Vergolden 2000
Gulden gekostet haben soll.

Im July des Jahrs 1620 wurde das mei-
sterhaft gebaute merkwürdige und prachtvolle
Rathhaus in Augsburg, an welchem sechs Jahre ununterbrochen gebaut wurde, gänzlich zu
Stande gebracht. Der vordere Theil desselben
ist ausschlüßlich ganz nach dem entworfenen Plan
des geschickten Stadtwerkmeisters Elias Holl
erbaut, der hintere Theil aber mit wenig Ge-
sims versehen; dem Holl machte dafür der
Rath eine Verehrung von 600 Goldgulden in
einem silbernen und vergoldeten Becher. Die
Breite dieses Gebäudes enthält 147, die Höhe
gegen Morgen 152 und gegen Abend 175 Schuh.
Das große marmorsteinerne Portal ist 20 Schuh
hoch und 12 Schuh breit; es steht zwischen zwey
dicken Säulen von rothem Marmor, auf welchem sich ein steinerner Erker, von Marmor,
befindet. Das metallene Gitter, welches über
dem Thor steht, und das von zwey Greiffen gehaltene augsburgische Wappen vorstellt, welches
über 2000 Gulden kostete, ist sehr imposant;
zwischen diesem Eingangsthor und dem Erker

steht auf schwarzem Marmor mit goldenen Buchstaben folgende Inschrift:

Publico consilio,

Publicae saluti MDCXX.

Der untere Saal (Flöz), deffen Gewölbe auf acht Säulen ruhet, ist mit weißen Marmorsteinen gepflastert, und mit zwey Corps de Garde (Hauptwachen) auch einigen Gewölbern auf beyden Seiten umgeben. Eine Stiege hoch zwischen dem untern und mittlern Saal (Flöz) befanden sich auf der einen Seite die Bauamts- und auf der andern Seite die Einnehmeramtsstuben (Bureaux) und auf dem obern Saal (Flöz) die Rathsstube vorne und gegen den Fischmarkt gelegen, und gegenüber vorne und gegen den Eisenberg die Stadtgerichtsstube; und hinten gegen Morgen auf der einen Seite die Oberpflegamts- (Pupillenamts-) Stube; und gegenüber gegen den Eisenberg die Steueramtsstube. Die größte Zierde bringt diesem öffentlichen ersten Stadtgebäude der sehr schöne prachtvolle, mit zierlichen Mahlereyen versehene 51 Schuh hohe, 58 Schuh breite und 110 Schuh lange Saal (der goldene Saal genannt) im dritten Stockwerk des Rathhausgebäudes, deffen Decke so wie er selbst, auf keiner Säule ruhet, und auf

beyden Seiten mit den sogenannten vier Fürsten-
stuben, welche mit schönen Mahlereyen und Ofen
geziert sind, umgeben ist. Der hintere Theil
dieses Rathhauses, welcher verschiedene Wohnungen für den Stadtkassier, Rathsdiener, Stadtpflegers Trabanten, Bürgermeisters Amtsbedien-
te, Eisenmeister und Gefängnisse (die Eisen),
und auf der andern Seite das Stadtarchiv
enthält, wurde noch im Jahre 1620 größtentheils ausgebaut. Zum Angedenken dieses voll-
führten Gebäudes, wurden folgende Schauge-
denkmünzen geprägt, welche die Größe ausgenommen, beynahe gleich sind. Die erste, welche die Größe eines Thalers hat, zeigt auf dem
Avers das Rathhaus, mit der Umschrift: Me-
moria ampliss. Curiae August. Vindelic.; zu
unterst an seinem schrägeliegenden Schild den
Reichsadler auf einer und auf der andern Seite
das Stadtwappen mit der Jahreszahl 1620,
auf dem Revers die Wappen der beyden Stadtpfleger Hans Jakob Rembold und Hieronymus Imhof, der fünf Geheimen Hieronymus Walter, Konrad Peutinger,
Bernhard Rehlinger, David Welser
und Hans Fugger, und der drey Baumeister Konstantin Imhof, Hans Bartho-

Iomaus Welser und Wolfgang Palser mit der Umschrift: II viri locar. VII viri probar. Aediles curaver. Auf der andern Denkmünze, welche die Größe eines Guldens hat, ist gleichfalls das Rathhaus vorgestellt, auf dessen einer Seite der Reichsadler, auf der andern das Stadtpyr, zu unterst die Jahrszahl MDCXX auf der andern Seite die obbesagte Wappen und Umschrift wie auf der größern Medaille zu sehen sind.

Im Jahre 1615 im Monat Jänner stach ein Klopffechter mit einem abgebrochenen Rapier dem Andern ein Auge aus, so daß dieser bald darauf starb; dieses veranlaßte den Magistrat zur Vermeidung mehrerer dergleichen Unglücksfälle die Fechtschulen in der Stadt abzustellen. — Um diese Zeit stieg der Getraidepreis ungemein hoch; denn das Schaff Kernfrucht kostete 14 Gulden, und der Roggen nicht viel weniger. — Den 3. August wurde die gewöhnliche Rathswahl gehalten; an Marx Fuggers Stelle, welcher den 11. Dezemb. des verwichenen Jahrs verstarb, kam Hans Anton Welser in das Bauamt, und Freyherr Hans Fugger des Erstern Sohn in den Rath, und an den des Raths wegen verübter Ungebühr gegen den Stadt-

pfleger Rembold entsetzten Anton Christoph Rehlinger wurde Hans Rehlinger von Haltenberg in den Magistrat von den
Geschlechtern erkohren und von der Gemeinde
anstatt des verstorbenen Thomas Ostertag,
Hans Bausch zum Senator ernannt. —
Gegen Ende des Jahrs wurde die Stadtmauer
bey dem untern neuen Gang da solche das
Lechwasser bis zum Einsturz unterwühlt hatte,
abgetragen, und dafür statt der dort befindlichen Bogen ein neuer 40 Schuh weiter durch
den Werkmeister Holl gesprengt, und darauf
die Stadtmauer gesetzt. — Den 14. May 1616
brannte ein Haus am Lauterlech bis auf den
Grund ab. — Um diese Zeit wurde das Gymnasium bey St. Anna völlig zu Stande gebracht
und der Schulunterricht wurde wieder darinn
gehalten. — An dem Wahltag den 1. August
wurde an des den 29. Dezember des vorigen
Jahrs verstorbenen Christoph Fuggers
Stelle Hans Fugger der Aeltere in den geheimen und Hans Ernst Fugger in den
innern Rath erwählt. — Gleich nach vollende-
ter Wahl brannte an eben diesem Tage ein Haus
im Kezergässel ab. — Im Jahre 1617 kaufte
Georg Ammann, ein angesehener Bürger

der Stadt, von dem Kloſter zu St. Georg das drey Stunden weit entlegene Schloß Guggenberg und deſſen Zugehör um 7300 Gulden. — Den 6. Juny brannte das Mauerbad ganz ab, und erlitten durch dieſes Unglück die darin wohnenden 13 Haushaltungen an ihrem verbrannten Hausgeräthe großen Schaden und Verluſt. Ein Maurer, welcher das Feuer löſchen wollte, wurde von einem abgebrannten, herabgefallenen, hölzernen Nuſt (Dachrinne) todtgeſchlagen. — Den 27ſten wurde ein Kirchenbuchſe = (Säckel-) Heber bey den Barfüßern, Chriſtoph Plank, weil er die ihm anvertraute Almoſenbuchſe öfters beſtohlen hatte, geköpft. — Bey der den 1. Auguſt jährlich gehaltenen Rathswahl wurde für den den 29. Oktober im vorigen Jahr mit Tod abgegangenen Chriſtoph Rehlinger von Horgau, Hans Felix Ilſung, und an Hans Ernſt Fuggers Stelle, welcher ſeine kürzlich erhaltene Rathsſtelle zurückgab; Hans Karl Langenmantel von den Geſchlechtern, und von der Mehrern Geſellſchaft an des den 4. März verſtorbenen Georg Hopfer, Martin Zobel in den Magiſtrat erwählt. — In dieſem Monat wurde in der Roſenau ein großes Schießen gehalten, welchem

über 350 sowohl von der Stadt als auch fremde Schützen beywohnten. —

Gegen Ende dieses Jahrs errichtete das Stadt-
bauamt mit dem Prälaten des Klosters St. Ulrich einen Vertrag über zwey Brunnenwasser bey
Haußstetten, um solche in die Brunnenthürme der
Stadt zu leiten, da das bisher in die Brunnen-
werke laufende Lechwasser wegen des bey sich führenden Sandes, den Brunnenwerken sehr schäd-
lich war, und sich nicht genugsam Brunnenwasser
zur Speisung der Stadtwasserleitungen herbeyschaffen
ließ. — Auf Verlangen des Kaisers durch den
kaiserlichen Gesandten Matthias Arnoldin
an den Rath, wurde im Monat July dem Reichsoberhaupt 400 Centner Pulver, 500 Rüstungen,
400 lange Spiese, 100 Helleparten und 1000
Musqueten gegen eine ausgestellte Obligation aus
dem Stadtzeughaus verabreicht. — Wenige Tage vor der Rathswahl legte der Senator Bartholomäus May von der Mehrern Gesellschaft seine Rathswürde ab, und begab sich in
das Kloster zum heil. Kreuz in den Augustiner-
orden. — Den 1. August wurde Friedrich
Bechler am jährlichen Wahltage für denselben
in den Rath erwählt. — Wegen den Lerchen-
fang in dem gemeinschaftlichen Jagdbezirk von

Schwabmünchen bis an den Zusammenfluß des Lechs und der Wertach auf den Ackerfeldern wurde zwischen dem Hochstift und der Stadt folgender Vorschlag geschlossen. Alle jene, so in der im Jahre 1609 verfaßten Jagdordnung begriffen sind, haben das Recht mittelst einer Verlosung unter sich die hohen Lerchennetze auszustecken, jedoch soll vor Bartholomäi kein Platz hiezu eingenommen, noch Pfähle geschlagen werden. Ein gewißes Ziel, wie weit jeder seinen Platz haben soll, soll festgesetzt werden, und die Pfähle wenigstens 2000 Schritte von einander geschlagen werden, auch keiner über den halben Theil seines Nachbaren Platz mit dem Eintreiben kommen und nur mit Zeuglerchen, jedoch wenn sonst keiner zu Lerchen verlangt, und wenn in einem ein übriger Platz vorhanden ist, auch solchen mit Netzlein bestecken kann; keine Parthie aber mehr als 72 höchstens 80 Netzlein, deren jedes 18 Klafter lang seyn darf, zu gebrauchen berechtigt seyn. Jene, welche Lerchen wollen, haben solches entweder in Person oder durch ihre Diener mit Zuziehung anderer hierzu nöthigen Leute zu bewerkstelligen. Die Uebertreter dieses Vertrags sind in jedem Falle um 10 Thaler zu bestrafen und davon ist die Exekution dem Pfleger von Bobingen zuständig; diese Ordnung wird je der Theil seinen Angehörigen bekannt machen, und soll nach dem obgedachten Vertrag von 1609 gehalten werden. — Den 18. Oktober wurde wieder ein Tagwerker im Stadtgraben bey dem Göggingerthore durch einen dort befindlichen Hirsch mit seinen Geweyhen getödtet und ein anderer Mann gefährlich verwundet. —

Im Januar 1619 wurden zu Augsburg wegen den Kriegsunruhen in Deutschland zur Sicherheit der Stadt sieben Fähnlein Fuselier als Besatzung angeworben. Zu dieser Zeit führte Otto Heinrich Fugger dem König Ferdinand nach Böhmen ein mit Genehmigung des Raths angeworbenes Regiment Soldaten bey der Stadt verbey zur Armee ab. — Den 20. März starb zu Wien unter allgemeinen Bedauren Kaiser Matthias; als er gerade im Begriff war, durch die Aussöhnung mit den böhmischen Ständen das deutsche Reich zu beruhigen. Da bey seinen Lebzeiten kein römischer Kaiser erwählt wurde, entstund ein Interregnum; der Churfurst Friedrich von der Pfalz sandte daher sein Reichsvicariatspatent nach Augsburg, welches den 23. April auch daselbst angeschlagen wurde. — Im Monat May zog viel

Kriegsvolk aus Italien und Tyrol an der Stadt vorbey nach Böhmen; damit nun hiedurch die Stadt nicht mehr belästigt wurde, verblieben die kleinen Thore gesperrt, die großen hingegen wurden stark mit Wachen besetzt, und unter jedes Stücke gefuhrt. — Den 22. July kam König Ferdinand mit dem Herzog Maximilian von Baiern nach Augsburg, nachdem er kurz vorher der Gefahr, von dem böhmischen General Graf von Thurn eingeschlossen zu werden, entgangen war; er reiste den folgenden Tag nach Frankfurt ab, wo er den 1. August, trotz der gemachten Hindernisse der Gesandten der böhmischen Stände, zum Kaiser erwählt und den 30. gekrönt wurde. —

Bey der den 1. Aug. des Jahrs 1619 gehaltenen Rathswahl wurde für den am 1. May verstorbenen Bürgermeister Hans Lauinger, Ulrich Walter, und an Daniel Walters Stelle, der hohen Alters wegen entlassen worden war, Johann Leonhard Stammler in dem Rath gewählt. — Den 28. September traf der neu erwählte Kaiser Ferdinand II. auf seiner Rückreise nach Wien nebst den Herzogen Maximilian und Albrecht von Baiern zu Augsburg ein, und nahm sein Quartier in dem

Marquart Fuggerischen Hause auf dem
Weinmarkt. Den folgenden Tag an Michaeli
nahm er von dem Rath und der Bürgerschaft
auf dem Erker seines Quartiers die Huldigung
ein, wovon schon früher in diesen Blättern kürzlich Erwähnung geschah, wobey er ausdrücklich
versprach: „die Reichsstadt Augsburg bey ihrem
„alten Herkommen und Freyheiten, besonders
„bey dem hochbetheuerten Religion- und pro-
„fan Frieden zu handhaben.“ Dieser neue
Kaiser hatte bey dem Antritte seiner Regierung
mit vielen Schwierigkeiten zu kämpfen; die Böhmen wollten ihn nicht als ihren König erkennen,
die Ungarn und ein großer Theil von Oesterreich
waren dem Ausbruche eines Aufstandes nahe,
und die unirten Stände zeigten ihre Absichten
gegen ihn unverholen. Diese kritische Lage der
politischen Angelegenheiten veranlaßte den Rath
einige Maasregeln zur Sicherheit der Stadt vor-
zukehren; diesem zufolge wurde daher den Senatoren Hans Bartholomä und Hans
Friedrich Welser, den Oberpflegern der
St. Martins-Stiftung und dem Stadtvogt aufgetragen, das Landvolk zu Oberhausen und in
der Landvogtey zu mustern und bewehrt zu machen; der Stadtgardehauptmann Matthäus

Rehlinger von Horgau wurde zum Oberstlieutenant ernannt und ihm das Kommando uber
das augsburgische Kriegsvolk aufgetragen.   An
die Hauptleute, die Garnisonswachten, und Thor-
schließer wurden verschiedene Verordnungen wegen später Eröffnung der kleinen Thore, wegen
dabey zu beobachtender Vorsicht, wegen der Ver-
sehung des Dienstes auf Wacht und Posten erlassen.   Auch wurde ein Kriegsrath aufgestellt;
dieser bestand aus einem Stadtpfleger, zwey
Zeugmeistern, einem Rathsglied aus dem Bauamt, und einem Burgermeister unter Zuziehung
des Oberstlieutenants und der Stadthauptleute
nach Beschaffenheit der Zeiten und Umständen.
Dieser Kriegsrath hatte zuerst auf das schleunig-
ste alles in gehörige Vertheidigung zu setzen;
jedoch in wichtigen Fällen nichts ohne Wissen
und Willen der beyden Stadtpfleger zu unternehmen, damit aber das Kriegsvolk der Bürgerschaft nicht zu beschwerlich falle, wurden ei-
ligst auf der Stadtmauer zwischen dem Klinker-
thor und dem Einlaß für die Soldaten hölzerne
Wohnungen erbaut, und bey der Annäherung
des Winters ein Theil derselben nach Oberhausen und in die Landvogtey in die Quartiere
gelegt. —

Den 9. November wurden wegen den kriegerischen Zeitläuften alle Tänze und Musik zu halten in der Stadt verbothen. — Zu Anfang des Jahrs 1620 wurde die Buraerschaft gemustert, wie solches bereits früher erwähnt wurde. Auch wurden noch drey Kompagnien Soldaten in Stadtdienste genommen, und das Domkapitel, der Prälat von St. Ulrich und Hieronymus Fugger vom Rath ersucht, zu gestatten, daß dieses Kriegsvolk in die Dörfer Bergen, Haußstetten und Leitershofen einquartiert werden durfte. Ueber die Reuter wurde Günther Ferdinand von Freyberg gesetzt; und über die Bestrafung der frevelnden Soldaten verschiedene Vorschriften ertheilt. — Da aber die Ligisten unter den Befehlen des Herzogs Maximilian von Baiern bey Donauwörth und die Unirten unter dem Kommando des Markgrafen von Brandenburg bey Ulm im Lager standen, und obgleich besorgt wurde, daß sie sich angreifen und eine Schlacht liefern würden, so geschahe es dennoch nicht, sondern es wurde zu Ulm ein Interimsvergleich unter ihnen getroffen, gemäß welchem sich die Ligisten gegen Oesterreich und die Unirten gegen die untere Pfalz zogen; als dieses vorgieng, entließ der Rath zu

Augsburg im Monat August wieder einen beträchtlichen Theil des angeworbenen Kriegsvolks.
— Den 20. Jänner brannte ein Haus hinter
St. Ulrich in der Nacht so schnell ab, daß dabey der Eigenthumer desselben nebst fünf Kindern und einer Kindbettskellerin, (Wartefrau)
in den Flammen umkamen. — Im Anfange des
Monats July bestätigte Kaiser Ferdinand
der Zweyte die Freyheiten der Stadt. — Den
3ten August 1620 wurde auf dem neuerbauten
Rathhaus die erste iährliche Rathswahl gehalten, bey welcher an Wolfgang Pallers
Stelle, welcher wegen seinem hohen Alter Entlassung verlangte, Martin Zobel von der
Mehrern Gesellschaft in das Bauamt, und Jeremias Oesterreicher in den Rath; an
die Stelle der beyden verstorbenen Senatoren
von der Gemeinde Balthasar Wurm und
Barthel Koch wurde Peter Gastel und
Thomas Maurer in den Magistrat erwählt. — Den 15. September wurde die Besoldung der Rathskonsulenten von 500 Gulden in
Münz auf 260 Goldgulden, welches in Münz
606 Gulden 40 Kreuzer beträgt, vermehrt. —
Im Jahre 1621 den 20. Jänner brannte im
Spenglergäßchen ein Haus bis auf den Grund

ab. — Den 21. May sollte eine junge Weibs-
person wegen begangener Verbrechen hingerichtet
werden, sie wurde aber auf eine besondere Art
von der ihr bereits angekündigten Todesstrafe befreyt; denn ein Diener eines sich zu Augsburg
aufhaltenden Edelmannes bat den Magistrat um
ihr Leben mit dem Erbiethen, solche zu heura-
then und mit sich nach Frankreich zu führen.
Dieses wurde ihm bewilligt und sie ihm verab-
folgt, er ließ sich daher mit ihr in Pfersen trauen
und zog hierauf sogleich mit seiner geretteten
Schönen in sein Vaterland ab. — An dem den
2. August gehaltenen Wahltag wurde für Joh.
Baptist Imhof, welcher den 13. May an
den Folgen eines harten Falls starb, Sebastian Christoph Rehlinger in den Rath
erwählt. —

Noch im Monat Juny wurde zu Augsburg
ein kaiserliches Patent, in welchem Herzog Maximilian von Baiern die Execution wider den
geächteten Churfürsten von der Pfalz und dessen
Helfer aufgetragen wurde, angeschlagen, und
den 16. September wurde das dem Magistrat
von dem Bischof zu Konstanz zugeschickte Mandatum avocatorium, daß sich Niemand unterstehen solle, dem Churfürsten von der Pfalz un-

ter der unirten Armee zu dienen publicirt. —
Im Monat November wurde der augsburgische
Oberstlieutenant Matthäus Rehlinger von
Horgau von dem geheimen Rath mit einer Be-
stallung von 1000 Gulden jährlich zum Oberst
befördert. — Im Jahre 1622 stieg zu Augsburg
und an andern Orten die Munzkipperey auf den
höchsten Grad; der Thaler wurde gegen fünfzehn
Gulden hinaufgetrieben; um zu verhindern, daß
die fremden einschleichenden, zu geringhaltigen
Munzen nicht zum allgemeinen Schaden und Verderben noch in größerer Menge in Umlauf in der
Stadt gesetzt würden, ließ der Rath selbst eigene Stadtmünzen von 30, 15 und 6 Kreuzerstü-
cken prägen, welche auch im innerlichen Werth
kaum den vierten Theil enthielten.; so aber in
der Folge der Zeit wieder von dem Aerar
unter gewißen Bedingungen einzulösen versprochen, dagegen die ganz falschen Münzsorten gänzlich verboten wurden. Bessere im
Gehalt 3 und 6 Bäzner-Münzsorten wurden
auf zwey und vier Bazen herabgewürdigt. Es
wurden Personen selbst von vornehmen Stande, welche viele falsche heßische Dreybäzner in
die Stadt brachten, erinnert, solche nicht aus-
zugeben, sondern sogleich in die Münze abzu-

liefern; und im Monat May wurden einem gewißen Karl Magnus von Helmersdorf,
welcher eine bedeutende Menge geringhaltiges
Geld in die Stadt brachte, 11872 Gulden con-
fiscirt, wovon 8000 Gulden zu dem Spitalbau
gewidmet wurden, das Uebrige aber um die
Stadtbediente zur fleißigen Beobachtung dieser
Leute aufzumuntern, unter solche vertheilt. Später wurde noch ein anderer Kipperer Marr
Anton Bettege um 500 Gulden gestraft.
Um aber diesem Unwesen aus dem Grunde zu
steuern, ließ der Rath im Monat März bey
Lebensstrafe verbiethen, die Thaler höher als um
10 Gulden und die Dukaten für 15 Gulden aus-
zugeben und anzunehmen. Durch diese und andere angewandte Maasregeln fiengen endlich diese Münzsorten an um ein Bedeutendes zu fallen;
dieses veranlaßte den Rath den 8. Oktober diese Münzsorten auf die Hälfte herabzusetzen, so
daß der Reichsthaler 5 Gulden der Guldenthaler 4 Gulden 30 Kreuzer, der Königsthaler 5
Gulden 30 Kreuzer, die Silberkronen 6 Gulden, die
Doppelgulden mit der Zahl 120 2 Gulden, der
einfache Gulden mit der Zahl 60 einen Gulden
(welche beyde letztere auch eine Kippermunze waren, und besonders im Würtembergischen ausge-

prägt wurden) die baierischen 12 Bäzner 48 Kreuzer, der Doppeldukaten 16 Gulden, der einfache Dukaten 8 Gulden, der Goldgulden 5 Gulden 45 Kreuzer, der Kreuzdukaten 7 Gulden 20
Kreuzer, die Doppelkrone 13 Gulden, die einfache Krone 6 Gulden 30 Kreuzer, galten; von
den jüngstgeprägten Stadtmünzen aber die 30
Kreuzerstücke zu 15 Kreuzer, die 15 Kreuzerstücke
$7\frac{1}{2}$ Kreuzer, die 6 Kreuzerstücke 3 Kreuzer und
zwar bey Leibes = Ehren und Confiscationsstra-
fe ohne Ansehen der Person nicht höher ausge-
geben und angenommen werden sollten. — Indessen wurde im Jahre 1623 erst gänzlich dem
schädlichen Münzverdorben, welches viele Schelme
reich, und ehrliche Leute arm machte, und durch
welches Handel und Wandel völlig gesperrt wurde, Einhalt gethan. Zu Augsburg wurde bereits den 4. Februar eine Verordnung bekannt
gemacht, welche Geldsorten gangbar sind. Es
wurde im Monat April ein Münzprobationstag
angeordnet, wobey alle gute Münzsorten auf ihren innern Werth gesetzt, und die geringhaltigen
in den Tiegel geworfen und verschmelzt wurden.
Den 17. Juny wurde ein Münzdevalvationsedikt
angeschlagen, und nach demselben der Thaler auf
einen Gulden und 30 Kreuzer, der Dukaten auf

2 Gulden und 12 Kreuzer, und alle gute Geldsorten auf ihren innerlichen Werth gesetzt. Eine
Rathsdeputation wurde mit voller Gewalt beauftragt, auf die Beobachtung dieses Gesetzes
ein wachsames Auge zu halten, und war er-
mächtigt von den Kramern und Handwerksleu-
ten selbst ihre Bücher zur Einsicht abzufordern,
und solche im Nothfall in Eid und Pflicht zu
nehmen, auch hatte diese Deputation in der
Bestrafung der Uebertreter dieses Gesetzes freye
Hand. Da aber in dieser kurzen Zeit keine
hierzu nöthige Waaren Taxordnung verfaßt werden konnte, so wurden unterdessen alle Gewerb-
und Handelsleute, Wein- und Bierwirthe, Hand-
werker und Tagwerker angewiesen, ihre Waaren,
Feilschaften und Arbeiten wenigstens um Drey-
viertheil nach Proportion der herabgewürdigten
Münzen geringer zu schätzen und zu verkaufen,
als bisher. — Indessen fanden sich anfangs dennoch gewinnsüchtige Leute, welche dieser Verordnung nicht nachkamen, es wurde deßwegen dieses Edikt allen Gewerben und Handwerkern auf
dem Rathhaus bekannt gemacht, und solche vor
Confiskation, Leibes- und Ehrenstrafe gewarnt.
— Den 9. Oktober erschien eine ausführliche
und bestimmte Taxordnung aller Waaren und

Feilschaften. Auch wurde die Einführung der schlechten Schweizermünzen und anderer gering-haltiger Gepräge, auch die Versendung der gu-ten Geldsorten aus der Stadt bey Leib- und Lebensstrafe verbothen. Da aber die Schweizer-thaler nicht konnten ausgerottet werden, so wur-den solche auf einige Zeit auf 84 Kreuzer ge-setzt, die im Jahre 1622 geprägte sogenannte Stadtmünze aber gänzlich verbothen. — Früher wurde durch die Steigerung des Geldes der Preis der Waaren und der Lebensmittel, beson-ders des Getreides sehr erhöht; denn dieses ko-stete im Monat September der Kern 55, und der Roggen 45 Gulden; außer diesem wurde von den Kippern und Wuchern alles Getreid auf dem Land und in der Stadt aufgekauft, und mit dem kursirenden falschen Geld sehr theuer bezahlt, und in die Schweiz geschickt. Deß-wegen sperrte Herzog Maximilian von Bayern mit vollem Rechte sein Land gegen Augsburg, um seine Unterthanen für dergleichen Schaden und Verderben zu bewahren; es wurde von dort nicht die geringste Ausfuhr gestattet, dagegen überließ Bischoff Heinrich in seinen Besitzungen den Kippern freye Hand, nach ih-rem Gefallen dort einzukaufen. Deßwegen sah sich der Rath genöthigt, um die Bürgerschaft nicht verhungern zu lassen, mit großen Kosten in entfernten Landen Getreide einkaufen zu lassen; nur erschwerte diese Unternehmung der unglückliche Umstand des guten Geld-Mangels, da die Gefälle der Stadt durch dieses Münz-Unwesen fast in gänzliche Abnahme gekommen waren, und wieder große Summen im hohen Werth gegen schwere Zinsen gangbare Münzen aufgenommen werden mußten. Hiedurch gerieth die Stadt unglücklicherweise in eine schreckbare Schuldenlast, so daß sich solche seit dieser Zeit in ihren Finanzen nicht mehr ganz erholen konnte, um so mehr, da hierauf die drückenden Kriegslasten und Drangsale folgten, wodurch Augsburg einen großen Theil seiner innerlichen Kräfte, sein Vermögen und Ansehen verlor. —: Zwar bemühte sich der Rath, auf alle nur erdenkliche Weise der überhand nehmenden Theurung zu begegnen, deßwegen wurden verschiedene Verordnungen über den Holz, Schmalz, Kalk und Getreid-Kauf erlassen. Auch wurden Vorkehrungen gegen den wucherlichen Verkauf in der Schranne getroffen, das Zechen in den Wirthshäusern, die großen Hochzeitmahle und das Tanzen verboten; die Getreidböden in der Stadt wurden durch eine Rathsdeputation visitirt und das vorhandene Korn aufgeschrieben, da auf ein und andern der öffentliche Verdacht ruhte, als wenn sie mit ihren Getreidvorräthen grossen Wucher trieben. An den Herzog von Bayern wurde eine Rathsdeputation mit dem Gesuch gesandt, die Landsperre gegen die Stadt aufzuheben. Auch wurde der Bischoff Heinrich gebeten, den Getreid = Furkauf in seinem Hochstift nicht zu gedulden und abzuschaffen, und damit alle Lebensmittel und Handelsartikel nach der Proportion des den 8ten Oktober festgesetzten Geldwerths verkauft werden, wurde folgende Taxordnung obrigkeitlich publizirt: Nämlich es solle nicht höher im Preis als das Schaff Roggen fur 13, Waizen 15, Gerste 10, Haber 8 Gulden, der Metzen Erbsen und Linsen 1 Gulden und 40 Kreuzer, das Pfund Rindfleisch $7\frac{1}{2}$, Kalbfleisch 7, Hammelfleisch 6, Schweinfleisch $8\frac{1}{2}$, Speck 10, eine Lämmsseite 24, ein Kalbskopf 8, ein Kalbs-Gelung 10, ein Kalbs Kröß 6, und 4 Kalbs-Füße für 6 Kreutzer; ein indianischer Hahn für 4 Gulden, eine indianische Henne 2 Gulden 30 Kreutzer, ein Wayd-Copaun 48 Kreutzer, ein gemäſteter Copaun 1 Gulden und 30 Kreutzer, eine gute Henne 45 Kreutzer, ein Huhn 18 Kreutzer, ein paar junge Tauben für 12 Kreutzer, eine gemäſtete Gans 1 Gulden und eine Wayd-Gans für 36 Kreutzer gekauft und verkauft werden. Alle Arten Fiſche, Kraut, Rüben, Obſt, Schmalz, Butter, Milch, Eyer, Unſchlitt, Wein, Bier, Holz, Kohlen, wollenes Tuch, Baumwolle und Garn, Heu, Leder, Eiſenwaaren wurden auch bis auf weitere Verordnung interimiſtiſch auf einen gewiſſen Preis geſetzt, wie auch die Spezerei- und übrigen Waaren-Artikel. Alles dieſes wurde bey Leibes-Ehren- und Konfiskations-Strafe zu halten befohlen. Auch wurde bemerkt, da einige Kaufleute, Krämer und Handwerksleute ihre Waaren und Arbeit nach dem vorherigen hohen Preis, den Thaler zu 10 Gulden im Werth, verkauften und ablieferten, diese ihre Bezahlung vervortheilend, auf die dermalige Abwürdigung des Geldes verschoben hatten, in der Meinung für ihre hoch angebrachte Artikel und Produkten das Geld im geringern und herabgeſetzten Preis zu des Käufers oder Verkäufers merklichen Nachtheil ſich zu Nutzen zu machen, widerrechtlich ſuchten, ſo wird ſolches nicht allein mißbilligt, ſondern in dergleichen Fällen solle der getroffene Akkord nach der alten Geldwährung geltend verbleiben, und wer dawider handelt, soll in die Eisen gebracht, und die Sache beym Rath zum weitern Benehmen angezeigt werden. Um diese Verordnung zu vollführen, wurden die Senatoren Hans Heinrich Rehlinger und Daniel Stenglin bevollmächtigt, Acht zu haben, daß derselben nachgelebt werde; auch wurden hierüber besondere Kundschafter aufgestellt. Demungeachtet war dieses Uebel nicht gänzlich zu vertilgen zum großen Schaden des Gemeinwesens und vieler ehrlicher Bürger, bis es endlich später wie bereits gesagt, radical ausgerottet und durch tiefer eingreifende Maasregeln unterdrückt wurde. —

Zu Anfang des Jahrs 1622 hatten Herzog Christian von Braunschweig, Markgraf Georg Friedrich von Baaden Durlach und Graf von Mansfeld eine Armee gesammelt, fielen damit in die untere Pfalz, Elsaß und Westphalen ein, und bemeisterten sich dort einiger Plätze, dieses verursachte in Schwaben keinen geringen Schrecken. Damit nun im Falle der Noth die Stadt Augsburg einigermassen gesichert seye, ließ der Rath wieder eine Anzahl Soldaten anwerben und legte solche mit Genehmigung des Hieronymus: Fugger, des Probstes zu St. Georg, und der Aebtissin zu St. Stephan nach Leiters=hofen, Deubach und Oedenbergen in die Quar=tiere. Auch wurden die Senatoren Bernhard Rehlinger und Friedrich Endorfer an den Bischof Heinrich abgeordnet, um sich mit demselben über eine gemeinschaftliche Vertheidi=gung zu verständigen, und neuerdings ein Kriegs=rath bestellt, wozu Stadtpfleger Hieronymus Imhof, Bernhard Rehlinger, Fried=rich Endorfer, Johann Bartholomä Welser und Otto Lauinger ernannt waren; und diesen vom Rath ubertragen nach Beschaffenheit der Umstände das nöthige zu berathen, jedoch nichts ohne die Einwilligung des geheimen Raths zu verfugen. Damit man aber auch das Land=volk zwischen der Iller, Lech und Donau gemäß dem Versprechen ihrer Herrschaften im Nothfall zur Vertheidigung der Stadt schnell herbeyziehen könnte, wurde den Pflegern uber die Klöster und Stiftungen und den landbeguterten Burgern be=deutet, auf das baldigste eine ausführliche Be=schreibung ihrer Unterthanen und Hinterfassen, welche bewehrt werden könnten, zu verfaffen, und solches den Stadtpflegern innerhalb vierzehn Tagen zuzusenden. — Uebrigens hätte es aber dieser Vorsichtsmasregeln diesesmal nicht bedurft; indem der ligistische General Tylli durch die zwey glücklich gelieferte Treffen bey Wimpfen und Höchst den Feind zum Rückzuge nöthigte; daher der Rath auf diese erhaltene Nachricht alles angeworbene Kriegsvolk bis auf 50 Reuter und 600 Füselier im Monat July wieder der Stadtdienste entließ. — Im Monat März wurden einige augsburgischen Kaufleuten gehörige Güter bey dem pfälzischen Städtchen Monheim auf der Nurnberger Straße geplündert. — Als zwey Metzger wegen stark getriebenen Wucher auf den Pranger zur Strafe sollten gestellt werden, schnitt sich einer davon, als er auf die Stiege dahin geführt wurde, die Kehle mit einem bey sich gehabten Messer unversehens ab, und starb auf der Stelle. —

An dem den 2. August gehaltenen Wahltag wurde an Melchior Burkards Stelle, Hans Lenker von der Gemeinde in den Rath, und zum Bürgermeister erwählt. — Der Thurm über dem Rothenthor wurde in diesem Jahr wegen seiner Baufälligkeit abgetragen, und wieder erbaut. Auf denselben wurde die ehemals auf dem alten Rathhausthurm gehangene Viertelstundenglocke, welche 10 Centner wog, gesetzt.

Im Jahre 1623 im Monat May entließ der Magiſtrat, da es um die Gegend der Stadt ruhig war, alle in ſeinem Sold ſtehende Soldaten, ausgenommen die Stadtgarde. — Im Monat July wurde der jährliche Gehalt der Raths-konſulenten auf 700 Gulden vermehrt. —

Ungeachtet der vorgenommenen Munzabſchä-zung verblieb das Getreid noch immer in einem hohen Preis, denn das Schaff Roggen ko-ſtete in dieſem Monat 12 Gulden. Baiern hat-te noch immer die Getreide-Ausfuhr (Sperre) nach Augsburg verbothen. Jedoch dieſes hatte ſich hierauf bald abgeändert, indem die Zufuhr der Lebensmittel nach der Stadt von dem Her-zog Maximilian wieder erlaubt wurde. — Dieſer Furſt wurde anſtatt des geäcteten Chur-fürſten von der Pfalz, von dem Kaiſer auf dem gehaltenen Churfurſtentag zu Regensburg zur Churwurde erhoben. — Bey der den 1. Auguſt gehaltenen Rathswahl, wurde an des den 16. September vorigen Jahrs verſtorbenen Burger-meiſter Johann Baptiſt Schellenbergs Stelle, welcher 34 Jahre lang dieſem Amte vor-ſtand, deſſen Bruder Gabriel Schellen-berg in den Rath, und Friedrich Pechler zum Burgermeiſter von der Mehrern Geſellſchaft erwählt. — Den 15. August des vorigen Jahrs starb Wolfgang Paller von Hamel und Hainhofen, welcher ein Jahr fruher das Bau-amt nebst der Rathsstelle verwaltete. Er war ein Mann von großem Vermögen und Verstand. — Im Monat Oktober gestattete der Herzog Wilhelm von Baiern, in Abwesenheit seines Sohns, Churfürst Maximilians, welchem er im Jahre 1597 die Regierung übergab: der Stadt in der Möhringer-Au dießseits des Lechs, halb auf der schwäbischen Seite, zur Vermeh-rung des Siebenbrunnen-Wassers, welches von dort in die Stadt geleitet wird: einen neuen Bach, der kuhne Bach oder Gang genannt, durch die Verfertigung eines 2050 Schuh langen Grabens, welcher das Wasser in der Möhringer-Au zu diesen Siebenbrunnen führt. Es mußte sich aber die Stadt durch einen Revers verbind-lich machen, diesen Graben auf eigene Kosten aufzuwerfen, und sich keiner weitern Gerechtig-keit oder Anspruchs hierauf anzumassen; der neue Graben mußte von der Stadt mit den nöthigen Brücken und Furthen für Menschen und Vieh versehen werden; und dieses Precarium jederzeit, wofern es verlangt wird, nach dem deßwegen ver-fertigten Grundriß, wieder in den vorigen Stand

gestellt werden. — Im Monat Jänner 1624
ließ der Magistrat, da keine Feindesgefahr in
der Gegend zu besorgen war, die Stucke von
den Wällen wieder abführen und in die Zeug-
häuser bringen. — Während der Zeit der Kipperey, sah der Rath bey den äußerst geschwäch-
ten Einkunften der Stadt, welche durch diese
traurige Ereignisse beträchtlich abnahmen; und
da das gemeine Wesen kostbare Gebäude zu führen hatte, und auch die Unterhaltung des Kriegsvolks bedeutende Ausgaben verursachten, die Stadt-
Kassa ganz erschöpft. — Der eingetretene Miß-
wachs der Lebensmittel, die Landsperre Baierns,
und die dadurch unterbliebene Zufuhr des Getreides, Holz und anderer Viktualien von dieser Seite, und die schwere Kreisprästationen vermehrten das Unvermögen des Stadtärars noch
mehr. Der Rath war genöthigt, nur um die Bürgerschaft nicht einer Hungersnoth auszusetzen,
etliche 100,000 Gulden zu schweren Zinsen aufzunehmen, und für die Bürger Getreid, Lebensmittel, und Holz zu theuren Preisen von diesem
Gelde einzukaufen. Um nun dem Stadtärar
einigermaßen wieder aufzuhelfen, beschloß er das
Umgeld von allen Arten Getränk die Maas um
3 Pfenninge zu erhöhen, und jedes Schaff schwer

Getreid, mit einem Aufschlag von 8 Kreuzer, jedoch nur auf einige Jahre, und Widerruf zu setzen. —

Den 21. May verwechselte dieses Zeitliche mit dem Ewigen Stadtpfleger Johann Jakob Rembold, des Kaspar Rembolds und Regina Böhlin Sohn. Er war ein ungemein für die Stadt besonders verdienter und friedliebender Mann, dessen Verlust allgemein bedauert wurde. Da nun bey den gegenwärtig gefährlichen unruhevollen Zeiten dieses Amt nicht lange, seiner Wichtigkeit wegen unbesetzt verbleiben konnte, so wurde auf den 4. Juny eine außerordentliche Stadtpflegerwahl gehalten, und bey derselben Christoph Ilsung in den geheimen Rath und Bernhard Rehlinger (ein sehr gelehrter Mann) zum Stadtpfleger erwählt. — Auf Anfrage der Kaufleute wurde vom Rath am 16. July dekretirt, daß in Zukunft nach ausgelaufenen Ilso, oder dem in den Wechselbriefen angezeigten Termin, noch 4 Tage zugewartet werden könne. Wenn aber der Präsentant des Wechselbriefs am fünften Tage nicht protestiren würde, daß alsdann die Gefahr denselben treffen solle: dieses Dekret wurde den 20. Juny dahin erläutert, daß 1tens, solches sich auf alle Wechselbriefe, woher sie immer kommen sollten, erstreckt; der Uso gleichwie zu Nürnberg, sich auf 15 Tage verstehe, und dies termini in terminum nicht zu computiren. atens, daß unter den zum Zuwarten freygelassenen, 4 Tagen, die Sonn- und Feyertage, an welchen man in Augsburg nicht Rath hält, nicht begriffen, sondern davon ausgeschlossen seyn sollen; und 3tens, die venetianischen Wechselbriefe besonders betreffe, indem man solche vor dem Freytag jener Wsche, vor welchen die Anweisungen, ob man acceptiren solle oder nicht, von allen Orten schwerlich, eintreffen können; zu acceptiren nicht schuldig seyn solle. Es wurde am 3. Dezember ferner über die Wechselzahlungen obrigkeitlich erkannt, „daß in Zukunft, wenn die Wechsel auf Gulden lauten, nicht allein Reichsthaler, sondern auch Philippes und Guldenthaler, Silberkronen, Dukaten, Goldgulden, Duplonen, französische, und welsche Kronen, auch alle andere grobe und gangbare Münzsorten, wenn sie unverrufen und unbeschnitten sind, mit 10 Gulden Albes auf jedes Hundert Aufwechsel gegeben, unverweigert genommen werden müssen. Wenn aber die Wechsel auf Thaler oder andere Sorten in Specie lauten und ausgestellt sind, so muß in der beschriebenen Münzsorte bezahlt werden." —

An dem jährlichen Rathswahltag den 1. August wurde an des Stadtpflegers Rembolds Stelle, dessen Sohn Johann Jakob Rembold, anstatt des Christoph Rehlinger, Hans Melchior Imhof, und für den David von Stetten, welcher wegen Augenkrankheit seine Entlassung nahm, dessen Sohn Paulus von Stetten zu Senatoren von den Patriciern, und von der Gemeinde für Zacharias Geiger, welcher starb, und Chrysostomus Priester, welcher Zoller am Wertachbruckerthore wurde, Wolfgang Neidhart und Matthias Gegler zu Rathsglieder ernannt. —

Gegen Ende des Jahrs ließe der Rath auf Verlangen des Kaisers, einen beträchtlichen Vorrath an Pulver und Leuten. — Der augsburgische Landvogt Karl von Freyberg gieng mit Tod ab, an dessen Stelle ernannte der Magistrat den Freyherrn von Stein. — Da das Münzwesen sehr verbessert wurde, ließ der Rath Thaler prägen, auf deren Avers die Göttin Cisa, auf einem Stuhl sitzend, das Stadtpyr in der rechten Hand, in der linken einen Spieß haltend, mit der Jahrszahl MDCXXIV. und der Umschrift: Augusta Vindelicorum; auf dem Revers der einköpfige Reichsadler in einer Klaue einen Szepter, in der andern den Reichsapfel haltend, mit der Umschrift: Imp. Caes. Ferd. H. P. F. Ger. Hun. Boh. Rex; vorstellend prägen. Auf andern damals geschlagenen Augs-burger-Thalern befindet sich auf dem Avers das Wappen der Stadt Augsburg auf einem Piede-stal, unter diesem steht die Jahrszahl MDCXXIV in einer zierlichen Einfassung, neben dem Stadt-pyr sitzt auf jeder Seite ein Genius, welcher einen Olivenzweig in der Hand hält. Die Um-schrift ist: Augusta Vindelicorum. Der Re-vers stellet zu oberst das Brustbild des Kaisers Ferdinand des Zweyten vor, unter demsel-ben befindet sich ein fliegender, einköpfiger Reichs-adler, welcher in einer Klaue das Schwerd, in der andern den Szepter, in beyden aber zugleich den Reichsapfel hält, mit eben der Umschrift des zuerst beschriebenen Thalers. —

Im Jahre 1625 wurden folgende Thaler ausgemünzt; der Avers die Stadt Augsburg im Prospekt gegen Morgen, unten die Jahrszahl MDCXXV. in einer geschmackvollen Einfassung, über dieser zwey Genien, wovon der eine einen Lor-

beetfranz, der andere einen Olivenzweig, beyde
das auf einem Piedestal ruhende Stadtpyr haltend, vorgestellt. An dem Rand die Worte
Augusta Vindelicoram. Auf dem Revers befindet sich der einköpfige gekrönte Reichsadler,
in der rechten Klaue das Szepter, in der linken das Schwerd, in dem Schweif den Reichsapfel haltend, mit der Umschrift: Imp. Caes.
Ferd. II. P. F. Ger Hun. Boh. Rex. der andere Thaler enthält den heil. Udalrikus in einem
Bischofshabit, in der rechten Hand den Bischofs-
stab, in der linken ein Buch, auf welchem ein
Fisch liegt, haltend. Seinen halben Leib bedeckt das Augsburger Stadtwappen in einer ova-
len Cartouche. Auf seinen beyden Seiten ist die
Jahrszahl 16 ra 25 und an dem Rand die
Umschrift: Sanct. Udalricus Epis. Augustanus.
Auf dem Revers steht der zweyköpfige gekrönte
Reichsadler, auf dessen Brust der Reichsapfel,
mit der Umschrift: Imp. Caes. Ferd. II. P. F.
Ger Hun Boh. Rex. Der dritte Thaler, so
geprägt wurde, ist diesem letztern fast gleich,
ausgenommen, daß, da auf jenem der Wap-
penschild den untern Leib des heil Udalrikus
völlig bedeckt, auf diesem der Talar, auf beyden Seiten über den Schild hervorsieht. Es

wurden auch zweyerley Arten gedoppelter Thaler, welche dem zuerst beschriebenen, die Größe aus, genommen, ähnlich waren, und verschiedene klei- nere Münzsorten in der Augsburger Münze ge- schlagen. —

Im Jahre 1627 wurde dem geheimen Rath zu Ehren eine ovale Schaumünze geprägt, auf derselben Avers die Bildnisse und Wappen der beyden Stadtpfleger, und darunter die Jahr- zahl MDCXXVII und darüber das Stadttor mit der Umschrift: Saluti Publicae Augustanae Inclytos, Praefectos Hier. Imhof, Bern. Reh- linger S. C. M. a Cons. Horumquo; auf dem Revers, die Portraits und Wappen der 5 Geheimen mit der in einer Verbindung mit der vorhergehenden Umschrift: Collegas VII. viros Hier. Walter, Conrad Peutinger, David Velser, Joann. Fugger, Christophorum Il- sungum Ipsa Salus longum sospitet, zu se- hen ist. Zu unterst befinden sich die Buchsta- ben A. S. als der Name des Siegelschneiders. Diese Schaumünze hält im Silber 2 Loth, und wird der Aehnlichkeit der kleinen Portraits we- gen, für ein Kunststück jener Zeit gehalten. — Auch wurden zwey Doppelthaler geprägt, welche auf dem Avers die Stadt Augsburg im Prospekt, über demselben zwey Genius mit dem Stadtpyr vorstellend, beynahe wie iene vom Jahre 1626, mit dem Unterschied, daß dort der zweyköpfige, und hier der einköpfige Adler auf dem Revers sich befindet, und hier die Genien auf einer Einfassung ruhen, geprägt. — Ein einfacher Thaler, auf welchem das Stadtwappen in einem Schild, wie jenes beschriebene von 1626 und verschiedene Gulden und kleinere Münzsorten, wurden zu dieser Zeit auch ausgemunzt.

Im Jahre 1625, da sich der Krieg gegen den niedersächsischen Kreis gezogen hatte, herrschte in der Gegend von Augsburg Ruhe, dagegen nahm wegen der rücksichtlich des Kriegs gesperrten Handlung, und da durch die landverderbliche, vorhergegangene Kipperey der größte Theil der Bürgerschaft in ihren Vermögensumstanden fast gänzlich zu Grunde gerichtet war, die Anzahl der Armen in der Stadt so sehr überhand, daß ohne die gemeinen Gassenbettler, über 3000 hausarme Personen gezählt wurden, und es beynahe keine Möglichkeit war, bey dem ohnedem großen Getreidmangel und herrschender Theurung, so vielen armen Leuten den nöthigen Unterhalt abzureichen. Dieses große Elend vermehrte sich noch mit Besorgniß, und Kam-

mer bey der evangelischen Bürgerschaft für die
Zukunft, durch das harte Verfahren des Kaiser
Ferdinands gegen dessen evangelische Unterthanen in Böhmen und Oesterreich, um so mehr,
da derselbe seine feindselige Absichten auch gegen
die evangelischen Reichsstände nicht undeutlich
vermerken ließ. — Im Monat Februar, wurde
Oberst Matthäus Rehlinger von Horgau
von dem geheimen Rath mit der Bedingung zum
Stadtgardehauptmann angenommen, daß er sich
verbindlich mache, beständig in der Stadt zu
verbleiben, und ohne der Stadtpfleger Wissen
und Willen bey den Stadtgarde-Soldaten keine
Veränderung vornehme. — In diesem Monat
ließ der Rath einen Theil des Spitals bey dem
Rothenthor, welcher sehr baufällig war, abbrechen, und zum Behufe dieser Stiftung eine neue
Mühle daselbst zu Stande bringen, und hierzu
den Brunnenlech in einen neuen 200 Schuh langen Graben leiten. — Am 25. November fiel
indessen unversehends das Langhaus des Hospi-
tals, da ein durch das Wasser abgefeilter Pfeiler zerbrach, urplötzlich ein, und bedeckte zehn
Weibspersonen, wovon drey sogleich todt verblieben, und sieben stark beschädigt wurden. Bey
dem Hinwegräumen des Schuttes, wobey der

Stadtwerkmeister Holl mit seinen Maurern große Gefahr ausstand, und sich mit männlicher Herzhaftigkeit betragen hatte, zeigte es sich, daß auch der übrige Theil des Spitalgebäudes dem gänzlichen Einsturz nahe sey; es wurde demnach das Gefährliche und Schadhafte abgetragen, und neu erbauet, und wegen dem allgemeinen Geldmangel, was möglich war, ausgebessert. Da aber die 300 armen Leute, welche sich in dieser Stiftung befanden, während dem Bau kein Unterkommen daselbst hatten, so wurden sie indessen eilends in den Eichtstadel, in zwey für sie erbaute große Stuben, jede 120 Schuh lang und 40 Schuh breit, gelegt. Der Bau des Spitals wurde von dem besagten Elias Holl nach Verfluß von 6 Jahren zu Stande gebracht.

Bereits am 24. July schlug der Blitz in den Spitalhof ein, und setzte daselbst ein 200 Schuh langes Oekonomie-Gebäude in Brand, worin sich ein großer Vorrath von Stroh befand. Auch dieses wurde wieder durch den Werkmeister Holl aufgebaut. — Den 17. März brannte die sogenannte Belzmühle auf den Grund ab, wobey zum allgemeinen Bedauren bey dem, gegenwärtig ohnedem großen Getreidmangel und Theurung, eine bedeutende Menge Kornfrüchte

ein Raub der Flammen wurden, da man solche nicht mehr retten konnte. — Wegen der
großen Armuth wurde durch Rathsdeputirte das
Armenwesen, so viel möglich die harte drang-
salvolle Zeiten es zuließen, verbessert, und die
vermöglichern Bürger zu einem reichlichern Beytrag durch einen offenen Anschlag ermahnt. Den
Stadtbedienten wurde aufgetragen, das fremde
lüderliche Bettelgesindel aus der Stadt zu schaffen. — Am 10. Juny wurde zur Verhütung des
eingerissenen schädlichen Getreidvorkaufs verordnet, daß weder Käufer noch Verkäufer einiges
Getreid, weder in der Stadt, noch unterwegs,
welches zur Schranne gebracht wird, feilbiethen
noch verkaufen sollen, bis nicht auf dem Schran-
nenplatz alles abgeladen und gesetzlich zu kaufen
und zu verkaufen erlaubt seye. Jene Käufer
und Verkäufer, so dawider handeln (es wäre
denn sieben Meilen von der Stadt entfernt, oder
auf den Giltkornkasten in der Stadt, ausgenommen), sollen für jedes Schaff schweren Getreides um 2 Gulden, und des leichten um 1
Gulden gestraft werden. Außer diesem ist es
den Burgern der Stadt verbothen, dem Getrei-
dekauf nachzuziehen, und solches innerhalb sieben Meilen von der Stadt zu erhandeln und

aufzukaufen. — Am 4. August wurde der gewöhnliche Wahltag gehalten, und anstatt des den 25. März verstorbenen Bürgermeister Hans Heinrich Rehlinger, Sebastian Christoph Rehlinger in dieser Würde, und Peter Rehlinger in den Rath erwählt. —

Im Monat August fieng wieder in der Stadt und Gegend die Pestseuche unter den armen Leuten sich zu verbreiten an, woran viele von ihrem kummervollen Leben befreyt wurden. Der Rath unterließ nicht deßwegen die gehörige Anstalten vorkehren zu lassen. — Den 25. Sept. wurde in Augsburg ein altes Weib, für eine Here gehalten, festgenommen, und durch die Tortur zum Geständniß der Hexerey gebracht, sie wurde mit dem Schwerd hingerichtet und ihr Körper zu Asche verbrannt. — Der schadhafte dicke Wachtthurm (rothe Thurm) wurde ausgebessert, und mit Schußlöcher versehen, da das Dach desselben durch verschiedene ihn getroffene Blitzstrahlen ganz ruinirt worden war; es wurde deßwegen ein neuer Dachstuhl auf denselben gesetzt. —

Zu Anfang des Jahrs 1626, ließ die Pest nach, dagegen nahm die Getreidetheurung wegen Mangel an Zufuhr sehr stark überhand. Auch hätten die Schneidersgesellen wegen eines ihnen nicht gestatteten Handwerksmißbrauchs beynahe einen Aufstand in der Stadt erregt, welcher aber durch kraftvoll ergriffene Maasregeln des Magistrats in der Geburt erstickt und unterdrückt wurde; ein Paar geopferte unruhige Köpfe löschten dieses Feuer bey seinem beginnenden Ausbruch. — Am 12. Jan. erschien ein kaiserliches Patent, nach welchem alle fremde Werbungen von Kriegsvolk verboten und solches in der Stadt öffentlich angeschlagen wurde. — Wegen den damaligen unglücklichen und bedrängten Zeiten, verbot der Rath im Monat Februar alle Arten von Faßnachtslustbarkeiten. — Im Juny sperrte Churfürst Maximilian von Baiern in seinem Lande wieder die Getreidezufuhr gegen die Stadt Augsburg. Da nun auch aus Schwaben und dem Pfalzneuburgischen wenig Getreide eingebracht wurde, so stieg der schon vorher sehr theure Preis desselben noch höher, so daß am 12. Juny das Schaff Kern 26, und der Roggen 22 Gulden kostete, und den folgenden Tag von den Bäckern so wenig Brod gebacken wurde, daß man sogar ein Weib in dem Gedränge der Leute vor einem Bäckenladen, wo noch Brod zuhaben war, erdrückte. Der Rath erlaubte zwar den fremden Bäcken alle Tag Brod in die Stadt zu bringen, und verkaufte von der Stadt nicht allzugroßen Vorrath, alle Wochen am Montag und Dienstag an die ärmere Klasse der Bürger eine gewiße Anzahl Roggen, und zwar den Metzen nur um einen Gulden und fünfzehn Kreuzer, allein alles dieses, ungeachtet es den ärmern Bürgern wohl zu Nutzen kam, half dennoch dem Hauptübel nicht ab; um so weniger, da bald darauf viel kaiserliches und baierisches Kriegsvolk zum niedersächsischen Krieg, durch die Gegend der Stadt zog, und das Land sehr stark auszehrte. — An dem am 3. Aug. gehaltenen Wahltag, wurden an des am 27. Novemb. vorigen Jahrs verstorbenen Raths und Oberrichters Balthasar Langenmantels, Hieronymus Walters, und an Ulrich Walters Stelle Otto Lauinger der Jüngere von den Geschlechtern in den Rath, und von der Mehrern Gesellschaft vor den am 7. Dec. verwichenen Jahrs des Todes verblichenen Rathsglied und Baumeister Martin Zobel von Petersen, Jeremias Buroner in den Senat und in das Bauamt; an des am 5ten May verstorbenen Friedrich Bechlers Statt Gabriel Schellenberg zum Bürgermeister, und Hans

Wolfgang Zech von Deubach in den Magistrat; an des am 6. Jul. verstorbenen Daniel Stenglins Stelle, dessen Sohn Jeremias Jakob Stenglin zum Bürgermeister und in den Rath von den Kaufleuten, und von der Gemeinde für Hans Bausch, welcher wegen hohem Alter resignirte, Balthasar Oefelin zum Rathsglied erwählt.

Gegen Ende dieses Jahrs stellte sich zu Augsburg die leidige Pest wieder ein, und raffte eine bedeutende Zahl der Inwohner hinweg. — Im Januar des Jahrs 1627 nahmen zwey evangelische Geschlechter Tobias und David Rehm, deren Vorältern sich gleich zu Anfang der Reformation zur augsburgischen Confeßion bekannten, wieder die katholische Religion an. — Am 20. März brannten zwey dem Hospital zugehörige Häuser ab. — Die Getreidtheurung verminderte sich um etwas in diesem Jahre, indessen wurde dennoch im Monat July in Augsburg das Schaff Roggen um 11, und der Kern um 12 Gulden verkauft. — An dem am 2. Aug. gehaltenen Wahltag, wurden an Thomas Maurer und Peter Gastels Stelle, welche beyde starben, und für Thomas Heuser, welcher seine Entlassung nahm; aus der

Gemeinde Matthäus Kager, ein berühmter Mahler, Hans Heck und Matthäus Kleiner in den Rath erwählt. — Im Monat Oktober zeigte sich die Pestkrankheit wieder in der Stadt, und nahm im November so stark zu, daß in acht Tagen 100 und mehr Menschen daran starben; dieses veranlaßte den Rath, nicht nur das Brechhaus (Lazareth) wieder eröffnen zu lassen, sondern auch die Sesselträger, welche die angesteckten Personen sogleich dahin zu bringen hatten, und die Krankenwärter zu bestellen, auch die übrigen sonst gewöhnlichen Anstalten wieder vorkehren zu lassen. Es wurden alle Arten von Lustbarkeiten in der Stadt zu halten verboten. In den evangelischen Kirchen wurde alle Sonntage das heilige Abendmahl in zwey Kirchen, und wöchentlich in allen Kirchen besondere Betstunden und Andachten gehalten. — Wegen dieser Seuche verbot der Churfürst Maximilian von Baiern seinen Unterthanen bey schwerer Strafe in die Stadt Augsburg zu gehen; erlaubte ihnen aber ihre Feilschaften von Lebensmitteln an die Lechbrucke zu bringen und daselbst zu verkaufen, dagegen mußte sich der Rath verbindlich machen, Niemand aus der Stadt zu lassen, welcher nicht unter dem Thor zum

Beweis, daß in seinem Hause Niemand ange-
steckt seye, von den hiezu bestellten Rathsperso-
nen, eine Polette aufzuweisen hätte. Damit
aber kein dem Gemeinwesen nachtheiliger Gebrauch hievon gemacht werde, verordnete der
geheime Rath, daß sogleich, wie das Pestübel
nachlassen werde, das Markthalten an den Brücken abgestellt werden soll. —

Der Bischof gab den Gaudenten oder Bar-
füßer-Mönchen die Anleitung, die seit dem Religionsfrieden von den Evangelischen ruhig im
Besitz gehabte Barfüßer-Kirche, nebst der daran gelegenen St. Jakobspfründ von dem Rath
wieder zurück zu verlangen, ob sie gleich solche
nach dem Anfang der Reformation dem Magistrat
freywillig abgetreten und überlassen hatten; sie baten selbst den Kaiser um die Rückstellung derselben. Kaiser Ferdinand der Zweyte, welcher ohnedem gesinnt war, die evangelische Religion aus ganz Deutschland zu verdrängen und
auszurotten, verlieh diesen Mönchen geneigtes
Gehör, welche ein kaiserliches Rescript an den
Rath erhielten, darin demselben befohlen wurde,
diesem Orden ihre Kirche und die Pfründ mit
allem Zugehör wieder einzuräumen. Allein der
Rath entschuldigte sich bey dem Reichsoberhaupt;

da diese Mönche die Barfüßer Kirche und Kloster freywillig demselben überlassen hätten, und
das Letztere zu einer milden Stiftung für arme
Leute verwendet worden seye, so könnte diese
verlangte Zurückstellung, ohne die schlimmsten
Folgen und den größten Nachtheil für das Gemeinwesen nicht geschehen. —

Katholische Kirchengeschichte

vom

Jahre 1493 bis 1627.

Während der Regierung des Kaisers Maximilian, welcher bald nach dem Antritt derselben dem Domkapitel zu Augsburg seine Privilegien bestättigte, haben sich vorzüglich folgende Merkwürdigkeiten in Bezug auf die Kirche bis zur Abschaffung des zünftischen Stadtregiments ereignet. —

Bischof Friedrich, welcher durch seine Erfahrung und Gewandtheit in Staatssachen ein solches Ansehen gewann, daß sich sogar Kaiser Maximilian seines Raths bediente, um zwischen ihm und den Graubundtnern, so wie den Bischof von Chur eine Aussöhnung zu treffen, und sich überhaupt noch mehrere andere

Fürsten seiner Vermittlung anvertrauten; eben-derselbe, der zwar seiner Vorfahren Konstitution, daß kein Augsburger Bürgerssohn zu dem Hochstifte zugelassen werden solle, auch beschworen hatte, mußte sich es dennoch gefallen lassen, daß im Jahre 1501 Matthäus Lang, ein augs-burgischer Geschlechter und kaiserlicher Kanzler, auch Statthalter in Italien, auf kaiserliche Em-pfehlung von dem Pabst zum Domprobst allhier gemacht, und ungeachtet des Domkapitels Wi-derspruch von dem Kardinal de Sabellis investirt wurde. Auch söhnte sich hierauf Lang mit dem Domkapitel aus, da er von dem Pabst bewirkte, daß in Zukunft die Besetzung der Dom-probstey, welche bisher ein Reservatum Papale war, diesem Kapitel überlassen wurde. — Im Jahre 1495 verkauften Heinrich und Frie-drich von Burtenbach ihre Güter daselbst an das Domkapitel allhier um 1500 Gulden rhei-nisch, welche hierauf 1505 von dem Kapitel an den Sebastian Schertlin vertauscht wurden. —

Im Jahre 1498 wurde das Kloster St. Ur-sula den Dominikaner-Nonnen eingeräumt, und kurz zuvor die Kapelle auf dem neuen Gottes-acker, nachdem sich die Stadt mit dem Domkapitel über diesen Gottesacker verglichen hatte, eingeweiht, und St. Salvators - Kapelle genannt. —

Im Jahre 1500 brach der Probst zum heil. Kreuz, **Veit Fackler**, seine baufällige Kirche ab, stellte dieselbe während fünf Jahren von Grund auf wieder her, und ließ sie ganz mit Kupfer decken. — Unter diesem Bischof ließ das Kapitel auch bey St. Moritz ihre Kirche neu decken, und ein großes vergoldetes Kreuz auf den Thurm setzen. — So wurde auch die St. Anna - Kirche von dem unter der Bürgerschaft gesammelten Gelde ausgebessert, und mit einem neuen Dach versehen. — Das Kloster zu Thierhaupten, welches bisher Layenpriester besaßen, wurde von dem augsburgischen Weihbischof wieder reformirt, und den Benediktiner - Mönchen eingegeben. — Bey St. Ulrich errichtete man ein neues Chor, wozu von dem Kaiser **Maximilian** selbst der erste Grundstein gelegt wurde, auch stiftete man das Bildniß des heiligen Narcissus von Silber in die Domkirche, und setzte die Aebtissin von St. Stephan **Anna von Werdenstetten**, wegen übler Haushaltung ab, wofür **Ursula von Bernstein** an ihre Stelle erhoben wurde. —

Als im Jahre 1498 Hans Kunzelmann einen Priester, Namens Lemlin von St. Moriß bey St. Wolfgang erstochen hatte, wurde wegen dieser That in allen Kirchen drey Tage lang aller Gottesdienst eingestellt; auch ist merkwürdig, daß damals ein augsburgischer Geistlicher, Wolfgang Aytinger, in seinem Commentario sehr heftig wider die Nachläßigkeit und das unordentliche Leben der Klerisey eiferte. — Wegen den gleich zu Anfang dieses Jahrhunderts vom Himmel gefallenen färbigen Kreuzchen wurden verschiedene Bittgänge gehalten. — Nach Bischof Friedrichs den 8. März 1505 erfolgten Tod, erhielt Heinrich der Vierte von Lichtenau J. U. D. und gewesener Vicarius in Spiritualibus die bischöffiche Würde, ein sparsamer, leutseliger und friedliebender Oberhirte; dieser ließ den viereckigten Thurm auf der Pfalz, und die Schlösser zu Kühlenthal und Zusmarshausen erbauen. — Er hielt im Jahre 1506 eine Synode in Augsburg, und gebot in seiner Diöcös das Fest des angeblich ersten Bischofs Dionysius zu feyern. Er stiftete in die Domkirche ein Bildniß der heiligen Mutter Gottes Maria von purem Gold. — Im Jahre 1511 erhielt der augsburgische Domprobst Matthäus

lang von dem Pabst Julius dem Zweyten den Kardinalshut unter dem Titel: S. An-
geli in foro piscium, von dem Kaiser aber
für die augsburgische Domrröbste das Recht,
ein besonderes Insiegel zu führen, wie derselbe
auch acht Jahre später das Erzbisthum Salzburg erhielt. Durch sein Vorwort wurde Johann Schrott Prälat bey St Ulrich, welcher aber solch eine verschwenderische Haushaltung führte, daß er wieder abgesetzt wurde, und
sich mit einer Pfarre auf dem Lande begnügen
mußte. — Das Augustinerkloster zu St. Georg
kaufte damals das Schloß Guggenberg. — Im
Jahre 1512 ließen die drey Gebrüder Ulrich,
Georg und Jakob Fugger, den schönen
Chor bey St. Anna, nebst einem Begräbniß für
sich und ihre Nachkommen errichten. — In diesem Jahre brachen die Dominitanermönche, deren Prior Johann Faber war, ihre Kirche wegen Baufälligkeit bis auf den Grund ab,
und errichteten solche von den reichlichen Schen-
kungen, so ihnen von den reichsten und ange-
sehensten Leuten zu Augsburg dazu gegeben wurden, wiederum sehr prächtig auf; nachdem unter andern Michael von Stetten und
seine Frau, Kunigunda Baumgart-

nerin, schon im Jahre 1509 ein Bedeutendes beygetragen hatten, so überließen diese Pre-
digermönche solchen einen Platz in ihrer Kirche
zur Erbauung eines Begräbnisses fur sich und
ihre Erben, welches deren Nachkommen bis auf
die späteste Zeiten in Besitz hatten. —

Im Jahre 1577 den 12. April starb Bischof
Heinrich im 77sten Jahre seines Alters und
hatte zum Nachfolger seinen geweßten Koadjutor
Christoph von Stadion; dieser bemühte sich sehr, die sich damals schon immer mehr
und mehr ausbreitende evangelische Religion von
seiner Diocös abzuhalten, jedoch bediente er sich
hierzu keiner andern als erlaubten Mittel, weil
er wohl einsah, daß in der katholischen Kirche
damals viele Mängel und Gebrechen eingerissen
waren. Vorzüglich suchte er in einer im Jahre
1520 gehaltenen Synode solche an seiner Geistlichkeit zu verbessern; so wie er denn auch als ein
Gönner der Gelehrten die beyden litterarisch berühmten Männer Johannem Oecolampadium
und Urbanum Regium, ehe sie noch der lu-
therischen Lehre beytraten, nach Augsburg berief, und sie daselbst predigen ließ. —

Im Jahre 1521 war er einer von den Deputirten, welche auf dem Reichstage zu Worms

mit dem Doktor Luther unterhandeln mußten.
— Im Jahre 1524 verband er sich zu Regensburg mit einigen geistlichen und weltlichen Fürsten wegen der Beybehaltung der katholischen Religion in ihren Landen. — In dem im Jahre
1525 entstandenen Bauernkrieg hatte sein Bisthum viel erlitten. — Auf dem 1530 zu Augsburg gehaltenen Reichstag war er einer von den
sieben Deputirten, welche mit eben so viel Evangelischen an einem Vergleich unter beyden Religionstheilen arbeiten sollten. Bey dieser Gelegenheit bewies er seine Billigkeit und Friedens-
liebe auf eine ausgezeichnete Weise. Ob ihm
gleich im Jahre 1534 von dem Rath zu Augsburg harte Zumuthungen gemacht wurden, und
er im Jahre 1537 mit seiner ganzen Klerisey
aus Augsburg sich entfernen mußte, so gab er
sich dennoch sehr viele Mühe, auf dem 1540 zu
Hagenau gehaltenen Konvent und im folgenden
Jahre auf dem Reichstag zu Regensburg beyde
Religionstheile gütlich zu vergleichen. Als er in
gleichen löblichen Absichten im Jahre 1543 sich
auf dem Reichstag zu Nürnberg als kaiserlicher
Kommissär befand, starb er daselbst an einem
Schlagfluß. Unter seiner rühmlichen Regierung
bestättigte Kaiser Karl der Funfte im Jahre

1521 dem augsburgischen Domkapitel seine in ältern Zeiten erlangte Freyheiten, welches 1538 vom König Ferdinand geschahe, der auch 1540 demselben erlaubte, die Gefangene aus den domkapitlischen Gerichten, welche in der Markgrafschaft Burgau sich befanden, nach Zusameck zu fuhren, und daselbst rechtlich behandeln zu lassen.

Im Jahre 1543 wurde demselben ein Privilegium wider die Juden ertheilt. — Im Jahre 1518 kaufte Jakob Fugger vom Pabst Leo dem Zehenten das Jus Patronatus über das Kollegiatstift zu St. Moritz, wie solches bereits erwähnt wurde, und behauptete solches auch, obgleich der Bischof und die Chorherren dieses Stifts sich eifrigst dagegen setzten. — Um diese Zeit schrieb Matthäus Marschall von Bieberbach, ein Domherr, welcher sich durch die Beschreibung seines Geschlechts bekannt machte, „Historiam de Antiquitate & initio Civitatis & Episcopatus Augustanorum, welches unter Freheri Scriptoribus Rerum Germanicarum sich befindet. Eben dieser Domherr stiftete auch ein Haus bey der St. Aegidienkapelle zur Wohnung für einen Prediger in der Domkirche. — An des im Jahre 1535 verstorbenen Bischofs zu

Chiemsee Aegidi Rehm von Augsburg Stelle wurde Hieronymus Meiting, auch ein Augsburger Geschlechter, erwählt. —

Auch ist besonders merkwürdig, daß zu dieser Zeit verschiedene katholische Geistliche unter dem Schutz des Magistrats in der Stadt allhier verheurathet waren. — Auf Bischof Christoph folgte in dieser Würde Otto Truchseß, Freyherr von Waldburg, Kanonicus zu Augsburg und Speyer, Dombdechant zu Trient, Pabst Paul des Dritten Cubicularius und Nuntius Apostolicus, welcher durch Heftigkeit zu erzwecken trachtete, was sein Vorgänger durch gelinde Mittel zu erzielen suchte. Da dortmals die katholische Klerisey sich nicht in Augsburg aufhalten durfte, wurde er in Dillingen erwählt. Wegen seines großen Eifers für die Erhaltung der katholischen Religion, beehrte ihn, als er im Jahre 1545 dem Reichstag zu Worms als kaiserlicher Kommissär beywohnte, obgedachter Pabst mit dem Kardinalshut unter dem Titel: S. Balbinae. — Er hatte im Jahre 1546 von den schmalkaldischen Bundesvölkern, und besonders vom Schertlin, welcher Füßen und Dillingen eroberte, andere zu seinem Bisthume gehörige Ortschaften hart mitnahm, und alle seine Untertha-

nen dem schmalkaldischen Bund zu huldigen zwang,
viel Ungemach auszustehen; nachdem aber der
Kaiser diesen Bund über den Haufen warf, er-
holte er sich seines Schadens sehr bald an der
Stadt Augsburg wieder, wie solches in diesen
Blättern vorgetragen wird, von welcher er zu
seiner Entschädigung große Summen Geldes erpreßte. — Auch nahm er im Monat July 1547
wieder die meisten Kirchen in Augsburg in Besitz, und weihete sie wieder ein. Am Feste der
heiligen Afra predigte er selbst bey St. Ulrich,
und ließ es sich äußerst angelegen seyn die Bürgerschaft wieder zum katholischen Glauben zu bewegen, und unter seine geistliche Jurisdiktion zu
ziehen; indessen erreichte er aber diese Absicht
nicht ganz nach Wunsch, und mußte sich mit seinem obbesagten Entschädigungs-Vertrag begnügen. — Als dortmals die katholische Geistlichkeit
wieder nach Augsburg kam, ließ der Kaiser den
berühmten Weihbischof von Mainz, Michael
Sydonius in der Domkirche predigen, dessen
daselbst gehaltene Predigten uber das heilige Meß-
opfer auch gedruckt wurden. —

Nachdem der Kardinal und Bischof Otto von Augsburg von Kaiser Karl dem Fünften nebst seiner Klerisey, wieder, wie bereits schon in der politischen Geschichte erwähnt, eingesetzt wurde; so berief derselbe im Jahre 1549 einige Jesuiten nach Augsburg, und gab ihnen einen Domherrnhof, unweit der St. Lamberts-kapelle an der Pfalz zu ihrem Wohnsitze, welchen er selbst vor seiner Bischofswürde bewohnte, und ließ den berühmten Pater Peter Canisius in der Domkirche predigen. Hiebey gab er sich alle erdenkliche Muhe, durch solchen sowohl, als durch alle andere hiezu taugliche Mittel den katholischen Glauben in der Stadt wieder auszubreiten, und die sich sehr verminderte Anzahl der Katholischen daselbst wieder zu vermehren; so wie er auch alle in seiner Diocöse befindliche evangelische Pfarrer auf dem Lande vertrieb, und an derselben statt Katholische bestellte. Im Jahre 1552 wurde er zwar vom Churfürst Moritz von Sachsen und dessen Bundesverwandten aus seinem Bisthume verdrängt, und der katholischen Geistlichkeit der öffentliche Gottesdienst verboten und ihre Kirchen gesperrt; dieß dauerte jedoch nicht länger, als bis auf den in diesem Jahre erfolgten passauischen

Vertrag, nach welchem alles wieder in den vorigen Stand gesetzt wurde; so wie denn auch dieser Bischof sogleich hierauf die Universität zu Dillingen stiftete, und die Probstey zu Ellwangen erlangte. Als im Jahre 1555 zwischen dem Kaiser und den Ständen des Reichs, auf den Reichstage zu Augsburg der bekannte Religionsfriede geschlossen wurde, gieng er, unerachtet er kaiserlicher Kommissarius war; während desselben von Augsburg hinweg nach Rom zur Pabstwahl, und hinterließ ohne alle Befugniß eine Protestation wider den allgemeinen Reichsschluß des Religionsfriedens, erklärte sich aber in der Folge wider dieses Reichsgrundgesetz nichts zu unternehmen, oder den Evangelischen an ihren hierdurch erhaltenen Gerechtsamen eine Hinderniß zu legen und Nachtheil zuzufügen. Die Protestanten hatten auch wirklich nicht die geringste Ursache sich über ihn zu beklagen; denn in der folgenden Zeit unterschrieb er selbst verschiedene Reichsabschiede, in welchen der Religionsfrieden bestättigt wurde, ohne weitere Protestation, oder ließ solche durch seine Abgeordnete unterzeichnen.

Im Jahre 1558 wurde dieser Kardinal und Bischof, auch Probst zu Freysing. Den 15. Dezember dieses Jahres hielt er im Namen seines Hochstifts für den Kaiser Karl den Fünften in der Domkirche die Exequien, die er auch im folgenden Jahre auf Verlangen des Kaisers Ferdinand des Ersten wiederholte. Damals löste König Ferdinand die dem Hochstift versetzte Markgrafschaft Burgau wieder ein. — Nachdem sich nun der Kardinal und Bischof Otto auf drey Jahre nach Rom begeben hatte, führte er im Jahre 1563 König Maximilians drey Prinzen Rudolph, Matthias und Ernst nach Spanien, und brachte sie nach einiger Zeit glücklich wieder zurück. — Im Jahre 1565 machte er den Beschluß des tridentinischen Conciliums in seiner Diocös bekannt, und gieng zu Ende dieses Jahrs zur Pabstwahl nach Rom, nach seiner Zurückkunft hielte er eine Synode. Nachdem er im Jahre 1568 der Vermählung des Herzogs Wilhelm von Baiern mit der Prinzessin Renata von Lothringen beygewohnt hatte, trat er seine letzte Reise nach Rom an, wo er fünf Jahre darauf, im Jahre 1573 den 2. April starb. Sein Leichnam wurde erst nach 40 Jahren von Johann Gottfried, Bischof von Bamberg und Würzburg, von Rom nach Augsburg gebracht, und hierauf zu Dillingen begraben. Während dieser Zeit erneuerte ein Chorvikar die in dem Kreuzgang der Domkirche stehende ganz schadhafte St. Katharinakapelle. — Im Jahre 1566 bestättigte Kaiser **Maximilian** der Zweyte die domkapitlischen Privilegien. — Damals brachten die zu Augsburg sich aufhaltenden Jesuiten (deren Orden durch Gunst und Beyhülfe des Bischofs **Otto** anfangs das Augustinerkloster bey St. Georg und hernach das Kloster zum heil. Kreuz an sich zu bringen getrachtet haben soll), die Kirchgänge und Wallfahrten in- und außerhalb der Stadt, welche seit 46 Jahren völlig abgekommen waren, wiederum zur Ausübung. Auch wurde die Bruderschaft des heiligen Bergs zu Andechs um diese Zeit auf Betrieb derselben errichtet. — An des Kardinals **Otto's** Stelle wählte man **Johann Eglof** von Knöringen zum Bischof zu Augsburg. — Unter dessen kurzer Regierung, denn er starb 1575 den 2ten Juny, fiel weiter nichts Merkwürdiges vor, als daß er die Bibliothek zu Ingolstadt stiftete, die Juden aus seinem Hochstift vertrieb, und den Klosterfrauen zum Stern in Augsburg die Erlaubniß ertheilte, zu ihrem Kloster eine Kirche erbauen zu lassen. —

An seine Stelle gelangte zum Bisthum Marquard von Berg. Wider diesen wirkte der Abt bey St. Ulrich Johann Köpplein, weil er seinem Kloster die Reichsunmittelbarkeit nicht zugestehen wollte, und deßwegen von ihm die Türkensteuer abgefordert hatte, bey dem Kammergericht ein Mandatum sine clausula aus, worin demselben untersagt wurde, an dieses Reichs-Gotteshaus dergleichen Forderungen zu äussern. —

Im Jahre 1578 ließ Marr Welser der Aeltere die vom Herzog Ludwig von Baiern ehemals gestiftete St. Severiuskapelle in dem sogenannten Fürstenfelder Hof, welche sehr baufällig war, wieder herstellen.

Im Jahre 1580 stiftete Freyherr Jakob Fugger die St. Michael und Marr Fugger die St. Andreas-Kapelle bey St. Ulrich. — Das dem Jesuiter-Orden 1580 zu erbauen erlaubte Kollegium und die Kirche wurde in dem folgenden Jahre zu Stande gebracht, und letztere von dem Weihbischof Michael Dornvogel eingeweiht. — Im Jahre 1581 stiftete Freyherr Marr Fugger die St. Marrkirche in der Fuggerey. — Im Jahre 1583 führte Bischof Marquard in seinem Kirchensprengel den gregorianischen Kalender ein. — Im J. 1587 überließ das Domkapitel dem Franziskanerorden einen Domherrnhof bey St. Barbara. — Der Pabst Sixtus der Fünfte begabte 1588 die Brüderschaft der heiligen Dreyfaltigkeit zu Augsburg, welche jährlich auf den heiligen Berg Andechs in Baiern wallfahrtete, mit vielen Indulgenzen. —

Im Jahre 1589 ließen die St. Antonipfründtpfleger die zu dieser Stiftung gehörige, von dem von Argon gestiftete Kapelle, und die Aebtissin von St. Stephan Euphrosina von Kreyt, das alleralteste dem heil. Gallo gewidmete Kirchlein allhier, von Grund auf erneuern. — Im Jahre 1591 starb Bischof Marquard, und ihm folgte in dieser Würde Johann Otto von Gemmingen, welcher im vorigen Jahre das ihm anerbotene Bisthum Eichstädt nicht annahm. —

Im Jahre 1594 ließen die Hospitalpfleger die schadhafte St. Margarethen-Kapelle wieder in brauchbaren Stand setzen. — Der Prälat von St. Ulrich, welcher schon 1506 anfieng, den 298 Schuh hohen Kirchenthurm zu erbauen, ließ solchen nun auch vollenden. — Zu dieser Zeit verliehe Pabst Klemens der Achte dem

Probst zum heil. Kreuz den usum Mitrae und alle dazu gehörige Rechte und Gerechtigkeiten für sich und seine Nachfolger. — Im Jahre 1595 wurde ein augsburgischer Domherr, Johann Konrad von Gemmingen, Bischof zu Eichstädt. — Im folgenden Jahre ließ Freyherr Philipp Eduard Fugger die Kapelle St. Bartholomäi bey St. Ulrich erbauen. — Im Jahre 1597, in welchem Pabst Klemens der Achte ein großes Jubiläum ausschrieb, führte der Bischof Joh. Otto das römische Brevier und Missale in allen Kirchen seiner Gerichtsbarkeit ein, starb aber im folgenden Jahre zu Dillingen an Steinschmerzen. — Als hierauf die Domherren zu einer neuen Wahl schreiten wollten, giengen sie dreymal, da sie nicht einig werden konnten, unverrichteter Dinge aus einander; endlich überließen sie den Ausspruch der Bischofswahl einigen benachbarten Prälaten und zwey Domherren aus dem Hochstifte Freysing, wodurch Heinrich der Fünfte Freyherr von Knöringen zum Bischof zu Augsburg erwählt wurde. — Dieser ließ gleich im folgenden Jahre den gegen Unser Lieben Frauenthor stehenden Domthurm mit Kupfer decken; und im Jahre 1600 allen seinen Unterthanen bey schwerer Strafe verbieten, bey den Evangelischen Dienste zu nehmen, wozu er auch besondere Aufseher bestellte. — In diesem besagten Jahre wurde auf dem katholischen Gottesacker vor dem Göggingerthor eine Kirche erbaut, und dem Erzengel Michael zu Ehren geweiht. —

Im Jahre 1601 ließ der neu erwählte Prälat von St. Ulrich Johann Merk seine Kirche an verschiedenen Orten prachtvoll auszieren, und solche anstatt der gebackenen Steine mit weißen Marmor belegen. —

Im Jahre 1602 legte derselbe Bischof den ersten Stein zu der Kapuzinerkirche, und nachdem solche ausgebaut war, weihte er sie dem heiligen Franzisko und Gulphardo zu Ehren ein. — Damals war es auch, wo die Kirche auf dem Kobel bey Westheim nach dem Modell der Lauretanischen aus gesammelten Gelde erbauet, und die Kirche auf dem Lechfelde zu Unser Lieben Frauenhülf genannt, wo jetzt ein Franziskanerkloster sich befindet, von der Regina Imhofin, einer gebornen Pemlin gestiftet wurde. —

Im Jahre 1603 errichteten einige katholische Bürger die Bruderschaft des heil. Josephs, so wie die Gardesoldaten die Bruderschaft des heil.

Mauritius in der von diesem Heiligen also genannten Kirche. — In diesem Jahre soll auch
die erste Charfreytagsprozeßion vom Jesuitenkol-
legio bis zur Kapuzinerkirche gehalten worden
seyn. —

Im Jahre 1605 verordnete Bischof **Hein-**
rich in seiner Diocös, daß an den Engelfest
das Hochamt gehalten, alle Tage Mittags 12
Uhr der englische Gruß; Abends der Psalm de
Profundis gebethet, und deßwegen besondere
Zeichen mit den Glocken gegeben werden sollen.

Im Jahre 1606 ließ Doktor **Raymund**
Minderer, ein berühmter Arzt der Stadt,
die fast ganz verfallene St. Aegidienkapelle wieder auf seine Kosten zu Stande bringen.

Im Jahre 1607 erregten die bischöflichen Unterthanen im Algäu wider ihren Landesherrn und
dessen Beamte einen gefährlichen Aufstand; Bischof **Heinrich** demüthigte und unterwarf sie
sich durch seine angeworbene Soldaten, jedoch
bald wieder, und bestrafte besonders die Urheber sehr strenge und auf das grausamste. —

Im Jahre 1608 wurden auf dessen Befehl
die in allen katholischen Kirchen befindlichen Re-
liquien am St. Michaelistag in die Domkirche
gebracht, und daselbst öffentlich zur Verehrung

und Andacht ausgestellt. — Im folgenden Jahre berief derselbe alle seine wider sein Verbot bey den Evangelischen dienende Unterthanen unter Bedrohung scharfer Bestrafung und Confiskation ihrer Haabe und Gut in ihre Heimat zurück; auch ließ er den andern Thurm an der Domkirche mit Kupfer bedecken, da aber dieser sehr baufällig und in dem Grund nicht sicher und fest verwahrt war, wurde er durch den Stadtwerkmeister Elias Holl, auf eine besonders kunstliche Art in dem Grund besser befestigt. — Die Pfleger der St. Martinsstiftung erbauten damals die St. Sebastians- und Rochuskapelle in dem Blatterhause zum Gottesdienst für die daselbst befindliche Kranke. — In dem folgenden Jahre 1610 hielt Bischof Heinrich eine zahlreiche Synode, auf welcher alle andere römische Kirchengebräuche in der bischöflichen Gerichtsbarkeit einzuführen beschlossen wurde; verschiedene in Abgang gekommene Bruderschaften wurden erneuert und Verschiedenes verabredet, wie den Protestanten Abbruch in ihren Rechten gemacht werden könne. Dieser Bischof war einer der größten Beförderer der in diesem Jahre von verschiedenen katholischen Reichsfürsten errichteten Liga. — Im Jahre 1611 legte der Weihbischof Sebastian Breuning, den ersten Stein zu dem Kloster und der Kirche der Franziskaner; auch ließ der Rath die St. Sebastianskirche vor dem Wertachbruckerthore an der Herdtgassen bey dem Lazareth oder Pesthaus von Grund auf erbauen, und ein Haus zur Wohnung für die katholischen Geistlichen zur Pestzeit herstellen. — Im folgenden Jahre hielt Bischof **Heinrich** die Exequien für Kaiser **Rudolph** den **Zweyten** in der Domkirche, und ließ wegen den damaligen Kriegsunruhen einige Kompagnien Soldaten anwerben. — Um diese Zeit wurde auch der Bau der Franziskanerkirche ganz zu Stande gebracht, und von dem Weihbischof **Sebastian Breuning** eingeweiht; auch dahin der Gottesdienst von der Heiligengrabkapelle auf dem Weinmarkt verlegt, woher diese Kirche den Namen erhielt. —

Im Jahre 1615 ließ der Bischof und das Domkapitel in ihrem Gebiete neuerdings viel Kriegsvolk anwerben. — Im Jahre 1618 hielt der Benediktinerorden im St. Ulrichkloster ein Konvent von 32 Prälaten aus diesem Orden.— Der damals verstorbene Weihbischof **Sebastian Breuning** vermachte sein ganzes Vermögen in das Spital zu Dünkelscherben.

Im Jahre 1619 hielt der Bischof H e i n, r i ch das Begängniß des verstorbenen Kaiser M a t t h i a s, dessen Gemahlin und dem Erz, herzog F e r d i n a n d in der Domkirche. — Um diese Zeit erhob der Reichsprälat bey St. Ulrich J o h a n n M e r k verschiedene in seiner Kirche liegende heilige Leiber. —

Im Jahre 1623 ließ die Aebtissin bey St. Stephan den vor kurzem ohne Jemands Beschä, digung urplötzlich eingefallenen Kirchthurm wie, der erbauen. — Im folgenden Jahre gebot Bi, schof H e i n r i ch in seiner Diocös des geweß, ten augsburgischen Bischofs St. Ximbertsfest zu feyern. —

Im Jahre 1627 wurden durch den Prälaten zum heil. Kreuz J o h a n n S ch a l l, die Altä, re, Kanzel, Kirchenstühle, Chor, und Meßge, wänder mit einem Aufwand von großen Kosten in seiner Kirche ausgebessert, und neu herge, stellt. — In eben diesem Jahre fieng Bischof H e i n r i ch an deutliche Proben seiner gegen die Stadt Augsburg und besonders derselben evange, lischen Bürgerschaft bittere Abneigung und Haß, merken zu lassen.

Evangelische
Kirchengeschichte

vom

Jahre 1517 bis 1627.

Da hievon größtentheils in der politischen Ge-
schichts-Erzählung gesprochen wurde, so werden
bloß des Zusammenhangs wegen hier folgende
Ereignisse derselben erwähnt. —

Die kurz vor Kaiser Maximilians Tod
in Deutschland sich verbreitende evangelische Lehren und Grundsätze der Religion fanden zu Augsburg gleich anfänglich ihre Anhänger und Ver-
ehrer, daher es außer allem Zweifel ist, daß, als
Doktor Luther im Jahre 1518 auf dem Reichstage zu Augsburg vor dem Kardinal Cajetano
erscheinen mußte, er sowohl unter der Bürgerschaft, als auch in dem Karmelitenkloster bey St.
Anna, wo er seine Herberge nahm, sich An-

hänger für seine Glaubens - Meynung und Lehrsätze erwarb. Daher kam es auch, daß bereits
im Jahre 1522 einige katholische Geistliche die
evangelische Religion öffentlich auf den Kanzeln,
besonders in den Kirchen bey St. Moritz
und St. Anna lehrten, und darüber predigten, welche jedoch hierüber von dem Bischof
scharf angefochten, von dem Rath aber geschützt
wurden. — Daß im Jahre 1523 die Lehre Lu-
thers noch mehr in Aufnahme kam, ist daraus
zu ersehen, daß derselbe schon damals ein besonderes Sendschreiben an seine Glau-
bensbrüder zu Augsburg, ergehen
ließ. Diese brachten es auch dahin, daß bereits
im Jahre 1524 verschiedene katholische Kirchengebräuche, und besonders die Fasttage abgeschafft
wurden; jedoch hätte unter andern der Barfüßer-
Mönch F. Johann Schilling, durch seine allzufeurige Predigten wider die katholische
Geistlichkeit, sehr leicht große Unruhen unter
dem Volk bewirken können, wenn ihn der
Rath nicht noch in Zeiten entfernt hätte. Dagegen vermehrten seine Nachfolger Magister
Michael Cellarius und Urbanus
Regius die evangelische Gemeinde von Tag
zu Tag; dieser letztere, und Doktor Johann

Frosch predigten in dem folgenden Jahre 1525 in der Kirche bey St. Anna, und spendeten daselbst das heilige Abendmahl unter beyderley Gestalt aus; so wie denn auch kurz darauf der Rath solches Jedermann ungehindert seiner eigenen Ueberzeugung gemäß, zu nehmen freystellte. Gleichwie aber das Sprüchwort sagt: wenn Gott zu Ehren eine Kirche gebaut wird, der Teufel gleich eine Kapelle daneben setzt, so wäre bald durch die in der Stadt im Jahre 1526 und 1527 sich einschleichende Wiedertäufer das Evangelium durch schwärmerische Grundsätze verdunkelt worden, wenn der Rath nicht sogleich solche mit großer Sorgfalt und Strenge verdrängt hätte. — Der evangelische, dortmals nach Augsburg berufene Prediger Kaspar Huberinus, so wie seine Amtsgehülfen gaben sich alle mögliche Mühe, ihre Zuhörer in ihren Predigten vor dieser fanatischen Lehre der sogenannten Gartenbrüder auf das eifrigste zu warnen. — Der Provisor Joh. Schmidt vom Kloster St. Ulrich, trug auch in seinen Predigten zur Ausbreitung der evangelischen Lehre vieles bey, wurde aber bald darauf abgeschafft, obgleich mehr als 200 Bürger, welche in diese Pfarre gehörten, um seine Wiedereinsetzung sich

sehr bemühten, jedoch ohne allen Erfolg. —
Im Jahre 1528 wurde Huberinus auf Kosten einiger vermöglicher Personen aus Augsburg
zu dem Religionsgespräch nach Bern geschickt. —
Als damals ein katholischer Prediger Nachti-
gall bey St Moritz, und einige evangelische
Geistliche auf den Kanzeln heftig contraversirten,
wurden Letztere von dem Rath ernstlich erinnert
die Bescheidenheit zu beobachten, und sich in
Betreff der Kirchengebräuche, da man hierin
noch nicht einig war, gleichförmig zu verhalten.
Der kurz vorher in die Stadt berufene Doktor
Stephan Agricola oder Kastenbau-
er genannt, wurde im Jahre 1529 zu einem
Colloquium vom Rath nach Marburg geschickt.

Als im Jahre 1530 der wegen der Uebergabe der augsburgischen Confession merkwürdige
Reichstag allhier gehalten wurde, mußten alle
evangelische Prediger die Stadt verlassen, und
Johann Schmid wurde auf besondern kaiserlichen Befehl gefangen gesetzt, und nach der
Meynung mehrerer in Geheim aus der Welt geschafft und in die Wertach geworfen, da man
ihn beschuldigte, daß er den Churfürsten von
Sachsen bewogen habe, sich heimlich von dem
Reichstag hinweg zu begeben. In dem folgen-

dem Jahre 1531 berief man jedoch sowohl einige von diesen sich entfernten, als auch andere
wieder nach Augsburg. Cellarius wurde bey
den Barfüßern, Doktor Frosch und Agricola bey St. Anna, Wolfgang Mäuslin oder Musculus bey Heil. Kreuz, Magister Bonifacius Wolfart bey St. Moriß, Doktor Sebastian Mayr bey St.
Georg, und Theobald Nigri bey St.
Ulrich angestellt.

Im Jahre 1533 wurde die in der katholischen Kirche bisher gewöhnliche Vorstellung der
Auferstehung Christi, wiewohl nicht ohne großen
Widerspruch unterlassen, und als der Rath im
Jahre 1534 beschlossen hatte, daß nur allein der evangelische Gottesdienst
in der Stadt Augsburg gehalten
werden solle, auf allen Kanzeln evangelische Prediger gestellt und den katholischen Geistlichen das Predigen, und Messelesen verboten.
Auch verordnete der Rath besondere Kirchenpröbste, welche den Auftrag hatten, genau zu beobachten, daß die Geistliche ihre Lehre einig
und gleichförmig vortragen, und daß diese Kirchenpröbste jene den Bischöfen zuständige
Rechte ausüben sollen, in wichtigen Angelegen-

heiten aber die Kirchenzucht und Einrichtung betreffend, die Gegenstände zur Entscheidung dem
Rathe vorzutragen haben. —

Im Jahre 1535 kam Martin Buce-
rus in das evangelische Ministerium nach Augsburg, und predigte in der St Johannes Pfarr-
kirche. — Auf dessen Vorstellung schickte der Rath
den Doktor Garyon Sailer und Huber
wegen der in der evangelischen Kirche entstandenen Irrung in Hinsicht der heiligen Sakramente
und derselben verschiedene Auslegung, an den
Doktor Luther nach Wittenberg. — In eben
dieser Angelege heit wurden im Jahre 1536
Wolfgang Mäuslin und Bonifa-
cius Wolfart zu den Zusammenkünften
verschiedener Theologen nach Eisenach und Wittenberg abgeordnet, allwo man eine Gleichheit
und Vereinbarung in kirchlichen Sachen festsetzte,
und alle Spaltung und verschiedene Ansichten
vereinbarte und zurecht wies. — Um diese Zeit
kam Magister Johann Forster, ein sehr
gelehrter Theologe, welcher eine geraume Zeit
bey Doktor Luther zu Wittenberg sich aufhielt,
in seine Vaterstadt zuruck, und predigte daselbst
einige Zeit.

Im Jahre 1537, da die sämmtliche katholische Geistlichkeit aus der Stadt gezogen war,
wurde nun vollends in allen katholischen Kirchen
der evangelische Gottesdienst eingeführt; damals
predigte Musculus in der Domkirche, Bonifacius Wolfart bey St. Moritz, (denn
zuvor hatten die Evangelischen nur das daran-
gelegene Pfarrhaus im Besitz) Doktor Mayr
bey St. Georg, Forster in der heil. Kreuz-
kirche, Johann Helfrich Held von Tie-
fenau bey St. Ulrich, und Johann Ehinger in der Stephanskirche, die übrigen verblieben in ihren vorigen Kirchen, nämlich bey
St. Anna, den Barfüßern und im Spital. —
Die neben den Hauptkirchen gelegene Kapellen,
deren sich die Evangelischen bisher zu ihrem Gottesdienste bedienten; ließ man nun leer. Alle
Feyertage, ausgenommen die Sonntage, Weih-
nachten, Neujahr, Ostern, Pfingsten, und Maria Verkündigung wurden abgeschafft; dagegen
in der Domkirche, bey St. Ulrich und bey den
Barfußern täglich Betstunden gehalten. — Auch
erließ man den Befehl, daß an den Montagen,
Mittwoch und Freytags, Forster über den
Pfalter, Cellarius über Matthäum,
Wolfart über das erste Buch Moses und

Musculus über die Epistel Pauli wechsels-
weise bey St. Moritz lateinisch predigen sollten; da sich aber dabey wenige Zuhörer einfan-
der, so wurde es bald wieder abgestellt. Man
verfaßte eine besondere Kirchen Agenda
und führte sie ein, die. Privatkopulationen wurden verboten, und dagegen den Kranken das
heilige Abendmahl in ihren Häusern zu reichen
erlaubt. — Uebrigens ist es bedaurnngswürdig,
daß zu dieser Zeit auf des ungeregelten Feuer-
kopf Pucers Anreizung von dem unverständi-
gen rohen Pöbel viele herrliche Gemälde, Bil-
der, Epitaphien und Alterthümer in den Kirchen mit wildem Ungestümm zerbrochen, zerris-
sen und zerschlagen worden sind. — Bonifacius Wolfart wurde zum Convent nach
Schmalkalden gesandt, wo er im Namen der
Stadt Augsburg die daselbst verfertigte sogenannte schmalkaldische Artikel unterschrieb. —

Im Jahre 1539 wurde Ambrosius
Blaurer in das Ministerium berufen, da
er aber so stark auf die Einführung der Kir-
chenbuße drang, bald wieder entlassen. Jedoch
brachte er es in der kurzen Zeit seines Aufenthalts dahin, daß der Rath beschloß, vier jun-

gen Leuten, welche auf den Universitäten die Theologie studieren wollten, jährliche Stipendien abzureichen. — Magister Michael Keller wurde wegen seinem schwächlichen Gesundheitszustand des Predigtamtes entlassen, und ihm ein jährlicher Ruhegehalt zugesprochen. —

Im Jahre 1540 sandte der Rath den Prediger Wolfgang Mäuslein zu dem Collegium nach Worms, wo ihm das Protokoll zu führen übertragen wurde. —

Im Jahre 1543 nahm man Joh. Träber zum Pfarrer im Spital, und Johann Herold zu einem Helfer an. —

Im Jahre 1544 wurde Leonhard Meckart Pfarrer zu St. Georg, und Johann Flynder beym heil. Kreuz, Bernhard Glanz und Leonhard Bechel aber zu Helfern bestellt. Der unter das St. Katharina ‑ Kloster gehörigen Gemeinde zu Mindel ‑ Altheim wurde auf ihr Verlangen Hans Heß zum Pfarrer gegeben. Auch wurde den gesammten Prädikanten wegen der großen Theurung ihr Gehalt verbessert. —

Im Jahre 1545 predigte der bekannte Bernhard Ochinus von Sienna bey St. Anna italienisch über die Episteln Pauli, und hatte von

Denen dieser Sprache Kundigen wegen seiner großen Beredsamkeit einen starken Besuch, wie solches bereits bemerkt wurde, und begab sich, nachdem die Stadt im Jahre 1547 mit dem Kaiser wieder ausgesöhnt wurde, wieder in die Schweiz.

Im Jahre 1545 hätte sich bald in dem evangelischen Ministerium wegen einiger Kirchengebräuche eine Uneinigkeit angesponnen, wurde aber bald wieder ausgeglichen. —

Im Jahre 1546 berief der Rath Hans Haller, Hans Hiltprecht (welcher bald darauf Burtenbach reformirte), Johann Karg, Adolph Braunweiler, Johann Rund, Sebastian Hefel und Johann Mattsperger in das Predigtamt, und suchte auch die benachbarte Klöster, besonders Wettenhausen, Oberschönefeld und Westerstetten durch Wolfgang Mäuslin reformiren zu lassen. Auch bestellte der Rath verschiedene Geistliche der evangelischen Lehre zugethan, auf die Dörfer; nach Gabelbach Christoph Gaßel, nach Wertshofen Kaspar Streit, nach Altenbaindt Johann Fuchs, und in andern Ortschaften, welche aber in dem folgenden Jahre alle den katholischen Pfarrern wieder Platz machen mußten. —

Als im Jahre 1548 auf dem Reichstag das Interim anzunehmen verordnet wurde, ließ der Rath deßwegen mit den evangelischen Geistlichen unterhandeln, daß sie sich nach demselben richten sollen; allein Wolfgang Mäuslein, Johann Karg oder Parsimonius genannt, und Johann Haller wollten sich nicht hierzu bequemen, sondern baten um ihre Entlassung, welche sie auch erhielten; die übrigen aber zogen die Chorröcke an, und richteten sich zwar in den äußerlichen Ceremonien darnach, pflanzten aber doch in den ihnen überlassenen Kirchen die evangelische Religion bis auf ihre weitere Entlassung in der Folge, fort. Indessen konnte der Rath mit Mühe es erhalten, daß diese protestantische Prediger unter seiner Gerichtsbarkeit belassen wurden, indem der Kardinal Bischof stark darauf drang, daß sie ihm allein untergeben seyn sollen. —

So günstig sich im Anfange dieser Zeitraum für die katholische Kirche zu Augsburg zeigte, so düstern und traurig war hingegen die Lage und die mißlichen drückenden Umstände der evangelischen Kirche und ihrer Gemeinde, indem nicht allein die evangelischen Geistlichen gleich nach der Errichtung des Interims sich in den meisten äußserlichen Kirchengebräuchen nach der römisch-katholischen Kirche richten, die Meßgewänder wieder anziehen, und alle Sonntage Messe lesen mußten, sondern auch überdieß von den Katholischen, und besonders von des Kaisers Hof Diener und Gefolge, welche bald in dieser, bald in jener evangelischen Kirche, wo Gottesdienst war, Unruhen und Lärmen anfiengen, in ihrer Religionsübung und Andacht öfters gestört, und beunruhigt wurden; vorzüglich sahen sie sich in den Kirchen von St. Ulrich, heil. Kreuz und St. Georgen, von den benachbarten Klöstern auf vielerley Art gestört, beängstigt und beeinträchtigt. Es schlichen sich auch Wiedertäufer, Gartenbrüder genannt, zu Augsburg ein, welche verschiedene Protestanten von der wahren evangelischen Lehre irrig und abtrünnig machten, und sie zur Annahme ihrer Sekte und Grundsätze verleiteten. — Noch härtere Schicksale hatte die evangelische Kirche im Jahre 1551; denn nachdem am 26. August alle Prediger in des anwesenden Bischofs von Arras Quartier berufen wurden, legten ihnen die daselbst befindliche kaiserliche Räthe Malvenda Haß und Seld verschiedene, das heilige Abendmahl, die Anzahl der Sakramente betreffende, und andere verfängliche Fragen vor, welche sie aber, nach dem Sinn und Inhalt der augsburgischen Confession beantworteten. Da nun ihre Antworten nicht mit dem Interim übereinstimmten und genügten, so wurde ihnen bey scharfer Strafe befohlen, sich innerhalb drey Tagen aus der Stadt zu begeben, in ganz Deutschland nicht mehr zu predigen, und ihre Frauen und Kinder mit sich zu nehmen, oder baldmöglichst abholen zu lassen, worauf sich alle auf die bestimmte Zeit aus der Stadt begaben, und in die Schweiz giengen. Diese vertriebene Prediger waren Joh. Heinrich Held, Pfarrer; Johann Mattsperger, Helfer bey St. Anna; Jakob Dachser, Pfarrer bey St. Ulrich; Leonhard Rivulus oder Bächel, Pfarrer bey den Barfußern; Wolfgang Engelschalk, Helfer daselbst; Johann Flümmer, Pfarrer bey heil. Kreuz; Johann Meckart, Pfarrer, und Marx Naß, Helfer bey St. Georgen; Johann Tischmacher, Pfarrer im Spital, und Johann Ehinger, Prediger im Blatterhaus. — Eben so ergieng es auch den Schullehrern, welche das Interim nicht annehmen wollten. — Damit aber doch die evangelische oder nun interimistische Kirchen nicht ganz leer standen, suchte der Rath überall Geistliche, so dem Interim sich gemäß verhalten wollten, konnte indessen mit Mühe nur drey auffinden, Kaspar Huberin, Hieronymus Hörtlin und Thomas Widemann, welche aber nach ihrer Anstellung unter der Burgerschaft wenig Zuhörer ihrer Predigten bekamen; und nachdem in dem folgenden Jahre Churfürst Mörit von Sachsen und seine Bundesverwandte sich der Stadt Augsburg bemächtigten, mußten sie bald wieder ihren Stab weiter setzen, und den erstern vertriebenen, welche wieder zuruck berufen wurden, als auch einigen neuen Predigern Plat machen, jedoch wurde ihnen bis auf derselben Ankunft, mit Unterlassung der interimistischen Ceremonien den Gottesdienst zu halten gestattet, wie denn auch den deutschen Schullehrern, denen wegen der Verweigerung der Annahme des Interims das Schulhalten verboten worden war, ihre Schulen wieder zu eröffnen gestattet wurde. — Diese wieder eingesetzte Prediger, wurden auch alle, ausgenommen Joh. Flümmer, Jakob Tachser und Johann Traber (welcher letztere erst kurzlich berufen wurde) auf welche der Kaiser aus unbekannten Ursachen eine besondere Ungnade zeigte, nach dem passauischen Vertrag in ihren Kirchendiensten von dem Reichsoberhaupt bestättigt, und ihnen freygestellt, nach dem Inhalt der augsburgischen Confession mit Hinweglassung der interimistischen Gebräuche ihren Gottesdienst zu halten, und ihre Religion zu lehren, oder das Interim beyzubehalten. Zum Ersatz der drey abgeschafften Prediger, schrieb der Rath und Johann Baptist Hainzel an Philipp Melanchton, und ersuchten ihn einige taugliche Prediger ihnen zuzuweisen, welcher auch den Wilhelm Hausmann, Peter Kazmann, Georg Melhorn und Jakob Rüelich zum protestantischen Stadtkirchengottesdienst nach Augsburg sandte. —

Im Jahre 1553 schlichen sich wiederholt einige Wiedertäufer zu Augsburg ein, deren Vorgesetzte Bernhard Unsinn und Leonhard Hieber waren, und machten sich zum Theil in vornehmen Häusern einen Anhang, der Rath aber ließ sie bald wieder entfernen. — Da der katholische Domprediger die evangelische Prediger, und diese wieder jenen auf ihren Kanzeln öfters unbescheiden in Ausdrucken gegenseitig berührten, so wurde dieser allen rechtlichen Leuten ärgerliche Mißstand obrigkeitlich ernstlich beyden Theilen untersagt. Eben dergleichen Ungebühr erlaubten sich auch zwey von jenen durch Melanchton nach Augsburg beförderten Preditanten Peter Kazmann und Georg Melhorn im Jahre 1555 selbst gegen ihre Amtsbrüder, mit welchen sie wegen einigen Kirchengebräuchen verschiedener Meynung waren sie mußten aber bald ihre Heimreise hierauf wieder antreten. Damit sich aber nicht öfters dergleichen ärgerliche und schädliche Begebenheiten ereignen, verfaßte das protestantische augsburgische Ministerium mit der Genehmigung des Raths, die sogenannte Kirchen Agenda, und führte solche in allen evangelischen Kirchen ein. Die Prediger, welche diese Agenda unterschrieben, waren Joh. Meckart, Heinrich Held, Leonhard Bächel, Magister Georg Eckart, Magister Jakob Rüelich, Magister Wilhelm Hausmann, Johann Ehinger, Magister Johann Mattsperger, Wolfgang Engelschalk, Magister Georg Meckart und Johann Faigele. ——

Im Jahre 1556 wurde die St. Johann Baptiste Kapelle und die evangelische St. Georgenkirche abgebrochen, da wegen der Menge der Zuhörer in den Predigten der Raum zu enge wurde, und auf gemeiner Stadtkosten nebst des

Helfers- und Meßners Haus größer und geräumiger, jedoch nicht ohne Widerspruch des benachbarten St. Georgen Kloster wieder erbauet. — Im folgenden Jahre fieng man in den evangelischen Schulen mit Genehmigung des Magistrats und der Scholarchen den Katechismus wieder zu lehren an, und die Evangelien zu erklären; so wie bald hernach die Kinderlehren auf den Mittwochen in den Kirchen eingeführt wurden. Während dieser Zeit wurde auch auf Verlangen des Herzogs von Würtembergs, welches dem Rath den von den drey weltlichen Churfürsten zu Frankfurt in Religionssachen verfaßten Abschied zugeschickt hatte, derselbe dem evangelischen Ministerium mitgetheilt, und dessen Erklärung hierüber abgefordert. —

Im Jahre 1560 ließen sich einige reiche und vornehme evangelische Bürger bey St. Anna Epitaphia (Grabmale) machen, und wurden deßwegen die an den Mauren angemahlte biblische Historien ausgelöscht.

Im Jahre 1561 erweiterte man auch die St. Ottmarskapelle beym heil. Kreuz für die evangelische Pfarrgemeinde daselbst, wozu der im Jahre 1560 verstorbene geheime Rath Anton Rudolf 1000 Gulden vermachte. —

Im Jahre 1565 wurde einem Bürger Thomas Stahel, auf sein Verlangen die erste
Leichenpredigt vom M. Georg Eckart gehalten und dieser Gebrauch in der Folge bey allen Beerdigungen der vermöglichern Bürger beobachtet. —

Im Jahre 1565 wurden besondere Betstunden wegen dem Gefahr bedrohenden Türkenkrieg
in allen evangelischen Kirchen gehalten. —

Im Jahre 1568 brachte man zur Gründung
des Collegiums bey St. Anna, und für die
Studiosen der Theologie, durch eine unternommene Sammlung von Joh. Baptist Hainzel, Paul Böhlin, Sirt Eiselin und
Martin Zobel außer der evangelischen Bürgerschaft an 8000 Gulden eine ansehnliche Stiftung zusammen, welche bald darauf Barbara
Vetterin, Martin Weißens Wittib, eine
große Wohlthäterin armer und nothleidender Personen, durch ein Legat fast eben so stark, als
das erstgenannte Kapital war, vermehrte. —

Im Jahre 1569 unterschrieb das evangelische Ministerium zu Augsburg die von dem
Kanzler zu Tübingen Jakob Andrä verfertigte Formula Concordiae. Jedoch hätten sich
beynahe hierüber sowohl, als auch wegen einem

von Flocio Illyrico wider die katholische Religion heraus gegebenen Buch, uber welches sich das evangelische Ministerium der Stadt Augsburg bey dem Rath beschwerte, das es auch darinn angegriffen und unglimpflich behandelt wurde; zwischen Magister Christoph Jcobello und seinen Amtsbrudern ein großer Zwist und Uneinigkeit entsponnen. Gleichwie denn auch im Jahre 1572 zwischen dem Pfarrer bey heil. Creuz Magister Jacob Müslich, und einem Helfer bey den Barfußern Magister Niclas Falk über die Lehre von Christi Höllenfahrt Irrungen entstanden welche glucklicherweise keinen ärgerlichen Eindruk bey der Gemeinde bewirkten, indem sich dieselbe hieben unbefangen leidend verhielt, und an diesem theologischen Streit keinen Theil nahm, worauf auch diese Streitigkeit bald gutlich beygelegt wurde. —

Im Jahre 1573 erschienen neuerdings Gartenbruder oder Wiedertäufer in Augsburg, nachdem sie aber merkten, daß ihnen der Rath nachtrachten ließ, machten sie sich davon und verschwanden wieder. —

Im Jahre 1577 wurde die obgedachte Formula Concordiae von verschiedenen Theologen auf Verlangen einiger evangelischer Fürsten und

Stände, jedoch nach Maßgabe der augsburgischen Confession erläutert und verbessert. Auch ersuchte Pfalzgraf Philipp Ludwig von Neuburg den Rath zu Augsburg, solche durch das augsburgische Ministerium gleichfalls unterschreiben zu lassen. Diesem zufolge unterzeichneten es: M. Georg Eckart, M. Jakob Ruelich, M. Christoph Neuberger, M. Georg Meckart, M. Jeremias Schweiglin, M. Martin Rieger, M. Johann Georg Groß, Gregorius Sunderreiter, Nicolaus Falk, Georg Mylius, M. Christoph Bogner, M. Joh. Berlocher, M. Johann Baptista Hebenstreit und M. Johann Baptista Meckart. —

Im Jahre 1582 wurde das zwey Jahre früher gestiftete Kollegium bey St. Anna zu seiner Wirklichkeit gebracht. — Was sich in den Jahren 1583. 1584. 1585 zc. wegen des neuen Kalenders und Berufung der Prediger augsburgischer Confession zugetragen hatte, ist bereits in der politischen Geschichte dargestellt worden. Es bleibt bloß noch nöthig beyzufugen, daß die obenbenannte 11 evangelischen Prediger aus der Stadt geschafft wurden. Der geheime Rath ließ übrigens nichts ermangeln, solche durch andere zu ersetzen, wie dann bis auf den Monat Februar 1587 das ganze Ministerium durch folgende wieder ergänzt war; Stephan und Tobias Engelsbrunner, Kaspar Kittel, Georg Keegelmayr, Jakob Striem, Johann Ehinger, Joh. Bayr, Joachim Ostertag, Simon Webel, Johann Huber, Georg Mann, Wolfgang Jakobi, Joh. Krauß und Konrad Küen. Es zeigte sich aber in der Folge, daß die meisten von diesen theils wegen ihrer Lehre, theils wegen ihres Betragens zum Predigtamt sich untüchtig befanden.

Im Jahre 1588 wurden die Prediger Jakob Striemen und Johann Krauß wegen Mißhelligkeiten mit ihren Amtsbrüdern, wegen nicht ganz exemplarischen Lebenswandel, und weil sie die Lehrsätze des Flaccius, eines Irrlehrers öffentlich vertheidigten, zur Vermeidung aller Aergernisse des Predigtamts entlassen, und an ihre Stellen, Joh. Rösler und Joh. Meitinger berufen.

Im Jahre 1589 wurden aus beynahe gleichen Ursachen wieder sechs evangelische Geistliche, theils entlassen, theils zur Ruhe gesetzt; nämlich Stephan Engelbrunner, dessen Sohn Tobias Engelbrunner, Georg Kegelmayr, Kaspar Kittel, Johann Huber und Wolfgang Jakobi, wovon die letztern vier auch Flaccianer waren. An deren Stellen berief man nur fünf, Paul Heydenreich, Michael Storr, Kaspar Gnam, Bartholomä Rüelich und Jodocus Tenzer. — Den Oberkirchen-Pflegern, welche zugleich die Verwaltung des evangelischen Collegiums hatten, wurde auch die Verwaltung des Geldes, welches vorher zur Unterhaltung einiger Stipendiaten gesammelt worden war, überlassen, und deßwegen zwischen den Stiftern des evangelischen Collegiums und den besagten Kirchenpflegern ein Vergleich errichtet. — Die evangelische Bürgerschaft wollte indessen mit den meisten ihrer Prediger nicht wohl zufrieden seyn; da nun der geheime Rath sich selbst überzeugte, daß sie hierzu nicht ungegründete Ursachen hätten, und in dem im Jahre 1591 festgesetzten Vertrag versprochen wurde, eine genaue Prüfung der evangelischen Geistlichen, ihrer Lehrart und Glaubensgrundsätze vornehmen zu lassen, so ersuchte derselbe noch in diesem Jahre den

Doktor Nikolaus Selneccer von Leipzig, und den Doktor Johann Pappus
von Straßburg, zwey berühmte evangelische Theologen zu jener Zeit schriftlich nach Augsburg zu
kommen, und einen jeden Geistlichen daselbst zu
examiniren, und welche sie fur tauglich zum Lehramt dieser Stadt finden würden oder nicht, dem
geheimen Rath anzuzeigen; diese erschienen, und
begannen ihre Untersuchung, wobey sie noch sechs
in dem evangelischen Ministerium fanden, welche theils nicht genug Fähigkeiten und Kenntnisse
besassen, ihrem Lehramt pflichtmäßig vorzustehen,
theils wegen unrichtiger Lehre und nicht tadello-
sem moralischen Karakter und Betragen von ihnen nicht für tüchtig zur Seelsorge befunden
wurden, wovon aber der geheime Rath zwey,
Jodocus Tenzer und Kaspar Gnam,
welche Besserung versprachen, beybehielt; vier
aber, Joachim Ostertag, Konrad
Kuen, Georg Mann und Joh. Bayr
ihrer Kirchendienste entließ, jedoch einem jeden
eine Wegzehrung verabreichte. — Nun verblieben noch in dem evangelischen Predigtamt Bartholomä Ruelich, Pfarrer bey den Barfüßern und Senior Ministerii, M. Paulus
Heydenreich, Pfarrer bey heil. Kreuz;

Elias Ehinger, Pfarrer im Spital; Michael Storr, Pfarrer bey St. Ulrich; M. Franz Mayr, Pfarrer bey St. Georgen; M. Johann Meitinger, Helfer bey heiligen Kreuz; Simon Webel, Helfer bey St. Ulrich; Jodocus Tenzer, und Kaspar Gnam, Helfer bey den Barfüßern. Zu diesen wurden im Jahre 1592 vier andere geschickte Männer M. Georg Riederer, M. Jakob Rüelich, M. David Schön und M. Georg Eckart an des verstorbenen Franz Mayrs Stelle aber Johann Solzer berufen. — Die Doktoren Selnecrer und Pappus wurden von dem geheimen Rath ansehnlich beschenkt, ihnen ihre Reisekosten bezahlt und sie während ihres Aufenthalts in Augsburg in allem freygehalten. Hiedurch wurde die Einigkeit zwischen der Obrigkeit und den Bürgern ungemein befördert, umsomehr, da die schon eine geraume Zeit vorher geschehene Entlassung des Johann Röslers durch die Stelle eines sehr gelehrten Theologen, Magister Kaspar Sauter als Senior und Pfarrer bey St. Anna würdig und zur allgemeinen Zufriedenheit wieder besetzt wurde. Zu dieser Zeit wurde auf das Gesuch der Schul-

deputation die Musik in den evangelischen Kirchen wieder einzuführen, solches von dem geheimen Rath gestattet. —

Im Jahre 1595 wurde aus dem Gärtlein
zwischen der St. Anna-Kirche und des Diakons
Wohnhaus mit der Genehmigung des geheimen
Raths ein Gottesacker gemacht.

Im Jahre 1604 wurde die St. Servaty-
kirche vor dem Rothenthore für die evangelische
Siechen, durch damals vorgesetzte Pfleger dieses
Versorgungshauses, Bürgermeister Albrecht
von Stetten und Melchior Hainhofer
erbauet, und in derselben den 26. July von M.
Christoph Rieschel die Einweihungspre-
digt gehalten.

Im Jahre 1606 wurde die St. Annakirche,
welche an vielen Orten schadhaft war, wieder
hergestellt, und im Jahre 1602 deren baufälli-
ger Kirchenthurm abgetragen, und auf gemeiner
Stadtkosten wieder zierlich und dauerhaft erbaut.
Auch wurden die evangelischen Kirchen zu heil.
Kreuz und St. Georgen, und im Jahrr 1608 die
St. Ulrichskirche ausgebessert, und in diesem
Jahre der Barfüßerkirche von einem Vermächt-
niß eines augsburgischen Hauptmann Schmal-

holz von 300 Gulden und dem hierzu gesammelten Geld eine neue Orgel erbauet, worüber aber unter der Geistlichkeit beynnahe ein Zwist entstanden wäre, da jeder derselben an diesem Vermächtniß Anspruch für seine Kirche machte. —

Im Jahre 1611 ließ der Rath das baufällige Pfarrhaus bey St. Anna niederreissen und gemächlicher zum bewohnen wieder erbauen, den Hof und Garten aber mit einer Mauer umgeben. — Auch wurde die St. Wolfgangskirche für die Sonderstechen evangelischer Religion vor dem Wertachbruckerthore erbaut. —

Im Jahre 1612 machte der Probst zu St. Georg mit den evangelischen Zechpflegern einen Vergleich wegen der in seinem Kirchthurm hängenden Glocke der evangelischen Kirche zugehörig, daß er auf des Klosters Kosten ein hölzernes Thürmlein mit Kupfer gedeckt, auf die evangelische Kirche setzen, und ihre Glocke darein hängen lassen wolle. — Die evangelische Gemeinde von St. Georg ließ ihre Kirche an verschiedenen Orten ausbessern und erneuern. — Dem M. Kaspar Sauter folgte M. Melchior Volz als Senior und Pfarrer bey St. Anna; dieser wurde im Jahre 1613 nach Würtemberg berufen, und seine Stelle ersetzte M. Johann Konrad Göbel. —

Im Jahre 1617 feyerten die Evangelischen zu Augsburg wegen der vor ein Hundert Jahren von Doktor Martin Luther angefangenen Reformation in ihren Kirchen ein Jubiläum. Damals waren die Oberkirchenpfleger Hieronymus Walter, Johannes Lauinger und Wolfgang Paller; die Kirchenpflegs-Adjunkten Johann Baptist Hainzel, Johannes Steininger, und Melchior Burkardt, Prediger hierzu verordnet M. Johann Konrad Göbel und Bartholomä Rüelich; Senioren, M. Kaspar Junius, M. David Pistoriorius, M. David Schön, und Elias Kastner, Pfarrer; M. Bernhard Albrecht, M. Christoph Nieschel, Bartholomäus Hieber, M. Matthäus Wagner, M. Christoph Ehinger, Kaspar Gnam und Johannes Wegelin, Helfer. —

Im Jahre 1619 wurde in der Kirche St. Ulrich eine neue Orgel gemacht, und die Barfüßerkirche erneuert.

Im Jahre 1621 entfernte sich Doktor Jakob Reihing, ein geborner augsburgischer Geschlechter, welcher, nachdem er in den Jesuitenorden trat, einige Zeit Hofprediger zu Neuburg war, und sich durch viele polemische Schriften, besonders wider den Doktor Hoe berühmt machte, welcher Hoe einer der stärksten Beförderer der im Neuburgischen unternommenen Reformation war, aus seinem Kloster zu Neuburg heimlich nach Tübingen, und nahm daselbst den vorher so stark von ihm angefochtenen evangelischen Glauben an. In der Folge erhielt er von dem Herzog von Württemberg die Professionem Contraversiarum Theologicarum und Superintendur des Stipéndii zu Tubingen, welchem er bis auf seinen im Jahre 1628 erfolgten Tod vorstand.

Im Jahre 1624 wurde in der Barfüßerkirche ein neuer Altar aufgerichtet. — Im folgenden Jahre bekam für den verstorbenen Rüelich die Würde eines Seniors Ministerii M. Bernhard Albrecht. —

Im Jahre 1627 wurde den Evangelischen das Lied „Erhalt uns Herr bey deinem Wort" zu singen verboten. — Die Kapuziner beschuldigten den Senior Göbel in einer gehaltenen Predigt bey St. Anna einer falschen Auslegung der augsburgischen Confession, Göbel zeigte aber das Concept seiner Predigt dem Rath als Widerlegung dieser falschen Beschuldigung zu seiner Rechtfertigung vor.

Sechster Zeitraum.

Von Anfang des dreyßigjährigen Kriegs bis auf den westphälischen Friedensschluß.

Vom Jahre 1628 bis 1649.

Große Begebenheiten, aber bloß traurige haben diesen Zeitpunkt verewigt. Brüder fochten gegen Brüder beynahe dreyßig Jahre mit unendlicher Wuth, verheerten ein Land, das durch Eintracht und Fleiß eines der schönsten und reichhaltigsten in Europa ist, und verursachten dadurch einen Schaden, den ganze Generationen der Nachwelt fühlten; und dieses alles der Religion wegen. — Jene himmlische göttliche Lehre, welche die Menschen vereinigen, und glücklich machen sollte, wurde die große Quelle namenloser Leiden, Zerstörungen und kanibalischer Unmenschlichkeiten und Grausamkeiten. —

Schön ist es übrigens, in den Chroniken, und ältern Geschichtsbüchern zu lesen, wie verträglich beide Religionstheile in Augsburg, mit einander lebten, und noch leben; wie Katholiken und Protestanten, ungeachtet der in Deutschland entstandenen Streitigkeiten, dennoch in Ruhe und Frieden beysammen waren, ohne daß je ein Theil den andern in den durch den Religionsfrieden erhaltenen Rechten und Freyheiten kränkte. Denn obgleich der größte Theil des Raths katholisch, und also, das Beste seines Religionstheiles zu befördern verpflichtet war, so konnte sich dennoch kein Protestant beklagen, daß ihm sein Recht versagt, oder die Kirchen und Schulen beeinträchtigt, oder vernachläßigt worden wären. Zwar hatten die fatalen Kalender-Differenzien das gute Vernehmen beyder Religionstheile vorübergehend eine Zeitlang geschwächt; allein, man suchte es bald wieder herzustellen, indem der Rath mit einer aufrichtigen Theilnahme für das Beste der evangelischen Kirchen und Schulen sorgte, wodurch alles Mißtrauen verlöscht wurde. Diese Zusammenstimmung war jedoch nicht nach dem Wunsch und Sinn des Bischofs

Heinrichs von Augsburg. In seinem Interesse lag es, die Protestanten zu unterdrücken, und ihre Religionsfreyheit zu zerstören. Im gegenwärtigen Zeitpunkt, wo der Kaiser gegen die protestantischen Stände, und zwar nicht mit Unrecht, ziemlich stark aufgebracht war, benützte der Bischof diese Gelegenheit, dem Monarchen die Meinung von den Augsburger Protestanten beyzubringen, als ob auch „diese den Katholiken auf boshafte Art zu schaden suchten, und ihnen auch ihre Kirchenguter mit Unrecht entwunden hätten." — Obgleich dieses ungegründet war, so fand es doch bey dem Kaiser Gehör. — Aus dem böhmischen Kriege hatte sich jetzt ein anderer entsponnen, welcher nach und nach ganz Deutschland in Flammen setzte. — Die beyden Feldherren Tilly und Wallenstein hatten bereits einige Schlachten gewonnen, und mehrere Orte in Contribution gesetzt, es hatte ganz den Anschein, daß die kaiserlichen Waffen in Deutschland obsiegen würden; als der Kaiser das Restitutions-Edikt bekannt machen ließ, vermöge welchem ganz dem passauischen Vertrag und augsburgischen Religionsfrieden entgegen, die „Evangelischen alle geistliche Güter, die sie ein-

gezogen, und säkularisirt hatten, wieder heraus-
geben sollten," welches man auch sogleich zu bewerkstelligen suchte. — Ehe dieses aber geschah,
befand sich bereits zu „Augsburg eine kaiserliche Kommission, welche im Betreff der Religion,
Alles genau zu untersuchen hatte, und nach Be-
fund der Sache, entscheiden sollte." — Die kaiserlichen Kommissarien waren erstaunt, als ihnen
anstatt der erwarteten Klagen gegen die Protestanten, die **R a t h s d e p u t i r t e n** sich äus-
serten: „Der geheime Rath, könne mit Recht
„vermuthen, daß übelgesinnte Personen die Stadt
„bey dem Kaiser übel angeschrieben, und in Un-
„gnade versetzt habe. Beyde Religionstheile hät-
„ten beständig freundschaftlich zusammen gelebt,
„und wegen der Religion nicht die geringsten
„Streitigkeiten gehabt; es falle dem Rath nicht
„wenig schmerzhaft und empfindlich, daß auf eine
„bloße unrichtige Angabe, die Stadt einer ge-
„nauen Untersuchung unterworfen werde, welche
„sehr nachtheilig für sie seye. Sie wollten sich
„zwar schuldigst und gehorsam, der kaiserlichen
„Kommission unterwerfen; allein die Verhand-
„lungen würden schwerlich so geheim, und ver-
„schwiegen betrieben werden können, wie die
„kaiserliche Kommission es verlange."

Die kaiserl. Kommissärs legten hierauf dem geheimen Rath verschiedene, zum Theil etwas kritische Fragen vor, welche zwar anfangs beantwortet wurden; da solche aber anfiengen, in ihrer Beschaffenheit folgenreich zu werden, so stund der Rath eine Zeitlang an, darauf zu antworten, wozu aber solcher am Ende gedrungen wurde. — Unter andern kamen folgende Fragen vor:

1. „Wann, und wie, der Unterschied in der Religion sich formirt habe?“

2. „Ob von Alters her auch Nichtkatholiken in den Rath genommen worden seyen?“

3. „Ob die Stadt die Confession unterschrieben habe?“

4. „Wer die Kirchen- und Schuldiener besolde, prüfe, und einsetze?“

5. „Ob der neue Kalender beobachtet werde?“

6. „Ob die protestantischen Prediger ungestraft gegen den andern Religionstheil sich öffentlich äußern dürften?“

7. „Ob Katholiken, und Nichtkatholiken sich in dem Regiment der Stadt zusammen betragen könnten?“

8. „Warum so viele Nichtkatholiken im Rathe seyen?“

9. „Ob sich die protestantischen Prediger in Allem der augsburgischen Confession gemäß, verhielten?"

10. „In welchen Lehrsätzen, welche nicht in der Confession begriffen wären, sie von der katholischen Kirche abweichen?" u. s. w. — Alle diese, und andere Fragen, beantwortete der geheime Rath mit einer Mäßigung und Billigkeit, welche nur immer von seinem rechtlichen toleranten Karakter erwartet werden konnte. — Was aber die zehente Frage anbetraf, mußten die evangelischen Geistlichen, die Sätze, in welchen sie besonders von der katholischen Kirche abweichen, aufsetzen; und obgleich sie sich weigerten, unterschrieben von ihnen, den Kommissarien einliefern. Man forderte den katholischen Rath auf, es den Kommissarien anzuzeigen, wenn er sich in irgend etwas gegen die Protestanten zu beklagen hätte. Dieser aber gab zur Antwort, daß er sich nicht im mindesten uber dieselben zu beklagen habe; vielmehr wäre zu beweisen, daß seit Kaiser Karl des Fünften Zeiten, welcher bey der Regimentsänderung selbst evangelische Stadtpfleger gewählt habe, der Zustand des katholischen Theiles, sich merklich verbessert habe. — Bald darauf wurde Dr. Georg

Theißer, ein geschickter und thätiger Mann, mit dem Auftrag an den Kaiser gesendet, Vorstellungen und Bitten gegen ähnliche Untersuchungen, im Namen des Magistrats vor den kaiserlichen Thron zu bringen. —

Bischof Heinrich sahe nun wohl ein, daß der geheime Rath, und besonders die beyden Stadtpfleger, Hieronymus Imhof, und Bernhard Rehlinger, seine Absichten ganz genau bemerkten. Er rechnete auf ihren Beyfall und Unterstützung hierin, allein vergebens. Er fand daher für nöthig andere Mittel zu ergreifen, um zu seinem beabsichtigten Zweck zu gelangen, und überlegte diese Sache mit dem kaiserlichen Beichtvater Lammermann, und einigen Ministern. Der Pater und Rektor des augsburgischen Jesuitenkollegiums, Konrad Reihing, ein gebohrner augsburgischer Geschlechter, bekam deßwegen den Auftrag zu untersuchen, wie man die beyden Stadtpfleger gewinnen könnte; er schilderte diesen alle Vortheile der zu machenden Veränderung mit größtem Eifer und lebhafter Darstellung, allein ohne gewünschten Erfolg, denn sie äußerten beyde ganz freymüthig und bieder: „daß sie ihrem geleiste„ten Eide gemäß, beyde Religionsparthien schü-

„ßen müßten; da nun die ihnen dargelegte Vor-
„theile diesem zuwider laufe, so könnten sie auch
„der vorgeschlagenen Veränderung, weder Bey-
„fall, noch Vorschub geben. Es wäre leicht
„einzusehen, daß man mit der Stadt andere
„Absichten auszuführen suchte, hieran wären aber
„die Protestanten ganz unschuldig; übrigens sey
„es aber bekannt, daß sie, beyde Stadtpfleger,
„und der ganze Rath, jederzeit willig und be-
„reit seyen, dem Befehl Sr. Majestät des Kai-
„sers, getreu und gehorsam nachzukommen."
Der Krieg wurde indessen mit Heftigkeit, schreck-
licher Grausamkeit und Erbitterung fortgeführt;
Augsburg blieb damit nicht lange verschont. —
Noch im Jahre 1628, wollte der Kaiser fünfzehn Compagnien seiner Truppen in die Stadt
einrücken und einquartiren lassen; durch vieles
Bitten und Vorstellen, für die bereits herabge-
kommene Stadt, und eine nicht unbedeutende
Erkenntlichkeit, an den kaiserlichen Kriegskom-
missäre von Oßa, wurden aber nur 8 Compagnien hereingelegt, welche nach einer mäßigen
Angabe, der Stadt wöchentlich 8950 Gulden kosteten. — Vom März bis Ende December rechnete man 200,000 Gulden Kriegskosten, so die
Stadt zu tragen hatte. —

Selbst der Churfürst von Baiern legte nach dem Zeugnisse des damaligen Stadtpfleger Rehlingers, Fürbitte für die Stadt, wiewohl fruchtlos ein. —

Im folgenden Jahre kehrte der an den kaiserlichen Hof, wegen Gesuch der Ablehnung der drohenden Veränderungen, in der politischen und kirchlichen Verfassung der Stadt, auf die veranlaßte Ansprüche des Bischofs abgeordnete Doktor Georg Theißer wieder zurück. Er berichtete den Rath: „daß er zwar gleich den andern Tag nach seiner Ankunft, Audienz bey dem Kaiser erhalten habe; — Fürst von Eggenberg, des Kaisers Günstling, hätte ihm nicht nur gute Hoffnung gemacht, sondern auch verschiedene Nachrichten in Betreff der Reichsstädte mitgetheilt; was die Quartiers Contribution betreffe, so hätte sich zwar dieser Fürst viele Muhe gegeben, dieselben zu mildern; allein auf den Bericht des Grafen Colalto, daß jährlich 120000 Gulden der Stadt Augsburg nicht wehe thäten, habe diese Sache sogleich eine andere Wendung bekommen, und alle weitere Verwendungen deßwegen, seyen vergeblich gewesen. — In Betreff der Forderungen des Bischofs von Augsburg, seye zwar alles zu einem gunstigen Aus-

spruch bereit gewesen; der bischöfliche Gesandte
aber, hätte durch Vorschub des kaiserl. Beicht-
vaters, alles dahin einzuleiten gewußt, daß ein
günstiger Reichshofrathsschluß aufgehoben, und
dagegen auf die Abschaffung der evangelischen
Prediger, und die gänzliche Einführung der katholischen Religion seye gedrungen worden. —
Auf seine dagegen eingegebene Memoriale hätte
er den Vorwurf hören müssen, kein eifriger Ka-
tholik zu seyn, und der ganze Rath seye ebenfalls lau. — Er habe alsdann ein langes Gespräch mit dem kaiserlichen Beichtvater Pater
Lammermann geführt, aus welchen er deut-
lich hätte ersehen können, wie dieser gegen den
Rath und die Stadt Augsburg gesinnt seye ꝛc."
Dieser Bericht, den man als das merkwurdig-
ste Beleg zur Kenntniß der Haupttriebfedern, bey
der bevorstehenden Veränderung ansehen kann,
wurde von dem geheimen Rath geneigt aufgenommen, und bald darauf, durch einige Schriften und Vorstellungen, die darinn bezeichnete
Beschuldigungen, als ob der Rath nicht gut katholisch wäre, widerlegt. Die beyden Stadtpfleger verfertigten eine eigene Denkschrift hierüber,
worinn sie zeigten, „daß sie unbeschadet ihrer
„Rechtgläubigkeit, doch durch ihren Eid gebun-

„den seyen, die augsburgische Confessionsver-
„wandte zu schützen, indem diese nicht im min-
„desten etwas geschadet, vielmehr durch ihr Al-
„mosen, die Stiftungen unterstützt, und völlig
„ruhig gelebt hätten. — Uebrigens könnten sie
„aber auch nicht einsehen, was die große Kriegs-
„Contributionen der katholischen Religion für
„Vortheil brächten, indem Katholiken so gut,
„als Protestanten daran bezahlen müßten." —
Außer dieser Schrift erschienen noch mehr andere Denkschriften, größtentheils zu Gunsten des
Magistrats, welches aber alles nichts nützte;
denn da der Kaiser alle unirte Stände be-
zwang, und auch den König von Dänemark,
der ihnen beystehen wollte, etlichemal schlug;
glaubte er sich jetzt genug Macht und Kräft ver-
schafft zu haben, um sein längst gedachtes Vorhaben, die päbstliche und kaiserliche Gewalt und Macht auf den höchsten Gipfel der
Größe zu bringen, nun zu bewerkstelligen. Zu
diesem Ende machte er den 6. März 1629 das
Restitutions-Edikt bekannt, in welchem
den Protestanten alle, seit dem Vertrag von
Passau eingezogene geistliche Güter den Katholischen wieder einzuräumen, den katholischen Fürsten aber befohlen wurde, ihre protestantische Un-

terthanen entweder zur Annehmung der katholischen Religion zu zwingen, oder jene, welche
sich widerspänstig bezeigten, in die Reichsacht
zu erklären. — Der Anfang der Vollziehung dieses Edikts, wurde sogleich zu Augsburg gemacht.

Die kaiserlichen Kommissarien hatten schon
im vorigen Jahre, einen äußerst nachtheiligen
Bericht an den Kaiser erstattet, und bereits mehrere Vorschläge gemacht, die Protestanten nach
und nach zu vertilgen. — Der Rath, der wohl
einsah, was zu Augsburg hieraus entstehen würde, machte sich bey Zeit gefaßt, den Ursprung
und Beschaffenheit der geistlichen Stiftungen zu
untersuchen, um bey Gelegenheit davon Gebrauch machen zu können. — Bald hierauf,
ließ der Bischof Heinrich, den beyden Stadtpflegern zu wissen machen, „daß die bevorstehende Reformation nun ihren Anfang nehmen
solle;“ und unmittelbar hierauf kam auch ein
kaiserlicher Kommissär, nach Dillingen, welcher
dem Bischof, ein kaiserliches Rescript überbrach-
te, worinn demselben „vollständige geistliche Gerichtsbarkeit zuerkannt, und die beyden Stadtpfleger der Reichsstadt Augsburg als Reforma-
tions-Exekutoren ernannt wurden.“ — Dieser
Kommissär kam selbst nach Augsburg, und drang

auf eine neue Rathswahl, bey welcher die Protestanten völlig ausgeschlossen werden sollten — dieses geschah auch. — Allein in das Stadtgericht, mußten dennoch, aus Mangel tauglicher Katholiken, zwey Protestanten, aufgenommen werden; obgleich zum großen Mißvergnügen des kaiserlichen Kommissärs, Ferdinand Sigmund Kurz von Senftenau Freyherr zu Horn. Der kaiserliche Befehl, wurde nun mit der größten Strenge vollzogen, und nachdem alle Anstalten zur Reform vorgekehrt waren, obgleich der Rath hart sich darein gefügt hatte, wurden die evangelischen auf das Rathhaus berufen, und ihnen angezeigt, daß, vermöge des kaiserlichen Befehls, nunmehr alle „Uebungen der evangelischen Religion aufhören, und jene Prediger, welche keine Bürger von Augsburg wären, die Stadt so bald als möglich verlassen, diejenigen aber, welche Bürger seyen, sich als Privatleute betragen, und hierüber einen Eid-schwören sollten. —

Man bezahlte hierauf, den fremden Predigern, fünf Quartal Besoldung, und den Einheimischen drey Quartal Gehalt, und entließ sie. — Bald darauf forderte man auch den Protestanten die Schlüssel zu ihren Kirchen ab. —

Weil aber beforgt wurde, daß die evangelifchen
Burger diefe Veränderung nicht fo ganz gedul-
dig ertragen würden, fo wurde eine ftarke Be-
fatzung in die Stadt gelegt. — In der Reform
fuhr man unaufhaltfam fort. — „Jedem Nichtkatholiken wurde das Bürgerrecht verfagt; der
lutherifche Katechismus mußte in den Schulen abgefchafft werden, das Verkaufen proteftantifcher
Bücher wurde verbothen.“ — Nach und nach
verfuchte man auch die evangelifchen Bürger zur
Befuchung der katholifchen Kirchen anzuhalten.
Viele wollten aber lieber die Stadt verlaffen,
als diefes thun. — Nun fieng man auch an,
die Schullehrer abzufchaffen; da fie den Unterricht nach dem lutherifchen Katechismus nicht
unterlaffen wollten. — Im evangelifchen Wai-
fenhaufe wurde der proteftantifche Gottesdienft
und Katechismus abgefchafft. — Ueber den guten Fortgang diefer rafchen Reform, war der
Kaifer unendlich vergnügt, und ließ dem Stadtrath feine fernere Gnade und Gunft verfichern,
und ihm verfprechen, daß die allzugroße drü-
ckende Kriegskontribution aufhören, oder wenig-
ftens gemildert werden foll. — Zwar verfuchten
mehrer Fürften, unter andern der Churfürft
von Sachfen, den augsburgifchen Proteftanten

ein gelinderes Schicksal zu verschaffen, sie richteten aber nichts aus. —

Bey St. Anna und den Barfüßern, wurde bald
darauf der katholische Gottesdienst eingeführt, und
ein Vertrag mit der Geistlichkeit wegen der Wieder-
herausgabe der geistlichen Güter gemacht, wodurch alles, was die Protestanten seit dem Religionsfrieden besessen hatten, an die katholische
Geistlichkeit zurück fiel. „Auch selbst dasjeni-
ge, was in der Folge, erst von den Protestanten den Kirchen angeschafft worden, und also
ein Eigenthum derselben war, mußte herausge-
geben werden. — Die Protestanten, ohne Kirchen, Schulen und Lehrer, besuchten nun die
evangelischen Kirchen im Oettingischen und Ulmi-
schen; hörten daselbst die Predigt, genoßen das
Abendmahl, und ließen auch ihre Kinder tau-
fen. — Der auf Alles aufmerksame Bischof
Heinrich, bemerkte dieses sehr bald. Er
wandte sich deßwegen an den Kaiser, wo bald
ein kaiserliches Rescript an den Rath dessen Inhalts erfolgte: Seine Majestät habe mit Miß-
„fallen vernommen, daß durch das Betragen
„der protestantischen Bürger, die Kirchenrechte
„und Einkünfte des Bischofs verringert würden,
„es seye daher des Kaisers Wille, daß man

„die Protestanten zur Besuchung des katholischen
„Gottesdienstes anhalten solle." Dieses Schreiben, wurde ungeachtet aller Gegenvorstellungen
der Protestanten, dennoch öffentlich bekannt gemacht. —

Die Stadtbediente suchte man darauf durch
gütliches Zureden, von ihrem Glauben abwen-
dig zu machen; die Stadtsoldaten wurden mit
der Beabschiedung bedroht, wenn sie die katholische Religion nicht annehmen wollten, und den
evangelischen Armen das Almosen versagt. Es
sollte sogar kein evangelischer Burger, an Sonn-
und Feyertagen, zum Thor hinausgelassen werden. —

Der Bischof suchte auch das Collegium, welchem man seinen Ephorus ließ, da er dar-
gethan hatte, daß er nur die Philosophie do-
cire, umzuändern, weil diese Stiftung, eigentlich von Protestanten herkömme; man berathschlagte sich, wie man solche, zum Gebrauche
für Katholiken einrichten könnte? — Unterdessen
gieng der Ephorus, Magister Peter Mei-
derlin, wegen einem auf ihn gefallenen nicht
ungegründeten Verdacht, „als habe er ein Trost-
schreiben, das der entlassene und aus der Stadt
geschaffte Senior Göbel heimlich hierher ge-

schickt habe, ausgetheilt, in der Stille aus der Stadt." — Man setzte hierauf einen katholischen Verwalter in das Collegium, forderte den Administratoren ihre Rechnungen ab, und ertheilte den beyden Lehrern, so sich daselbst befanden, ihren Abschied. — Die Reform wurde auf diese Weise sehr eifrig, auf Betreiben des Bischofes, fortgesetzt. — Die abgetretene protestantische Rathsglieder wurden zur Besuchung des katholischen Gottesdienstes, unter der Bedrohung der größten kaiserlichen Ungnade, ermahnt. Die entlassene Prediger, welche eine gleiche Zumuthung bekamen, aber sich weigerten, solche zu befolgen, bekamen ihren förmlichen Abschied, und wurden, ob sie gleich Burger waren, aus der Stadt geschafft. — Wer unter den Handwerkern Meister werden wollte, mußte versprechen, katholische Kirchen zu besuchen. — Alle, welche Stadtdienste hatten, und nicht katholisch werden wollten, wurden entlassen. So stunden die Sachen bis zum Jahre 1631.

Der Churfürst von Sachsen, hatte sich unterdessen durch mehrere nachdruckliche Schreiben, um die Protestanten Augsburgs, sehr verwendet, und verdient gemacht. Doch hatten diese so wenig Wirkung, daß der Kaiser um so mehr,

deſto ſtärker darauf drang, die Reform fortzu-
ſetzen. — Auch die demüthigen rührenden Bitt-
ſchreiben, der Proteſtanten von Augsburg, richteten nichts aus. —

Biſchof Heinrich, wirkte ein neues
kaiſerliches Reſcript aus, in welchem ausdruck-
lich vorgeſchrieben wurde, auch die evangeliſchen
Raths und Gerichtsverwandte, zur Beſuchung
der katholiſchen Kirchen anzuhalten. Dieſer Befehl, wurde zwar publicirt, alle in die Proteſtanten weigerten ſich, demſelben nachzukommen,
und wurden hierauf, obgleich an Katholiſchen
Mangel bey der Rathswahl ſich zeigte, des Raths
und aller Aemter entlaſſen. Dadurch verminderte ſich die Zahl der Rathsperſonen dergeſtalt,
daß, da vorher 300 Senatoren des großen
Raths waren, nun die Anzahl auf 177 herab-
geſetzt werden mußte. —

Während der Begebenheiten der Religions-
Reform zu Augsburg, hatte ſich das Kriegsfeu-
er durch ganz Deutſchland verbreitet, und wiewohl der Kaiſer wegen dem mantuaniſchen Erb-
folgekrieg, ſeine Armeen zum Theil Spanien zu
Hülfe ſchicken mußte, und ſich dadurch geſchwächt
hatte, ſo blieb er doch immer noch ſtark genug, daß er im Fall einer Widerſetzlichkeit,

alle Widerspänstige hätte bändigen können. Jetzt aber zeigte sich Gefahr für ihn von einer andern Seite. Gustav Adolph, König von Schweden, fiel im Jahre 1630 in Deutschland ein.

Kein Fürst dortmaliger Zeit von ganz Europa, war geschickter, der überwiegenden Macht Ferdinands Schranken zu setzen, als König Gustav. — Er war der größte Feldherr seiner Zeit, und führte seine große kriegerische Entwürfe, mit einer Geschwindigkeit aus, die Jedermann in Erstaunen setzte, so wie er zu zaudern wußte, wo es die Umstände erforderten. — Muth, persönliche Tapferkeit, Standhaftigkeit, Klugheit und eine große Geistesgegenwart, machten ihn damals zum berühmtesten Heerführer und Regenten. Auf die Kriegszucht hielt er eben so streng als er in der Verbesserung des Kriegswesens einsichtsvoll und erfahren war. — Er war der Erste, der die Dragoner einführte, und welcher anstatt der alten schweren Musketen, leichtere Schießgewehre erfand; der in der Bekleidung, in der Lohnung, in dem Unterhalt seiner Soldaten ein Muster für alle neuere Armee- und Feldeinrichtungen wurde. — Er führte die Kriege menschlicher als es bisher

geschahe, und bildete seine Soldaten so viel
möglich, gesitteter; ob er gleich eine Menge
fremder Truppen unter seinem Heere hatte, so
wußte er dennoch die Harmonie im steten Ein=
klang unter ihnen zu erhalten, und ihre Gemüther dergestalt unter ihnen zu verbinden, daß
kein Zwist jemals entstand. — Er hielt sehr viel
auf die Religionsübungen bey seiner Armee. —
Täglich wurde zweymal in seinem Lager Gebeth
gehalten, und eben so, wo möglich, vor jedem Gefecht oder Schlacht. — „Ein guter Christ
ist nie ein schlechter Soldat, pflegte er zu sagen:" falsche Tapferkeit war ihm äußerst verhaßt; das Duell bestrafte er mit dem Tode.
Jedoch war König Gustav bey allem Religionseifer nicht intollerant. Zwar begünstigte er die
Protestanten ausnehmend, jedoch hatte keine andere Religionsparthie Ursache, sich über ihn zu
beklagen. Einen vortreflichen Mann hatte er an
dem schwedischen Reichskanzler Graf Axel
Oxenstierna als Gehülfen seiner Staats- und
Regierungsgeschäfte. Dieser Staats- und Ge-
schäftsmann seiner Zeit, besaß einen erhabenen
Geist, tiefe Einsichten, die genaueste Kenntniß
aller europäischen Staaten, eine Arbeitsamkeit,
Treue und Rechtlichkeit ohne gleichen, welche

vortrefliche Eigenschaften ihn zum würdigsten Vertrauten König Gustavs machten. — Dieser nordische Regent, hatte so eben drey Kriege gegen die Dänen, Russen und Pohlen geendigt; als er mit Mißvergnügen das große despotische Uebergewicht der kaiserlichen Macht in Deutschland erwog, und Anstalten traf, sich dagegen mit Kriegesmacht zu stämmen. — König Gustav hatte ohne seiner eifrigen Anhänglichkeit an die Protestanten, seine Glaubensverwandten; noch andere tiefer liegende politische Ursachen hierzu. — Der Kaiser hatte den Pohlen Hülfsvölker gegen ihn geschickt, und bedrohte nunmehr durch die Besatzung der deutschen Länder an der Ostsee, nicht allein Schwedens Seemacht, und Schiffahrt zu schwächen, sondern vielleicht sogar, dieses Reich selbst anzugreifen. Gustav beeilte sich daher diesem zuvor zu kommen, und landete mit 9 bis 10000 Mann auf der Insel Rügen, welcher er sich sogleich bemächtigte. — Er setzte nach Pommern über, und vergrößerte und verstärkte seine Armee bis auf 25000 Mann, trieb die kaiserlichen Völker aus ganz Pommern vor sich fort, und marschirte in den ersten Monaten des folgenden Jahrs, in die Mark Brandenburg, nachdem er vorher in Mecklenburg die Landesfursten wieder einsetzte, eroberte Frankfurt an der Oder mit Sturm, und zwang den Churfürsten seine Parthie zu nehmen. — Eine solche außerordentliche Geschwindigkeit, seiner raschen noch nie erhörten Unternehmungen, setzte ganz Deutschland, und seine Gegner, in Erstaunen und Schrecken. Jedoch war man den Schweden immer geneigter als den kaiserlichen Truppen, weil die letztere aller Orten die schrecklichsten Spuren der Grausamkeit und Verwüstung, hinter sich ließen. — Der General Tilly, hatte an dem 10. May Magdeburg mit Sturm erobert, und daselbst seiner Armee ungeheure Grausamkeiten verüben lassen, worauf er diese unglückliche Stadt gänzlich zerstören ließ. —

Die protestantischen Stände, hatten zu Leipzig eine Zusammenkunft gehalten, um sich zu berathschlagen, wie man am füglichsten diesen Gewaltthaten Einhalt thun, und durch gütliche Versuche von Vorschlägen, den Frieden in Deutschland wieder herstellen könnte. — Sie brachten dem Kaiser ihre Bitte um Aufhebung des Restitutions-Edikt vor; allein sie fanden kein Gehör. —

Die Stände der heiligen **Liga**, verbanden sich zu Dunkelsbiehl aufs neue, keiner gütlichen Verhandlung Platz zu lassen, sondern vielmehr den Kaiser, welcher aus allen Landen Truppen zog, mit Hülfsvölkern, und allem Benöthigten auf das äußerste möglich zu unterstützen. Zu Augsburg wurden bald hierauf zwey kaiserliche Rescripte angeschlagen, gemäß deren die protestantischen Stände, erinnert werden, von ihrer kriegerischen Verfassung abzustehen, und den Reichsstädten, anbefohlen wurde, für den Leipziger Bund, nicht werben zu lassen. –– Der Kaiser wollte bald darauf selbst eine Garnison seiner Truppen nach Augsburg legen, welches sich aber der Magistrat mit der Aeußerung verbath: „Sie wollten bloß unter der Bedingung, 1000 „Mann annehmen, daß sie alle der katholischen „Religion zugethan seyen, und unter dem Commando eines augsburgischen Obersten stehen „sollten.“ — Mittlerweile hatte König **Gustav Adolph** seine Armee verstärkt; den Churfürsten von Sachsen, der bisher ein Freund des Kaisers war, jetzt aber durch die Verwüstungen, welche **Tilly** und sein Heer, in seinem Lande machte, erbittert auf seine Seite gebracht, und rüstete sich jetzt auf Anrathen des besagten Churfürsten, zu einer Hauptschlacht. Diese wurde auch im September auf einer Fläche vor Leipzig geliefert. Beyde Armeen waren gegen 60000 Mann stark. — Kaiserlicher Seits kommandirte Pappenheim den rechten, Egon von Fürstenberg den linken Flügel, und Tilly die ganze Armee. — Bey der schwedischen Armee, kommandirte der Churfürst von Sachsen und dessen General Arnheim den rechten, König Gustav Adolph das ganze Heer, und seine Generäle den linken Flügel. — Anfangs war die Schlacht zweifelhaft; der rechte Flügel der Schweden, wurde von dem linken der Kaiserlichen, und der rechte der Kaiserlichen von dem linken der Schweden besiegt. — Als aber der König den General Horn, dem General Arnheim mit einem Corps Schweden zu Hülfe schickte, so wurde der rechte Flügel der Kaiserlichen gleichfalls gesprengt, und die ganze kaiserliche Armee in die Flucht gebracht. Es blieben gegen 7000 Mann kaiserlicher Truppen auf dem Platze, und durch diesen Sieg war die Sache der Evangelischen auf einmal entschieden. Nun konnte nichts mehr den Waffen-Unternehmungen des König Gustavs Einhalt thun. Alle Orte, welche noch von kaiserlichen Völkern besetzt wa-

ßen, mußten sich ergeben. Diese Siegesnach-
richt, setzte ganz Deutschland, theils in Schrecken, theils in Freude. — In Augsburg wurden alle Sicherheitsanstalten vorgekehrt. — Der
kaiserliche Feldherr Gallas wollte Besatzung
in die Stadt legen, der Rath lehnte solches
aber ab, um so mehr, da diese unglückliche Stadt
durch bereits abverlangte und geleistete Abgaben
von Mund- und Kriegsvorrath, ganz erschöpft
wurde, und da sich die Nachricht verbreitete,
daß der schwedische General Horn, einen Einfall in Franken gemacht habe. Tilly hatte
unterdessen das Stift Bamberg, das die Schweden weggenommen hatten, wieder erobert, und
dadurch verursacht, daß nun der König von
Schweden mit seiner ganzen Armee auf ihn los-
gieng. Deßwegen wurden zu Augsburg die ernst-
haftesten Anstalten zu einer Vertheidigung der
Stadt getroffen. Man legte nun eine kaiserliche Garnison ein, man nahm den Protestanten
alle Waffen ab, und besetzte die bedeutendste
Plätze der Stadt mit Truppen. —

Gustav Adolph, der Donauwörth erobert
hatte, näherte sich nun Augsburg, deren Besatzung immer mehr verstärkt wurde: Tilly
kam mit mehrern vornehmen Offizieren seiner

Armee, in die Stadt, untersuchte die Festungswerke, und ließ sie in aller Eile in bessern Stand
setzen. Hierauf begab er sich in sein Lager am
Lech nicht weit von dem Fugger'schen Flecken
Oberndorf. Hier aber fand er das Ende
seiner irdischen und kriegerischen Laufbahn, eine
Kugel der Schweden zerschoß ihm den Schen-
kel, daß er wenige Tage darauf seinen Geist
aufgeben mußte, und nun rückte Gustav nach
der Einnahme von Rain geradenwegs auf Augsburg los. Die Stadt Augsburg, welcher sich
König Gustav Adolph näherte, befand
sich als befestigt betrachtet, in einem schlechten
Vertheidigungsstand, auch war die Besatzung
schwach, die Verproviantierung für eine Belagerung unzureichend, und die Staatskassa durch
allzugroße Kriegskontributions-Gelder ganz erschöpft. Die Größe des Platzes im Umfang
selbst immer schwer zu vertheidigen, machte es
dem König leicht solche zu erobern, wenn er
seine Macht dagegen gebrauchen wollte. — Der
Magistrat, welchem dieses alles sehr wohl bekannt war, berathschlagte sich hierüber, wie man
sich auf billige Bedingungen ergeben könnte? —
Unterdessen aber suchte doch derselbe, um sich
für alle zukünftige Verantwortung bey dem Kai-

ser sicher zu stellen, die evangelischen Bürger, weil sie die größte Anzahl der Bewohner der Stadt ausmachten, zu erforschen, wie sie im Fall einer Belagerung von Schweden gesinnt wären? und schickte deßwegen einen angesehenen Mann, Philipp Heinhofer, mit der Anfrage an sie: „ob, im Fall der König von „Schweden die Stadt belagern wollte, sie zur „Vertheidigung derselben geneigt wären?" Diese Frage wurde aber von denselben mit dem größten Unwillen angehört und aufgenommen. — Von 400 Personen, die sich aus allen Ständen deßwegen auf der Geschlechterstube eingefunden hatten blieben kaum 50, um diesen Antrag ganz zu vernehmen, und auch diese ließen dem Rathe durch Einige von ihnen äußern: „Es möchte „wohl zuträglicher für das Wohl der Stadt seyn, „dem sieggewohnten König von Schweden, wel- „chem man ohnehin mit Nachdruck sich nicht „widersetzen könnte, bey Zeit sich freywillig zu „ergeben." —

Die Schweden rückten nun immer näher gegen die Stadt; Friedberg hatte sich bereits ergeben, und das Dorf Oberhausen war schon von ihnen besetzt. Sie schlugen Brücken über den Lech und warfen Batterien gegen die Stadt

auf. — Der kaiserliche Stadtkommandant Tre⸗
beres, machte dagegen Anstalten zur Verthei⸗
digung, und ließ, wiewohl ohne Wirkung, stark
von den Wällen auf den Feind feuren. — Der
König aber ließ am 19. April die Stadt durch
einen Trompeter zur Uebergabe auffordern, durch
welchen er sogleich eine entscheidend bestimmte
Antwort verlangte. Anfangs wollte der Com⸗
mandant von keiner Uebergabe wissen, und äußer⸗
te, „eher wolle er sich bis auf den letzten Mann
vertheidigen, und die Stadt an allen Orten in
Brand stecken, als solche übergeben.“ — Als
man ihm aber für sich und seine Garnison bil⸗
lige und seiner Ehre gemäße Bedingungen von
Seiten des Raths mit dem König Gustav zu
unterhandeln versprach, ließ er sich eine Ueber⸗
gabe gefallen. — Der Magistrat schickte hier⸗
auf ein Unterwerfungsschreiben an den König,
worinn er versprach, Augsburg mit dem Be⸗
dingniß zu übergeben, wenn der König Gustav
erlaube, daß die kaiserliche Garnison, welche
ohne des Raths Verlangen von dem Reichs⸗
oberhaupt in die Stadt gelegt worden seye so
sie sich mußten gefallen lassen, frey und unge⸗
hindert abziehen könne. Dieses genehmigte auch
der König. Es wurden hierauf sogleich Abge⸗

ordnete in das königliche Hauptquartier gesandt; weil aber keine Protestanten darunter waren, wurden sie unverrichteter Sache zurückgeschickt. — Man mußte also auch protestantischen Theils Einige zur Unterhandlung auswählen, welche mit den Abgeordneten des Königs zusammen kamen. Während sie in Unterhandlung traten, zog die kaiserliche Besatzung mit Ober- und Untergewehr, und fliegenden Fahnen ab. Ihren Abzug sahe der König selbst bey dem obern Gottesacker zu Pferd unter einer starken Bedeckung mit an; und gegen Abend rückten einige schwedische Regimenter in die Stadt. — Die beyderseitigen Abgeordneten konnten aber zu keinem Vergleich kommen; der König Gustav hatte die Stadt Augsburg nun einmal in seiner Gewalt, es mußte ihm Alles unbedingt überlassen werden. Abends 5 Uhr den 19. April rückten vier Regimenter unter Commando des Oberst Bord zum Jakoberthor ein, wo sie die Nacht unter freyem Himmel auf dem Brod- und Weinmarkt und bey St. Ulrich zubrachten; den folgenden Tag machte man sogleich den Anfang mit Einquartierung dieser schwedischen Garnison. Die Fuggerschen Häuser auf dem Weinmarkt, wurden für den König zubereitet. — Dieser

verlangte, „daß ein Ausschuß von Protestanten in sein Hauptquartier kommen solle, mit
welchen er sich über einige Punkte besprechen
wolle.“ Als sie erschienen, reichte er jedem
der Abgeordneten die Hand, und sicherte ihnen
seine Gnade und Geneigtheit zu. Hierauf machte er ihnen bekannt, „daß der ganze katholische Rath von ihm entlassen seye, und an dessen
Stelle nur Protestanten zu kommen haben. Daß
eine schwedische Garnison in die Stadt gelegt,
die Festungswerke in bessern Stand gesetzt, und
neue erbaut werden. Daß die Bürger und
Geistlichkeit zur Unterhaltung der Besatzung monatlich gegen 30,000 Reichsthaler zu leisten haben, und daß selbst aus den Bürgern einige
Compagnien formirt, bewaffnet, und in den
Waffen geübt werden sollen 2c. —

Die Abgeordneten dankten für des Königs
Gnade; bathen aber doch, die Katholiken nicht
ganz vom Stadtrath auszuschließen, sondern sie
an den Aemtern Antheil nehmen zu lassen.“
— Der König weigerte sich aber schlechterdings dieses zuzugeben, und am 22. April wurde der katholische Rath wirklich entlassen, an
dessen Stelle lauter Protestanten erwählt, welchem neuen Rath die Bürger zu schwören an-

gehalten wurden. Der König selbst verlangte, daß man ihm huldigen solle. Man bath zwar sie, wo nicht der Huldigung ganz zu überheben, doch wenigstens die Formel in etwas abzuän-dern; allein er verweigerte es, da er wohl wisse, „daß man einen Unterschied zwi-schen einem Landsaßen, und einem unmittelba-ren Stande machen müßte; denn er wäre nicht gesinnt, der Stadt an ihren Freyheiten nach-theilig zu seyn.“ — Hierauf hielt König Gu-stav Adolph von Schweden seinen Einzug, den 24. April in die Stadt mit aller Feyerlich-keit. Er wurde unter dem Jakoberthor von dem ganzen Rath empfangen, und in die St. Anna-kirche begleitet, woselbst er eine von seinem Hof-prediger Jakob Fabriß über den 6ten Vers des 12ten Psalm Davids, gehaltene Predigt anhörte, und das Te Deum laudamus absingen ließ. Hierauf begab er sich in die für ihn zu-bereitete Wohnung, vor welcher sich bereits die Bürger beyder Religionen zur Huldigung ver-sammelt hatten, welche der König von dem Fen-ster aus annahm, die Bürger aber den Huldi-gungseid, so wie vorgelesen wurde, laut nach-sprechen mußten. Nach Endigung derselben, ließ der König den Rath vor sich kommen, und ermahnte solchen zur Verträglichkeit, Wachsamkeit und Treue. — Er ernannte den Sohn des Kanzlers Oxenstierna, Graf Benedikt zum Statthalter der Stadt. — Augsburg wurde stark befestigt; die katholische Bürgerschaft entwaffnet, und verschiedene Bedingungen und Vorschläge in Ausübung gebracht, welche wegen Vertheidigung und Sicherheit der Stadt vom König Gustav anbefohlen wurden. Die evangelische Bürgerschaft, wurde bewaffnet, in Compagnien eingetheilt, und im Exerciren geübt. Der König zog mit seiner Armee nach Baiern, nahm die churfürstliche Residenzstadt München ein, und setzte sie in Contribution.

In dem unglücklichen Baiern wurden von den Schweden viele Orte verheert, geplündert und abgebrannt. — Die benachbarte Stadt Friedberg, wurde auch ganz zerstört und verbrannt; ein schreckliches Blutbad alldort verübt, wobey die Männer ohne Unterschied von Stand und Alter niedergemacht, und die Weiber und Kinder verjagt wurden. — Während dieser Ereignisse fielen die kaiserlichen Truppen in Sachsen ein, welches unglückliche Land sie eben so grausam und übel behandelten, als wie die Schweden das bedaurungswürdige Baiern. —

Der Churfürst von Sachsen rief den König von Schweden zu Hülfe, welcher sich auch schnell einfand. — Wallenstein, der die kaiserliche Armee nach Tylli's Tod kommandirte, wurde vom König Gustav bey Lützen, 2 Meilen von der Stadt Leipzig angegriffen. Die Schlacht war blutig und hartnäckig, doch erkämpften die Schweden den Sieg, obgleich die Kaiserlichen, während des Gefechts, durch den Grafen von Pappenheim, und dessen Corps, Verstärkung erhielten. Allein, dieser Sieg kam den Schweden theuer zu stehen, denn Gustav Adolph endigte in diesem Kampf, durch eine Kugel getroffen, seine siegreiche Laufbahn mit seinem Leben, noch nicht völlig 38 Jahre alt, am 6. Novemb. des Jahrs 1632. — Ein schlichter Stein auf dem Schlachtfeld bey Lützen verewigt diesen traurigen großen Verlust der schwedischen Nation und der Protestanten. —

Nach dem Tode dieses großen Regenten und Feldherrn, fieng das Waffenglück der Schweden zu wanken an. — Die kaiserlichen Truppen ermannten sich wieder, und siegten hierauf in einigen Gefechten; obgleich die berühmten schwedischen Generale Horn und Banner gegen sie stritten. —

Die Stadt Ulm, sandte an den Magistrat zu Augsburg die Frage, wie es mit „der Reichs-freyheit dieser Stadt stehe? Nachdem dieselbe der Krone Schwedens gehuldigt habe, einem schwedischen Statthalter untergeben seye, und einen schwedischen Kommandanten und Besatzung besitze, und von den Schweden befestigt worden seye." — Der Rath sandte hierauf Abgeord-nete mit der Antwort nach Ulm: „Sie hätten dem König von Schweden nur unter der Be-dingung, den Eid der Treue geleistet, daß er sie bey ihren Rechten und Freyheiten ungekränkt belassen und erhalten solle, und dieses habe er ihnen auch bey seinem königlichen Wort, zuge-sichert. Uebrigens habe er ihnen noch über die-ses, eine schriftliche Versicherung des Inhalts ausgestellt, daß im Falle Friede gemacht werde, er die Stadt Augsburg darinn einschließen, und wie alle andere Reichsstände halten wolle. Der schwedische Statthalter habe gänzlich keinen Ein-fluß auf die Gerichtsbarkeit der Stadt, und die Befestigungswerke ließe die Stadt auf ihre ei-gene Kosten, durch einen von ihr besoldeten In-genieur erbauen. Die Annahme einer Besatzung könnte der Reichsfreyheit der Stadt nicht nach-theilig seyn, indem der König dieselbe nicht für immer, sondern nur auf einige Zeit hierher gelegt habe. Folglich seye die Reichsfreyheit der Stadt auf immer ungekränkt." Das Jahr 1633 war in keinem Stücke ruhiger, als das vorhergehende für die gute Stadt Augsburg. — Die kaiserlichen Truppen, besonders die Kroaten, streiften um die Stadt, und verursachten öfters großen Schaden. Einen größern noch verursachte aber die schwedische Garnison selbst, welche den Bürgern auf allerley Art zur Last fiel. Auch die Habsucht des schwedischen Gouverneurs Graf Benedikt von Oxenstierna, war für die Stadt sehr drückend; da er sein Gouvernement der Stadt dem schwedischen Oberst Johann Georg Winkel übertragen, und abgehen mußte, so hatte er noch eine bedeutende Summe Geldes von der Stadt mit sich fortgenommen. Vor seiner Abreise zwang er noch jene katholische Geistliche, welche sich bisher geweigert hatten, der Krone Schwedens den Eid der Treue abzulegen, die Stadt zu verlassen. —

Dem neuen Kommandanten wurde ein Kriegsrath beygeordnet, welcher unumschränkte Vollmacht hatte, alles zum Besten der Stadt anzuordnen, und zu beschließen. — Dieser Kriegsrath suchte den Excessen und Unordnungen der

schwedischen Soldaten Einhalt zu thun, allein
meistens mit g e r i n g e m E r f o l g; denn diese
plünderten demungeachtet die Kaufmannsgüter,
schwärmten zu Nachts auf den Straßen umher,
und trieben allen Unfug.   Unerachtet man sich
von Seiten der Stadt mehreremals hierüber beschwerte, und auch um Milderung der beständigen Forderungen der Zahlungsleistung ungeheu-
rer Summen bath; so geschahe doch keine Abhülfe noch Linderung, und die arme, niederge-
drückte, von aller Hülfe verlassene Stadt Augsburg, mußte ihre Beschwerden und Leiden, welche sogar dem General H o r n vorgetragen wurden, als er mit seinem Heer vorbey zog, ohne
weitere Abhülfe, in stiller Geduld und Gelassen-
heit ertragen. — So übel es indessen immer,
in und außer der Stadt, aussahe, und so groß
das Elend, der Jammer und Noth, aller Orten herrschte, so gab es doch Leichtsinnige und
Gefühllose, welche sich um das Leiden und Unglück ihrer Mitbürger nichts bekümmernd, und
so zu sagen, den Unbilden der Zeiten mit Fri-
volität trotzend, mit Lustbarkeiten und Schmau-
sen, sich sorgenlos, wie Verzweifelte, unterhalten konnten; also daß der Magistrat gedrungen
war, nachdrückliche Verbothe und Dekrete, be-

sonders im Monat April, zu erlassen, worinn ausdrücklich verbothen wurde, „nicht mehr als 40 Personen zu einer Hochzeit einzuladen. —

Die Stadt litt großen Mangel an Lebensmittel, die Bürger wurden von den schwedischen Soldaten mißhandelt, und durch ihre Schwärmereyen und Unfug des Nachts, vom Schlafe aufgeschreckt und gestört. Die Stadtkassa, war theils durch frühere Kriegskontributionen an die Kaiserlichen, theils durch ungerechte Auflagen und ungeheure Zahlungsleistungen, an die schwedischen Völker, ganz erschöpft; die Handlung und Gewerbe, erlitten gänzlichen Stillstand, die Gegend umher war verwüstet, von Menschen leer, voll der Schutthaufen der zerstörten und abgebrannten Dörfer, und Gebäude vor der Stadt; zertretenes Gras, verdorbene Felder und Früchte, dieses war das jämmerliche Bild der sonst so blühenden Stadt Augsburg, mit Grund der Wahrheit, ohne Uebertreibung geschildert, ein rührend und höchst trauriger Anblick für jedes gefühlvolle Herz eines Menschenfreundes.

Im Anfange des Jahrs 1634, befand sich Augsburg in den traurigsten Umständen. Der Geld- und Brodmangel brachte die schwedischen Soldaten zu den größten Excessen, welche sie sich um so mehr zu verüben erlaubten, jemehr man voraussehen konnte, daß sie nicht mehr lange in dieser Garnison verbleiben werden. — Die Bürger beschwerten sich oftmals über den Unfug der Soldaten, bey dem schwedischen General Horn. Allein anstatt der Abhülfe ihrer Beschwerden, erhielten sie bloß Vertröstungen für die Zukunft zum Bescheid. — Da die Stadt sogar das Brod zur schwedischen Armee liefern mußte, so vermehrte schwedische noch den Mangel um so stärker. — Man versprach zwar, diese Brodlieferungen von den Schweden zu bezahlen, es erfolgte aber niemals. —

In der Stadtumgebnng sahe man weit und breit nichts, als grausame Soldaten, welche der Krieg ganz verwildert, und zu Unmenschen gemacht hatte; niedergerissene, rauchende, ausgeplünderte Dörfer, und weheklagende, zu Grunde gerichtete Landbewohner, nichts als Verwüstung, Jammer und Elend, an allen Orten. — Die kaiserlichen Waffen hatten unterdessen einen überaus glücklichen Fortgang. — Der Erbprinz des Kaisers, und römische König Ferdinand, befand sich selbst bey der Hauptarmee, welche immer weiter vorrückte. — Zu Augsburg wurden deßwegen alle Anstalten zur Vertheidigung des Platzes getroffen. — Der Magistrat, welcher sich in der größten Besorgniß, für das künftige Schicksal der Stadt befand, beschloß eher alles aufzuopfern, als sich zu ergeben; besonders als die Nachricht kam, daß Dillingen und Höchstädt bereits von den Kaiserlichen besetzt seye, und Nördlingen belagert werde. Herzog Bernhard von Weimar, eilte herbey, um Nördlingen zu entsetzen. General Feldmarschall Horn wollte es zwar zu keiner Schlacht kommen lassen, da sein Heer sehr geschwächt war. Herzog Bernhard griff aber den Feind an, da er Nördlingen schleunig entsetzen wollte. Das Gefecht war sehr heftig, und das Kriegsglück schien sich auf die Seite der Schweden zu wenden. Als aber General Horn eine kaiserliche Batterie wegnehmen lassen wollte, welche unter den Schweden großen Schaden verursachte, von solchen aber erobert wurde, gerieth ein Pulvervorrath in Brand, und schleuderte mehrere Hundert Schweden in die Luft, dadurch wurde der linke Flügel der Schweden in Unordnung gebracht, und wich zurück. General Horn mit vielen Offizieren wurden gefangen, der rechte Flügel gerieth hierdurch ebenfalls in Unordnung, und wurde in die Flucht geschlagen; 12,000 Schwe-

den blieben auf dem Schlachtfelde, und alles
schwedische Geschütz und Bagage eine Beute der
kaiserlichen Armee. Nun konnte man in Augsburg nichts anders erwarten, als eine baldige
Belagerung. — Die kaiserlichen Truppen besetz-
ten alle Zugänge um Augsburg, näherten sich der
Stadt unaufhörlich, und plunderten und raub-
ten, was sie fanden, und was ihnen begegne-
te. Die Absicht der Kaiserlichen war, mehr die
Stadt enge einzuschließen, und durch Hunger
zur Uebergabe zu zwingen, als solche förmlich
zu belagern, und dabey viel Volk aufzuopfern;
indessen aber, wurde sie demungeachtet, von
dem Teutschmeister Kaspar von Stadion,
zur Uebergabe aufgefordert. — Die Verständigen im Magistrat stimmten für die Uebergabe
der Stadt, da es an den Lebensmitteln fehlte,
und sich der Platz doch nicht lange, würde halten können; allein, sie wurden überstimmt. —
Es wurde beschlossen, die Stadt zu vertheidigen, und dieser Entschluß dem Teutschmeister
bekannt gemacht. Hierauf wurde die Stadt von
Seiten der Kaiserlichen enger eingeschlossen, und
sie lagerten sich mit ihrer Armee bey Günzburg.
Die Kroaten fuhren immer fort, Augsburg zu
beunruhigen; alles Vieh, das sie auftreiben

konnten, führten sie hinweg, und die Bauren, welche Lebensmittel in die Stadt bringen wollten, nahmen sie gefangen, oder tödteten sie. — Auch suchten die Kaiserlichen, der Stadt das Wasser abzugraben, und verschütteten den Ablaß mit Schutt und Steinen, daß kein Wasser mehr in die Stadt laufen konnte. Indessen ließ der Kommandant unter Bedeckung von Truppen, alles wieder in brauchbaren Stand setzen. Nun forderte auch der churfürstlich baierische General Wahl die Stadt zur Uebergabe auf. Indessen beharrte der Magistrat und die Bürgerschaft auf ihrer Verweigerung, indem sie sich Hoffnung machten, entweder verproviantirt, oder entsetzt zu werden. Mit dem Ersten wurde auch, wiewohl vergebens, der Versuch gemacht; eben so mißlang es dem Churfürsten von Sachsen, die Stadt mit dem Kaiser auszusöhnen. — Der Rath, aus Furcht vor dem schwedischen Kommandanten konnte zu keinem Entschluß mehr kommen. Indessen war der Rath nicht ganz außer Schuld, zum Unglück der Stadt durch sein Benehmen beygetragen zu haben, obgleich ihn die politischen Umstände fesselten. Bey den in Pirna im Jahre 1634 gehaltenen Friedenstraktaten, wurde Augsburg nicht vergessen, „son-

„dern für sie ausbedungen, daß ihr sollte die
„freye und ungehinderte Ausübung der augs-
„burgischen Confession belassen werden.‟ Hätte sich nun der Magistrat, gleich gerade an das
Reichsoberhaupt gewendet, so wäre die Stadt
vielleicht bald zur Ruhe gekommen, so aber,
sandte der Rath Abgeordnete an den Churfürsten von Sachsen, welcher größere Vortheile für
die Stadt verlangen sollte, und hierdurch scha-
dete der Magistrat der gemeinen Sache, und
sich selbst. — Der Geldmangel des Gemeinwesens war so hoch gestiegen, daß der Rath gezwungen war, für die Stadt mehrere Summen von den
Bürgern aufzunehmen. Und der Mangel an Lebensmitteln verursachte eine völlige Hungersnoth.
Man fieng an, unter den armen und unbemit-
telten Einwohnern der Stadt aus Hunger, Fleisch
von Pferden, Eseln, Hunden, Katzen, Mäuse,
Ratten, einige behaupten sogar, Kadaver und
andere widernatürliche, unflätige Gegenstände zu
verzehren, und zu genießen, wovon die bloße
Beschreibung Mitleiden, Grausen und Entsetzen
erregte, und die schreckliche Scenen dieser Hungersnoth, für jeden fühlenden Menschenfreund
herzerschütternd waren. — Die traurigen Folgen
davon waren ansteckende Krankheiten und die

23 *

Pest, welche eine große Anzahl Menschen hinweg-raffte. — Da nun der Mangel an Lebensmitteln immer fühlbarer und drückender wurde, so machte der schwedische Kommandant, den schrecklichen und grausamen Vorschlag, den katholischen Bewohnern der Stadt keine Lebensmittel mehr verabfolgen zu lassen, sondern sie anzuhalten, ihre Lebensbedürfnisse selbst aus Baiern zu holen. Allein, der Magistrat verwarf mit Recht und Abscheu, diese unmenschliche barbarische Maasregel; zwar consequent nach Kriegsgrundsätzen; aber traurig und herzempörend in der Ausführung. — Die schwedische Offiziere erlaubten sich mancherley, öfters selbst nicht der edelsten Mittel und Kunstgriffe, vor persönlichem Mangel sich zu verwahren, und auch noch manchmal Ueberfluß zu haben, wodurch sie sich bey den Stadtbewohnern sehr verhaßt machten. — Allein, Gewalt galt dortmals vor Recht, und die kaltherzige Selbstsucht der Menschen, in den Zeiten der Noth, wurde auch hier leider wieder sichtbar. — Als nun die allgemeine Noth aufs höchste stieg, und der Rath kein anderes Mittel vor sich hatte, als sich zu ergeben, oder mit der ganzen Bürgerschaft umzukommen, so versammelte er sich im Jahre 1635 am 8. Jänner, und überlegte, wie es anzufangen seye, dem gänzlichen Untergang der Stadt vorzubeugen, besonders da der schwedische Kommandant von einer Uebergabe des Platzes schlechterdings nichts hören wollte. „Der größte Theil war „von der Meynung zur Uebergabe;“ der andere aber meynte: „man sollte noch eine Zeit„lang warten; die Stadt seye durch den gegen„wärtigen Rath nicht dem König von Schwe„den übergeben worden; man könne nicht wiß„sen, was den Burgern noch bevorstehe; es „könne unversehends Hülfe kommen“ u. s. w.. Unter den Rathsgliedern, welche zur Uebergabe des Platzes, ihre Stimme gegeben hatten, war der jüngere Stadtpfleger, Paul von Stetten. Ob er wohl in Rücksicht des Kommandanten, und wegen der Mehrheit der Stimmen noch nicht zu übergeben, mit seinem gutgemeynten Vorschlag, nicht durchdrang, so glaubte er doch, mit einigen Gliedern des vorigen katholischen Magistrats hierüber sprechen zu müssen. Er ließ sie daher, um kein Aufsehen zu machen, ganz in Geheim fragen, ob sie nicht eine Zusammenkunft mit ihm halten wollten? Sie ließen sich gerne willig hierzu finden. — Ehe aber diese

Unterredung noch vor sich gieng, wurde der schwedische Kommandant selbst durch zwey mißlungene Versuche, die Stadt mit Lebensmitteln zu versehen, auf andere Gesinnungen gebracht, so, daß er bald darauf selbst mit dem Rathe, zur Uebergabe der Stadt, übereinstimmte. — Er hatte nach Ulm geschickt, um von dort Lebensmittel zu erhalten. Da gerade eine starke Kälte eingefallen war, so gedachte er, seinen Zweck mit Erhaltung des Proviants, durch nächtlichen Transport, um so leichter, im größten Geheim erreichen zu können. Es glückte ihm bey seinen getroffenen Maasregeln aber nicht; denn es fiel nicht allein Thauwetter ein, sondern die kaiserliche Armee bekam auch Nachricht davon. General Wahl machte Anstalt diese Proviantzufuhr anzuhalten. Der schwedische Kommandant von Augsburg aber, der dieses erfuhr, sandte sogleich sechs Bothen nach Ulm, um die Abführung des Getreides abzubestellen. Unglücklicherweise wurden sie aber alle sechse von den Kaiserlichen aufgefangen. Das Getreid wurde von Ulm abgeführt und von dem General Wahl weggenommen. Eben so fruchtlos fiel auch der Versuch eines zweyten Transports aus, obgleich der Kommandant solchen, von Memmingen aus dem Magazin bringen laſſen wollte; zu dieſem Zwecke beabſichtete er Mindelheim zu überfallen, und ſo lange zu beſetzen, bis die Zufuhr in die Stadt gezogen worden wäre. Allein, General Wahl kam ihm in allem zuvor, und ließ auch außer dieſem, alle Brücken über den Lech abtragen, jeden Paß beſetzen, und in Baiern, damit kein Bauer aus Eigennutz Getreid heimlich in die Stadt bringen möchte, alle kleine Münze verbiethen. Als nun der ſchwediſche Kommandant, keinen Ausweg, Lebensmittel fur ſeinen Platz herbeyzubringen, mehr möglich ſahe, ſo wagte er einen Einfall ins Baiern, plünderte Ainling und Scherneck, und eroberte Aicha, machte die Garniſon dort theils nieder, theils gefangen, und kehrte mit Beute beladen, nach Augsburg zurück. Solche wiederholte Unfälle, wie die mißlungene Proviantzufuhr war, machten ſelbſt die Bürger in ihrer bedrängten Lage immer muthloſer, und den Rath immer geneigter ſich zu ergeben. Dieſer machte den Beſchluß der Uebergabe, dem ſchwediſchen Kommandanten bekannt, welcher endlich durch viele Vorſtellungen bewogen wurde, darein zu willigen, und verſprach, die Stadt zu ubergeben, „wenn vorher in allen Häuſern eine ſcharfe Nach=

„suchung des Getreides wegen, würde angestellt
„worden seyn; — sollte aber während dieser Zeit,
„die Stadt von Ulm aus verproviantirt werden
„können; so würde er eher sein Leben, als
„Augsburg aus seiner Gewalt lassen.‟

Die Uebergabe war an der höchsten Zeit, da
die Noth und das Elend in der Stadt, auf den
äußersten Grad gestiegen war. An vielen Orten
sahe man hungernde Menschen um ein Stück
Fleisch sich raufen. Wie bereits gesagt, wurde Fleisch von Pferden, Eseln, Hunden, Katzen um theures Geld gekauft und verzehrt, so
wie auch von Mäusen und Ratten. — Brod
aus Haber und Kleyen gemacht, war ein Lecker-
bissen, welcher öfters nur den Reichen für theures Geld zu Theil wurde. Todte Körper wurden von Menschen und Thieren, von der ärm-
sten Klasse der Einwohner, aus gewaltsamen
Hunger angeschnitten, und zu genießen versucht;
Leder, Stroh und Heu, und alle Sorten von
Gras und Unkraut, wurden häufig gekocht und
verzehrt, um sich nur in etwas den Hunger zu
stillen. — Unterdessen hatte sich aber der Stadtpfleger Paulus von Stetten mit den katholischen Rathsgliedern in Unterhandlung eingelassen, und diesen nebst andern katholischen

Bürgern, welche hierzu berufen wurden, legte
man für die Zukunft, zur Festsetzung folgende
Punkte einer Uebereinkunft vor: ,,Beyde Reli-
,,gionstheile sollen in der durch den Religions-
,,frieden gegründeten Freyheit verbleiben; der
,,katholischen Geistlichkeit alle ihre Besitzungen
,,wieder eingeräumt werden; der Magistrat für
,,die Zukunft zur Hälfte aus katholischen, und
,,zur Hälfte aus evangelischen Rathsgliedern be-
,,stehen; und es eben so bey den Stadtäm-
,,tern gehalten werden. Im Falle der jetzige,
,,oder ein nachfolgender Bischof, die Rechte und
,,Freyheiten der Stadt einzuschränken suchen soll-
,,te, so solle der gesammte Magistrat, von bey-
,,den Religionen, sich nach allen Kräften ver-
,,eint widersetzen, und für die Aufrechthaltung
,,des Religionsfriedens fest bestehen. Auch soll
,,eine Amnestie und Vergessenheit des Erlittenen
,,anerkannt und bekannt gemacht werden.'' Die
,,Katholischen erwiederten hierauf: ,,Es könnte
,,ihnen nichts angenehmer seyn, als Friede und
,,Einigkeit. Was aber die vorgelegte Punkte
,,betreffe, so wären sie nicht berechtigt, hierin
,,etwas zu entscheiden, weil sie als Privatper-
,,sonen, keine gültige Stimme und Recht, zum
,,Unterhandeln hätten. Uebrigens ließen sie sich

„alles gefallen, und würden gerne auch alles
„vergessen, was Schädliches und Unangenehmes
„vorgefallen seye, weil die Christenpflicht sol-
„ches erfordere."

Diese Antwort wurde von dem Rath als
nicht genüglich aufgenommen; man hielt sie für
hinterstellig. — Es wurden Gegenerklärungen
gemacht, hierauf erfolgte aber keine Antwort,
und die beabsichtete Vereinbarung kam nicht zur
Wirklichkeit. Dieses geschahe, ehe der Rath die
Uebergabe der Stadt an die Kaiserlichen beschlossen hatte. Als man nun hieruber, mit dem
Commandanten einverstanden war, so machte
man von Seiten des Magistrats, einen zweyten Versuch, mit den Katholischen sich zu vereinbaren. Diese wollten aber von ihrer ersten
gegebenen Aeußerung nicht abgehen, und sich
nicht weiter einlassen. Man ließ nun bey dem
kaiserlichen General Gallas, um einen Paß
nach Löwenberg ansuchen, die Abgeordnete des
Raths, dahin reisen zu lassen, um wegen der
Uebergabe der Stadt in Unterhandlung zu treten.

Am 14. Jänner des Jahrs 1635 wurde dieser Paß, durch einen Trompeter nach Augsburg
gebracht. Diese Raths-Abgeordnete, wurden
im kaiserlichen Hauptquartier gutig aufgenom-

men, und ihnen Hoffnung zu billigen Capitula-
tionspunkten gemacht; sie überreichten die Vorschläge der Bedingnisse der Uebergabe Augsburgs, des Inhalts: „daß beyde Religionen,
„gemäß des Religionsfriedens, ungekränkt ne-
„ben einander bestehen sollen; daß keine Plün-
„derung noch Mißhandlung der Stadt zugelassen
„werde; daß der schwedischen Garnison mit dem
„Commandanten und Offizieren mit ihren Kriegs-
„geräthschaften, und Wagen undurchsucht, mit
„allen Kriegsehren frey und sicher bis zu ihrer
„Armee abzuziehen gestattet werde; daß die Bür-
„ger der Stadt nicht entwaffnet, die gegenwär-
„tige Regierungsform belassen, und die Stadt bey
„ihren Freyheiten erhalten werde, u. s. m.“ Die
kaiserlichen Abgeordnete bey diesen Traktaten,
verwunderten sich über die vorgeschlagene Bedingnisse des Uebergabs-Accords umsomehr, da ihnen die Noth und der elende Zustand, worinn
sich dermalen die Stadt Augsburg befand, nicht
unbekannt war; sie erwiederten daher. „In
„Betreff der Religion, solle alles in den vori-
„gen Stand gesetzt werden, so wie es zur Zeit
„der Einnahme der Stadt von den Schweden
„bestand. Die Stadt solle nicht geplündert noch
„gemißhandelt werden, und die schwedische Be-

„ſatzung, einen freyen Abzug erhalten. Für den
„von Seiten der Stadt einem oder dem andern
„Theil zugefügten Schaden, ſolle die Stadt ſammt
„und ſonders 80,000 Gulden bezahlen. — Die
„Bürger ſollen bey ihren Freyheiten belaſſen,
„alle in der Stadt befindlichen Geißeln, ſollen
„auf freyen Fuß geſtellt, und einige kaiſerliche
„Regimenter, als Beſatzung in die Stadt ge-
„legt werden.“ — Die Abgeordneten von Augsburg, machten Gegenvorſtellungen, allein ohne
Erfolg. — Es kam vielmehr ein kaiſerliches
Reſcript nach Löwenberg, welches der Stadt
vorſchrieb, alles ohne weiteres einzugehen, was
man an ſie ergehen laſſen würde, und die Forderungen des Kriegsſchaden-Erſatzes, an den
Churfürſten von Baiern, ſo die Schweden in
ſeinem Lande verurſachten, ohne weiters von
Seiten der Stadt Augsburg zu vergüten. Obgleich die Abgeordneten der Stadt Augsburg um
Milderung dieſer harten Zumuthung bathen, da
ohnehin ſich dermal das unglückliche Augsburg in großer Noth und Elend befinde, ſo fand
dieſe Bitte dennoch kein Gehör, ſo wie auch jene nicht, um einige Nachſicht in den andern
Bedingungen des Uebergabs-Accords der Stadt
zu bewilligen. Den 13. März 1635 kam dieſe

traurige und unglückliche **Kapitulation** zu Stande, und wurde von beyden Theilen unterschrieben. — Das Nachtheiligste für die Protestanten war, daß nun alles wieder auf denselben Stand gesetzt werden mußte, so wie es sich im Jahre 1629 zur Zeit des **Restitutions-Edikts** befand. Die schwedische Garnison, zog frey und ungehindert ab, und dagegen eine Kaiserliche in die Stadt ein, welche bey den Burgern einquartiert wurde. — Den Evangelischen wurden wieder alle Kirchen genommen, bloß die Barfüßerkirche mit einem Pfarrer und Diakon, wurde ihnen so lange zu ihrer Religionsübung zugestanden, bis sie, aus ihren eigenen Mitteln, eine Kirche werden erbauet haben. Dieser Uebergabs-Accord war für Augsburg um so drückender, da diese Stadt, durch die großen Summen, so sie an die Schweden bezahlen mußten, ganz erschöpft war.

Der Kaiser forderte bey der Uebergabe der Stadt 300,000 Gulden **Strafgelder**, und der Churfürst von Baiern 80,000 Gulden als Ersatz des zugefügten Schadens der Schweden in seinem Lande. Es war unmöglich, diese ungeheuren Summen, wovon nichts nachgelassen wurde, von den Einkunften der Stadt zu bezahlen,

dennoch wurde diese Last abermals der unglücklichen Burgerschaft, aufgebürdet, welche schon
ungeheuer große Kosten früher ertragen mußte.
Neuerdings gestellte demüthige, dringende Bitten und Vorstellungen der Abgeordneten der Stadt
um Milderung, richteten nichts Günstiges aus. —
Der evangelische Rath wurde entlassen, der katholische wieder eingesetzt. Die protestantischen
Bürger wurden entwaffnet; eine kaiserliche und
baierische Besatzung, kam in die Stadt, und
auf die Bezahlung der Strafgelder zu den
anberaumten Terminen, wurde mit größter Strenge gedrungen. — Die protestantischen Bürger
mußten 220,000 Gulden an den Strafgeldern
erlegen; viele kamen dadurch in die größte Armuth, und waren genöthigt, ihr Silberzeug,
Hausgeräthe, und Kleidungsstücke zu verkaufen;
es verblieben ihnen bloß ihre liegenden Güter,
welche jetzt keinen Werth hatten. Alle mehrmals
wiederholte Bitten und Vorstellungen waren vergebens. Außer der Sperrung der Kirche, wurde auch das St. Anna-Gymnasium, den Jesuiten eingeräumt. — Die Hungersnoth hatte indessen, in etwas sich vermindert, da mehr Zufuhr kam, und die Preise der Lebensmittel,
nicht mehr so außerordentlich theuer waren; al-

lein, ansteckende Krankheiten rafften viele Menschen hinweg. Die kaiserliche Besatzung verursachte der Stadt große Kosten; auf mehrere
hieruber gestellte Beschwerden, wurde endlich die
Last, durch Verminderung derselben, in etwas
erleichtert. — Der kaiserliche Statthalter Otto
Heinrich Graf Fugger, behandelte die
Stadt nicht zur Zufriedenheit der Bürgerschaft.
Auf die Fürsprache des Churfürsten von Sachsen,
und der Bitte der Karmeliten, wurde vom Reichsoberhaupt endlich, Augsburg von der Statthal-
terschaft und Garnison enthoben. — Bald hierauf wurde den Karmeliten von dem Rath, das
Kornhaus in der Stadt, zur Errichtung eines
Klosters, eingeräumt. —

Anfangs des Monats Juny, im Jahre 1636,
kam der König von Ungarn, Ferdinand der
Dritte nach Augsburg. Er wurde mit schuldiger
Ehrfurcht aufgenommen. Man übergab, bey
dieser Gelegenheit, dessen Oberstkämmerer Grafen von Trautmannsdorf, verschiedene
Bitten und Beschwerden des Raths und der
Burgerschaft unter andern, der Protestanten,
um Linderung der allzu großen Auflagen, worauf aber keine Entschließung erfolgte.

Im Jahre 1637 den 15. Hornung, starb in Wien Kaiser Ferdinand der Zweyte, dessen Religionseifer, das deutsche Reich, in große Leiden und Elend versetzt hatte. — Ferdinand der Dritte, welcher, im vorigen Jahr, zum römischen König erwählt wurde, folgte ihm als Reichsoberhaupt in der Regierung. — Der Anfang dieses Jahrs, kostete Deutschland, neues Menschenblut, und Leben. — Herzog Bernhard von Weimar, gieng über den Rhein, wodurch die kaiserliche Armee sich etwas gedrängt befand. Es kam ein kaiserliches Schreiben nach Augsburg, worin der Rath zur Vorsicht, und zur Beständigkeit ermahnt wurde. — Man verstärkte die Garnison, welche aber bald darauf wieder abzog; **nachdem** Nachricht ankam, daß der Herzog Bernhard **von Weimar,** durch den General Johann von Wört gezwungen worden seye, über den Rhein zurück zu kehren. In der Folge aber schlug Herzog Bernhard den General Wört, welcher kurz zuvor in Augsburg von einer Wunde sich wollte heilen lassen. Herzog von Weimar nahm den General Wört gefangen, und zog mit seinem Heer gegen Schwaben heran. Er belagerte Breysach, welches die kaiserliche Armee etlichemal versuchte mit Lebens-

mittel zu verſehen, und eroberte dieſe Reichs-
feſtung.   Dadurch wurde er und die mit ihm
verbundene franzöſiſche Armee, ſehr furchtbar,
und dieſe Heere machten ſtarke Fortſchritte. —
Unterdeſſen, daß dieſes ſich ereignete, ſuchte
Biſchof Heinrich, der unermüdete Widerſa-
cher der Proteſtanten, und die Haupttriebfeder
ihrer Bedrückung, einen Vergleich mit dem
Rathe einzugehen, welcher aber immer mehr in
die Länge gezogen wurde. — Einige der reich-
ſten Bürger Augsburgs, und unter dieſen
Hans Ulrich Oſterreicher, wollten
wegen den drückenden Auflagen, die ſich immer
mehr häuften das Bürgerrecht aufgeben.
Man ſuchte dieſes auf alle mögliche Art zu er-
ſchweren; der Churfürſt von Baiern, ſchrieb
ſelbſt an den Rath, „daß man dieſen Mann,
„welcher zur Zeit der Schweden das Regiment
„mitgeführt habe, und ebenfalls dazu geſtimmt
„hätte, Baiern zu verheeren, als einen der
„vermöglichſten Burger, nicht aus der Stadt
„ziehen laſſen, ſondern ihn vielmehr anhalten
„ſolle, das, was er als Strafgelder zu bezah-
„len hätte, ſchleunigſt abzutragen.“ — Der
Rath berichtete hierüber an den Kaiſer, und
dieſer ließ antworten: „Wenn ein jeder Bür-

„ger, der aus der Stadt ziehen wolle, durch
„Bürgen oder eidliche Versiche-
„rung, den Rath wegen dessen liegenden Gü-
„tern sicher gestellt hätte; so solle man
„Keinen an seinem Abzug hin-
„dern." —

Das Domkapitel machte dem Rath zu Augsburg im Jahre 1639 verdrießliche Schwierigkeiten. Es verlangte nämlich, um die Kosten der
Militair-Quartierlasten bestreiten zu können,
welche die kapitlische Orte betreffen, von den Unterthanen der Landvogtey eine Anlage. Der
Stadtvogt verboth solche zu bezahlen. Das Kapitel dagegen bedrohte mit Exekution. Obwohl
die Gegenvorstellungen des Raths fruchtlos waren, so weigerten sich die Unterthanen, etwas
zur Landvogtey zu entrichten, da das Kapitel
ein Exekutions Commando von einem Rittmeister und vierzig Reutern nach Gersthofen sandte. — Diese Sache wurde an den Kaiser be-
richtet, welcher durch ein Rescript dem Kapitel
als Lehnsherr der Landvogtey be-
fahl, das Exekutions Commando zurück zu ziehen. Dieses geschahe, und die Sache wurde
verglichen. — Durch dergleichen Anmaßungen
gegenseitiger Rechte, entstanden beständige Feder-

kriege zum Besten der Taxen, Rechtsfreunde und
und Konsulenten.

Die Gegenden Augsburgs, waren jetzt vor
Feindesgefahr sicher. Die Bürger fiengen an
Häuser und Gärten vor der Stadt zu umzäunen,
welches alles verheert, verbrannt und niedergerissen war, und' die beschädigten Gebäude aus-
zubessern. — Die kaiserliche Garnison zog endlich auch ab, nachdem man bereits früher mehreremal vergebens, darum von Seiten der Stadt
nachgesucht hatte. — Die Strafgelder,
welche Augsburg an den Kaiser und den Kriegs-
schaden Ersatz an Churfürsten von Baiern bezahlen mußte, waren nun auch vollständig abgetragen. Der kaiserliche Kriegszahlmeister Pe-
verelli, stellte deßwegen eine Quittung an den
Magistrat aus.

Im Jahre 1640, anfangs Septembers,
schrieb der Kaiser einen Reichstag nach Regensburg aus. Auf diesem sollte die Wiederherstellung des Friedens im deutschen Reiche ver-
handelt werden. Die Stadt Augsburg schickte
Abgeordnete dahin, welche auf Leuxelrings
Anrathen verschiedene Beschwerden der Stadt
vorbringen sollten. — Auch die Evangelischen
schickten den Geschlechter Johann David

Herwart, mit ihren Beschwerden dahin ab. „Er verfertigte einen ausführlichen Aufsatz von „dem Ursprung, und Fortgang der evangelischen „Religion in Augsburg, von der Behandlung „der Protestanten bey dem Religionsfrie- „den, selbst den Rechten der Stadt zuwider- „laufend. Er widerlegte gründlich die falsche „Beschuldigung, als wenn die Protestanten den „König von Schweden nach Augsburg berufen „hätten. Wie grausam und unbillig gehandelt „worden seye, daß 200 evangelische Bürger ge- „zwungen worden seyen, die Strafgelder allein „auf sich zu nehmen, und wie unerhört sie um „diese Geldzahlungen gepreßt worden seyen, so „daß sie an baarem Gelde eine Million und „100,000 Gulden bezahlen mußten, ohne zu „rechnen, was ihnen sonst wäre entrissen wor- „den u. s. w.“

Seine gründliche Denkschrift wurde von den Reichsfürsten sehr gnädig aufgenommen. Weil aber wegen den andern wichtigen Reichstagsge- schäften, von einem einzigen Stand nichts allein, und sogleich vorgenommen werden konnte, so reiste Herwart wieder zurück. Er wurde im folgenden Jahre noch einigemal neuerdings nach Regensburg zum Reichstag abgeordnet, allein, durch den Reichsabschied, wurden alle seine Bemühungen vereitelt. Zwar wurde durch denselben eine Amnestie bekannt gemacht; „jene aber, welche nicht in dem Pragerfrieden einbegriffen waren, davon ausgeschlossen.“ — Hierdurch wurden also die beabsichteten Zwecke zum Besten der Protestanten des würdigen Herwarts für diesesmal nicht erreicht. —

Anstatt des schwedischen Generals Banner wurde Torstenson mit frischen Truppen zu der schwedischen Armee geschickt. Dieser brachte den Schweden auch neues Kriegsgluck. — Er eroberte beynahe ganz Schlesien; und als ihn Erzherzog Leopold und General Picolomini zwangen, sich in der Folge wieder nach Sachsen zu ziehen, belagerte er Leipzig. — Die kaiserliche Armee griff ihn an, er leistete aber tapfern Widerstand, dermaßen, daß das kaiserliche Heer zur Hälfte niedergemacht wurde. Alle kaiserliche Artillerie und Gepäcke fiel den Schweden in die Hände. Die Nachricht dieser Schlacht verbreitete neuerdings aller Orten Furcht und Schrecken; und da auch der französische Commandant der Festung Hohentwiel Streifzüge durch ganz Schwaben vornahm, so sahe

man sich in Augsburg um so mehr genöthigt auf
der Huth zu seyn.

Im Anfange des Jahrs 1644, mußte die
Stadt zu dem in Garnison neuerdings befindlichen kaiserlichen Regiment, noch eine Compagnie
in Quartier und Verpflegung nehmen; diese Soldaten der Besatzung, trieben allen Unfug, zur
großen Last und täglichen Beschwerden der Bürger. Ueberdieß verlangte der Kaiser neuerdings
eine bedeutende Summe „Kriegskontribution,
und daß Augsburg 5 bis 600 Mann anwerben
solle," welches bey gegenwärtigen Zeiten fast
gänzlich unmöglich war. Indessen waren dennoch alle Vorstellungen, so der Rath dagegen
machte, fruchtlos; denn es wurde alle mögliche
Anstrengung von der Stadt gefordert.

In diesem Jahre starb der Commandant
Otto Heinrich Fugger, welcher sich nicht
ganz geneigt gegen den Rath und die Stadt in
seinem Leben bezeigte. Auf die Bitte des Raths,
wurde die Commandantenstelle nicht mehr besetzt.

Im folgenden Jahre 1645 verlor die
Stadt einen würdigen Mann an dem Stadtpfleger Bernhard Rehlinger, zum allgemeinen Bedauren; er wurde im Jahre 1563 gebohren, verwaltete mehrere Rathswürden mit

Ruhm und Ehre, und wurde im Jahre 1624 zum Stadtpfleger erwählt. So arbeitsam und thätig er war, so billigdenkend war er gegen Jedermann; es ist sehr unrecht, daß manche Schriftsteller seiner Zeit, ihn als intolerant schildern, über Handlungen seiner Würde erheischend, so er thun mußte; hätte ihn auch jemals der Eifer für das Beste der katholischen Kirche etwas scheinbar, zu weit geführt, so beweisen doch andere seiner Handlungen, seine Billigkeit und Mäßigung. — Unterdessen hatte die französische Armee über die baierische bey Allerheim einen vollständigen Sieg erfochten, welches Schwaben und Baiern in nicht geringen neuen Schrecken und Besorgniß versetzte. Es wurden eine große Menge Güter und Vieh, aus den benachbarten Städten und Orten nach Augsburg geflüchtet. Selbst der alte Bischof Heinrich, hielt sich in Dillingen nicht sicher genug, und kam mit seinem ganzen Hofstaat in die Stadt Augsburg. Der Churfürst von Baiern, ließ den Magistrat fragen, ob sich Augsburg in gutem Vertheidigungsstande befinde? und ob der evangelischen Bürgerschaft zu trauen sey? u. s. m. Der Rath stattete hierauf genauen Bericht ab, und erboth sich bedürfenden Falls einen baieriſchen Commandanten zur Vertheidigung der Stadt einzunehmen, woruber der Churfürſt ein großes Wohlgefallen bezeigte. — Da aber zum Feſtungsbau zur Vertheidigung der Stadt, ſehr große Summen Geldes erforderlich waren, ſo wurde auch der Geiſtlichkeit auferlegt hierzu beyzuſteuren; da ſie mit den übrigen Bürgern gleiche Rechte und Schuß genießen; dieſe wollten ſich aber hierzu nicht verſtehen. — Der Churfürſt von Baiern, dem man dieſe Sache angezeigt hatte, ließ durch ſeine Abgeordnete zwar an einer Unterhandlung arbeiten; allein, die Kleriſey ſchlug dieſen ihr zugemutheten Beytrag zu bezahlen ein- für allemal ab. — Ein baieriſcher Commandant beſeßte mit einer baieriſchen Garniſon die Stadt, um ſolche zu vertheidigen. — Unterdeſſen wurde aber Augsburg ſchon mehreremal von der ſchwediſchen Seite aufgefordert, an den Friedensunterhandlungen in Osnabrück Antheil zu nehmen. Der Magiſtrat der Stadt äußerte hierauf, daß er ohne kaiſerliche Erlaubniß in dieſer Sache ſich in nichts einlaſſen könne. — Doch unterhandelten mehrere Proteſtanten im Stillen zum Beſten ihres Religionstheils; unter dieſen waren auch Auswärtige, als Zacharias Stenglin, ein ge-

bohrner Augsburger; Frankfurtischer Rathskonsu-
lent, und der Stadt Nürnberg Abgeordnete,
Doktor Tobias Oehlhafen. —

Im Jahre 1646 im August näherte sich General Wrangel mit der schwedischen Armee
der Donau. Angst und Bestürzung war hier,
über in Baiern und Augsburg verbreitet. —
Der Churfürst von Baiern ermahnte die Stadt
zur tapfern, standhaften Gegenwehr, da die kaiserliche und baierische Armee, schon im Anmarsch
zum Entsatz seye, wenn der Feind Mine machen
sollte, Augsburg zu belagern. Er erboth sich
auch, die Garnison noch vermehren zu lassen,
da befürchtet wurde, die Evangelischen unter-
hielten ein geheimes Verständniß mit den Schweden, und daß sie die Stadt verrathen könnten.
Der Magistrat antwortete hierauf „Die Protestanten verhielten sich in der Stadt sehr unver-
dächtig und friedsam, daß nichts von ihnen zu
besorgen seye; ohnehin scheine die Gefahr einer
Belagerung der Stadt noch nicht so nahe und
so groß zu seyn.“ — Die katholische Geistlichkeit, welche sich in großer Besorgniß befand, lag
dem Rath an, eine Neutralität für die Stadt
zu suchen; hierauf ließ sich, obgleich an der
Vertheidigung der Festung fleißig gearbeitet wur-

de, der Rath mit den Evangelischen in besondere Unterhandlungen ein. — Herwart arbei-
tete hierbey für die Protestanten; auch der Bischof delegirte Abgeordnete dazu für ihn, und
seine Geistlichkeit. — Man fragte, ob die Evangelische im Fall eines feindlichen Angriffs der
Stadt, mit den katholischen Bürgern Mann für
Mann zur Vertheidigung bereit seyen? — Die
Abgeordneten der protestantischen Parthie erwiederten, daß sie hierüber von ihren Mitburgern
nicht bevollmächtigt seyen, eine Erklärung ab-
zugeben, indessen versicherten sie der Obrigkeit
alle schuldige Treue und Gehorsam. Man vermehrte die Zahl der evangelischen Abgeordneten;
da diese aber völlige Wiedereinsetzung der Protestanten in alle Rechte, so ihnen entrissen wurden, verlangten, so wollte man sich hierzu nicht
verstehen, und diese ganze Unterhandlung schien
sich zu zerschlagen; indessen versprachen die Abgeordneten der Stadt hierüber Bericht an den
geheimen Rath zu erstatten. — Auch der schwedische Feldherr Wrangel suchte sich mit der Stadt
in Traktaten einzulassen. Er erklärte, „daß,
„nachdem der Friede durch gütliche Unterhandlung
„noch nicht angenommen werden wolle, so hätte
„er sich entschlossen, solchen an jenen Orten, wo

„er hintertrieben werde, durch die Waffen „zu erkämpfen. Da aber sonst Augsburg mit „Schweden in gutem Vernehmen gestanden seye, „wünschte dieser General zu wissen, was er jetzt „von dieser Stadt zu erwarten habe?" — Auf diese Anfrage gab der Rath keine entscheidende Antwort; aus den Anstalten konnte aber der schwedische Abgeordnete leicht abnehmen, was man gesinnt seye.

Am 16. Septemb. 1646 wohnte der Abgeordnete des General Wrangel dem sonntägigen Gottesdienste der Evangelischen im Collegiumhof bey St. Anna unter freyem Himmel bey. — Fast zu gleicher Zeit trafen auch ein kaiserliches und churfürstlich baierisches Schreiben ein, in welchem der Rath zur standhaften Vertheidigung der Stadt, aufgefordert wurde, welches auch derselbe nach allen Kräften zu thun beschloß. Weil aber voraus zu sehen war, daß die evangelische Bürgerschaft, als die Mehrzahl der Einwohner der Stadt, manche Hindernisse verursachen könnten, so wurden mit ihren Abgeordneten die Unterhandlungen fortgesetzt. — Diese drangen aber, auf eine völlige Restitution ihrer verlornen Rechte, wiewohl sie am Ende entfernt, zugaben, sich auch mit Wenigem begnügen zu lassen, nur würde das alte gute Vertrauen, und die Willfährde der Protestanten desto stärker werden, jemehr man darauf bedacht seyn würde, sie in ihre alte Gerechtsame einzusetzen. Der geheime Rath, versprach hierauf den Evangelischen die Kirchen zu St. Anna, St. Jakob, St. Wolfgang und zu den Barfüßern, nebst den dazu gehörigen Pfarr- und Meßnershäusern einzuräumen, und ihnen sieben Prediger zu gestatten; die St. Anna-Schule, das Collegium und dessen Verwaltung zu überlassen, und die Prediger und Schulleute von den Einkünften der Stadt zu besolden. Auch wurde ihnen zugesagt, wenn einst Aemter der Stadt, welche sonst mit Protestanten besetzt gewesen waren, erledigt würden, auf sie in der Wahl Rücksicht zu nehmen u. s. w. — Weil aber die evangelischen Abgeordneten, nicht berechtigt waren, ohne den Willen der ganzen protestantischen Bürgerschaft, hierüber abzuschliessen, so wurde in der ganzen Sache auch nichts weiter gethan, und beruhte auf sich. — Es rückten nun immer mehr baierische Truppen in die Stadt ein, und an den Vertheidigungsanstalten wurde eifrigst fortgearbeitet. Man hatte auch alle Ursache dazu; denn am 25. September 1646 zeigte sich die französische und schwedische Armee vor der

Stadt. Diese warfen an der Lechhauserbrücke gegen dieselbe eine Batterie auf, und suchten solche von allen Seiten einzuschießen. Demungeachtet gelang es aber dem baierischen Oberst
Rouyer, welcher zum Commandanten von
Augsburg ernannt wurde, sich durch die französisch-schwedische Armee mit 250 Reuter durch-
zuschleichen, und in die Stadt zu kommen. —
Von der neuen feindlichen Batterie von der Lechbrücke, wurde die Jakober-Vorstadt sehr stark
beschossen; wie dann auch eine Kugel einem Lod-
webersgesellen das Bein abschlug, und eine andere in des Dr. Jakob Kaisers Haus im
Spenglergäßchen fiel, und solches sehr beschädigte. Durch das unaufhörlich starke Feuer von
den Wällen der Stadt, nämlich vom Luginsland
der Blatterbastey und dem rothen Thurm wurden indessen die Feinde genöthigt, sich von der
Lechbrücke hinweg, weiter hinauf zu ziehen,
nachdem sie vorher ihr Lager so vor Lechhausen
bis zur Friedbergerbrücke stand, anzündeten,
eine Brücke oberhalb dem Lech schlugen, und
den folgenden Tag sich nach Haunstetten, Inningen, Göggingen, Pfersen und Stadtbergen
zogen, und noch vorher die Schweinställe vor
dem Jakoberthor abbrannten, die Stadt von

der Seite des Rosenaubergs angriffen, wo sie sich, so wie an der Wertachbrücke und bey Oberhausen verschanzten, von den daselbst errichteten Batterien das Wertachbruckerthor und die Bachofenbastey beschossen; worauf ihnen aber von dorten und vom Juden- und Gögginger-Wall nachdrücklich geantwortet wurde, und man wehrte sich auch dagegen aller Orten tapfer; das Kanonenfeuer nahm kein Ende. Die Evangelischen wurden aufgefordert, sich gleichfalls zur Vertheidigung der Stadt gebrauchen zu lassen, oder wenigstens 400 Mann auf ihre Kosten zu unterhalten, wenn sie auch nicht gesinnt wären ihr Leben selbst für ihre Vaterstadt zu wagen. Diese fanden sich auch gleich bereitwillig dazu, die letztere Forderung einzugehen, wie dieses in der Folge bemerkt werden wird. Der baierische Commandant Rouyer nahm dieses sehr günstig auf, und äußerte; die Protestanten müßten viele Widersacher in der Stadt haben, welche ihnen mit Unrecht, sehr abgeneigt seyen, denn er finde, daß sie unbilliger Weise vieler Sachen beschuldigt würden, von denen er jetzt das Gegentheil sehe. — Der Commandant ließ die meisten Gebäude außerhalb der Stadt abbrennen, damit der Feind keinen Aufenthalts-

ort zum Schaden des Platzes haben möchte.
Dieser beschoß unaufhörlich die untere Stadt,
besonders die Gegend vom Frauenthor mit
Bomben und Kugeln, und setzte die Bewohner
daselbst in beständige Unruhe und Feuersgefahr.
— So thätig auch immer die Vorkehrungen gegen das feindliche Beginnen und dessen Unternehmungen des wachsamen tapfern Commandanten waren, so würden doch beynahe die Unruhen der Bewohner der Stadt, durch das hef-
tige feindliche Bombardement erzeugt, die Uebergabe derselben nach sich gezogen haben, da den
Bürgern durch das beständige Bombenwerfen des
Feindes, ein außerordentlicher großer Schaden
an ihren Häusern und Gütern verursacht wurde. — Sie fuhrten hierüber bittere Klagen,
und bathen dringend, lieber die Stadt zu übergeben, als auf eine so schreckliche Art zu Grunde gerichtet zu werden. Eine große Zahl Weiber, kamen besonders mit ihren Kindern, vor
das Haus des Stadtpflegers Rembold, und
flehten unter Thränen und Weheklagen, um die
Uebergabe der Stadt. — Es rotteten sich miß-
muthige Burger zusammen, und ein allgemeiner
Aufruhr schien unausbleiblich, wenn nicht urplötzlich ein Trupp Reuter herzugesprengt wäre,

und diese verzweifelte unglückliche Menschen auseinander getrieben hätte. Weil aber dennoch zu
besorgen war, daß ein zweyter Vorfall dieser
Art, nicht so leichterdings ablaufen möchte, so
berathschlagte sich der geheime Rath, die Stadt
zu übergeben. Unterdessen aber suchte der Commandant zwar ohne bedeutenden Erfolg, den
Feind durch häufige Ausfälle zu schwächen. —
Die Schweden versuchten dagegen die Aussen-
werke der Festung einigemal zu stürmen, sie
wurden aber jedesmal mit Verlust zurückgeschlagen. Diese harte und schädliche Belagerung
und Beschießung der Stadt, dauerte nun schon
drey Wochen, und man hoffte immer vergebens auf den baldigen versprochenen Entsatz
der bedrängten Stadt. Wie groß war aber die
Freude der Einwohner beyder Religionstheile,
als man in der Nacht vom 11ten zum 12ten
Oktober, die Wachtfeuer des heranrückenden Ent-
satzes, von den Thürmen der Stadt entdeckte.
Man beschloß jetzt eher das Aeußerste zu erwarten, und sich nach allen Kräften zu wehren, als
die Stadt an den Feind zu überlassen; dieser
versuchte auch wirklich in der folgenden Nacht
die Stadt mit Sturm einzunehmen; allein vergebens war sein Bemühen. Den folgenden Tag

darauf ruckte nun endlich wirklich kaiserliche
und baierische Armee, unter der tung des
Erzherzog Leopold, und General Johann
von Wört, gegen die Stadt. — Die Feinde
wollten ihnen zwar den Uebergang über den Lech
verwehren; allein sie wurden zurückgeschlagen,
und zogen in der Nacht ganz in der Stille aus
ihrem Lager bey Stadtbergen ab; nachdem sie
vorher alle in der Gegend gelegene Dörfer in
Brand gesteckt hatten. — Während dieser ganzen Belagerung, hatten die Belagerten kaum
dreyßig Mann, und die Belagerer gegen
Tausend verloren.

Die kaiserliche Armee rückte vor Donauwörth,
wo sie sich lagerte; die entsetzte Stadt Augsburg hielt andächtig feyerliche Dankfeste, und
zerstörte die feindliche Werke. Es wurden Abgeordnete des Raths an den Churfürsten von
Baiern gesandt, (dessen Land durch die Belagerung von Augsburg vor feindliche Invasion
geschützt wurde) diese dankten fur den zugesand-
ten Entsatz der Stadt, und machten bekannt,
daß Augsburg durch diese Belagerung einen
Schaden von mehreren hunderttausend lden
erlitten habe, und da nun jetzt solche bey gänz-
lichem Mangel an allen Kriegserfordernissen,

und Lebensmitteln, sich außer Stande befinde, sich selbst helfen zu können, so bitte der Rath den Churfürsten, um Ausbezahlung der versprochenen 100,000 Gulden; und sollte dieses nicht gefällig seyn, doch wenigstens das schon längst rückständige Guthaben der Stadt, ausbezahlen zu lassen. Auch wolle der Churfürst geruhen, die gestellte Bitten der katholischen Bürger Augsburgs vorzuglicher zu berücksichtigen, als jene der Protestanten u. s. w. Der Churfürst antwortete hierauf, sowohl mündlich als schriftlich, und dankte dem Rath für seinen getreulich geleisteten Beystand, versicherte demselben seine Gnade, und versprach die Angelegenheiten der katholischen Bürger Augsburgs gegen die Protestanten dem Reichsoberhaupt bestens zu empfehlen. Auch wolle der Churfürst den vierten Theil an den Kosten der außerordentlichen Besatzung Augsburgs gerne beytragen. Den andern vierten Theil solle jedoch die katholische Geistlichkeit bezahlen; widrigenfalls man sie mit Gewalt hierzu anhalten könnte. Ueberhaupt wolle der Churfürst in Hinsicht des Guthabens der Stadt Augsburg an ihn, solche Verfügungen treffen, daß der Rath gewiß zufrieden seyn werde. — Auf diese Aeußerung des Churfürsten, wurde zwar der katholischen Geistlichkeit der betreffende Beytrag der Kosten der Garnison abgefordert, aber von derselben schlechterdings verweigert. Unterdessen hatte der Feind in Schwaben und Baiern wiederholt großen Schaden und Verheerungen angerichtet.

Der Churfürst von Baiern hiedurch bewogen, hatte die ihm wider den Willen der Schweden von den Franzosen eingegangene Neutralität für dessen Land, angenommen, um wenigstens seinem Lande einige Sicherheit zu verschaffen. — Der Zustand der Stadt Augsburg, wurde aber hiedurch um nichts gebessert. Die öfters vorbeyziehende Kriegsvölker, brauchten eine große Menge Proviant und Futter, welches beydes in der Nähe der feindlichen Heere, schwer und ungewiß vom Lande zugeführt wurde. — Alles dieses, so wie auch die übrige mangelnde Lebensbedürfnisse, verursachten eine allgemeine große Theurung in der Stadt. Noch kam hierzu, daß den Kaufleuten Augsburgs zu Leipzig von den Schweden alle ihre Güter weggenommen wurden, und erst nach vielen Weitläuftigkeiten und demuthigen Bitten derselben an die Königin Christina, Tochter des großen Könius Gustav Adolphs, wurden solche endlich wieder zuruckgegeben.

Nun kommen wir zu den letzten merkwürdigen Jahren eines Krieges, welcher ganz Deutschland viel Blut, Geld und Menschen gekostet hatte, und nähern uns der Abschließung eines Friedens, der in allem Betracht denkwürdig ist, da durch ihn, fast die Hälfte von Europa, in ein gewißes religiöses Verhältniß, und in dieser Hinsicht, politisches Gleichgewicht gesetzt wurde, von welchem jeder die wohlthätigen Folgen empfindet, der in Deutschland Gewissensfreyheit, und freye Uebung seines Glaubens zu schätzen weiß. —

Die kriegführende Mächte, so wie die übrigen Fursten, waren dieses unseligen allgemein verheerenden und schädlichen Meynungskriegs, schon längst müde geworden, und hatten daher in den beyden westphälischen Städten Münster und Osnabrück, schon seit dem Jahre 1642, an dem Frieden arbeiten lassen. Man war aber in den Unterhandlungen noch nicht weit gekommen, und Deutschland blieb immer dabey ein trauriger Tummelplatz des Kriegs. — Die Angelegenheiten der Evangelischen zu Augsburg wurden, indessen bey den stets fortgesetzten Unterhandlungen, durch den Stadt lindauischen Abgeordneten, Doktor Valentin Heider, den stadtfrankfurtischen Doktor Zacharias Stenglin, und den stadtnurnbergischen Tobias Oelhafen, besorgt.

Ihrer unverdroſſenen Bemühung, hatten es die Proteſtanten Augsburgs zu danken, daß in dem zu Osnabrück, im Jahre 1646 von den Geſandten der evangeliſchen Fürſten, übergebenen Gutachten, über die Wiederherſtellung des Friedens, unter andern auch, als ein Hauptgegenſtand angegeben wurde; daß die Stadt Augsburg, ſowohl in Betreff der bürgerlichen, als der kirchlichen Verfaſſung, in den Stand geſetzt werde, in welchem ſie vor der Bekanntmachung des Reſtitutionsediktes ſich befand. — Niemand widerſetzte ſich dieſem Gegenſtand eifriger, als Doktor Johann Leuxelring, Abgeordneter des Raths der Stadt Augsburg. — Er hatte von demſelben den Auftrag, daß er zwar im Namen der Stadt Augsburg dem kaiſerlichen Geſandten verſichern ſolle, daß die Stadt, und ihr Abgeordneter, in jedem Betracht, auf der Seite, und von der Meynung des Reichsoberhaupts ſeyn werde; übrigens aber, ſolle er den gegenwärtigen Rechten der Stadt, nichts im mindeſten vergeben, und besonders, in Ansehung der katholischen Religion.

Die evangelischen Augsburger, arbeiteten ihm, so viel immer möglich, entgegen. Die ganze Religions- und bürgerliche Verfassung der Stadt Augsburg, wurde von dem Gesandten in Ueberlegung genommen, und der Aufsatz der Protestanten, worinn alle ihre Beschwerden dargestellt waren, wurden durchgegangen, und in Erwägung gezogen. Besonders wurde jene Denkschrift, welche Johann David Herwart, schon im Jahre 1645 unter dem Titel: Reformatio facti verfaßt, und eingegeben hatte, in beyden Städten des Kongresses bekannt gemacht. — Die Unterhandlungen giengen sehr langsam, denn es mußten eine Menge Schriften deßwegen gewechselt werden; Protestationen, Contradiktionen, Reprotestationen und andere dergleichen Aufsätze, deren eine Menge erwogen wurden. Da aber der Krieg während diesen Friedensunterhandlungen immer fortdauerte, und man nicht ohne Grund glaubte, es könne so lange keine solide Friedensverhandlung zu Stande gebracht werden, so lange nicht in Deutschland, einigermaßen die Ruhe wieder hergestellt würde, so wurde Anfangs des Jahrs 1647 ein

Zusammentritt in Ulm zur Berathschlagung eines Waffenstillstandes beschlossen. Allein alle Betheiligte suchten hiebey ihren Privatnutzen zu befördern, und trachteten bloß dahin, den Churfürsten von Baiern zu bewegen, gegen den Kaiser die Waffen zu ergreifen, um diesem alsdann desto härtere Bedingungen vorschreiben zu können. Die ganze Sache zerschlug sich also wieder, und war vergeblich, so gut gemeynt es immer war, und der Krieg wurde mit neuer Heftigkeit fortgeführt. —

Durch die Plünderungen, Räubereyen und Verwüstungen, welche die schwedische und französische Heere in Schwaben und Baiern verübten, wurde der Mangel, und die Theurung an Lebensmitteln und andern Bedürfnissen zu Augsburg, immer größer. Hierzu kam noch die Last der Stadt, die Unterhaltung größtentheils der baierischen starken Garnison, in der kostspieligen Ausbesserung der Festungswerke, und deren neuen Errichtung, welche wegen naher Feindesgefahr, sehr dringend war. Dadurch vermehrten sich Geldmangel, und die Schulden der Stadt, um ein Beträchtliches. —

Doktor Leuxelring, berichtete von Osnabrück an den Rath, „daß von den evangelischen

„Ständen, auf die Einführung der gänzlichen
„Parität, gedrungen werde; er aber dagegen
„eingewendet hätte, daß die Protestanten Augs-
„burgs, die Parität selbst nicht einmal verlang-
„ten; man möchte die evangelische Bürgerschaft
„daselbst vernehmen. Ohne Zweifel würde diese
verschüchtert, wie sie gegenwärtig seye, eine zweck-
dienliche Erklärung ertheilen.“ — Allein, diese
erklärten sich, daß sie nichts sehnlicheres wünsch-
ten, als eine völlige Religionsgleichheit, da es
das sicherste Mittel seye, der Stadt wieder dadurch den Wohlstand, und das vorherige Ansehen zu verschaffen. — Diese Erklärung, besonders verfaßt, und von 481 Bürgern unterschrieben, wurde an den lindauischen Abgesandten
Valentin Heider nach Osnabrück abge-
schickt. Von diesen 481 Bürgerfamilien existiren
noch folgende in Augsburg: 1. von Stetten.
2. Lotter. 3. Wilhelm. 4. Ammann.
5. Remshardt. 6. Beck. 7. Heckel. 8.
Lommer. 9. Nagel. 10. Schmidt. 11.
Steiner. 12. Dannemann. 13. Schuch.
14. Wassermann. 15. Drexel. 16. Dempf-
le. 17. Reitmaier. 18. Bachmaier. 19.
Schrankenmiller. 20. Hindenach. 21.
Arnold. 22. Ostertag. 23. Höschel. 24.

Hertel. 25. Krauß. 26. Lankmair. — Der Rath von Augsburg, beklagte sich bey jenem von Lindau, über die Verwendungen ihres Gesandten in Osnabrück, für die augsburgische Protestanten, mit dem Gesinnen, solchem Einhalt zu thun. Allein der Rath von Lindau äußerte hierauf, es wäre ihm angenehm, wenn Doktor Heider die Sache der evangelischen Augsburger unterstütze, und belobe dessen Bemühungen hierwegen. — Dieser biedere Abgeordnete unterließ auch nicht, auf die Parität zu bringen, wofür sich schon mehrere Stände in ihrer Abstimmung hinneigten. Der kaiserliche Gesandte Graf von Trautmannsdorf, reiste unzufrieden von Osnabrück ab. Es hatte den Anschein, als wollte sich die ganze Friedensunterhandlung wieder zerschlagen. — Der augsburgische Abgeordnete Leuxelring unterließ nicht, sich auf das Aeußerste der freyen evangelischen Religions-Uebung zu widersetzen; aber Herwart, beantwortete alle seine Denkschriften jedesmal gründlich, und mit Nachdruck. — Dieses, und die feste Beharrung des schwedischen Gesandten, „daß von „der Parität der Stadt Augsburg nicht abge„gangen werden könne,“ zog die Friedensver-

handlungen sehr in die Länge. — Schon war
das Jahr 1648 herangerückt, und es schien,
mit dem Friedensschluß noch weit entfernt zu
seyn. — Noch immer herrschte Krieg und Blut-
vergießen, leider in Deutschland; am 5. Jänner, rückte wieder eine Verstärkung der baierischen Besatzung von einigen Hundert Mann in
Augsburg ein, welche einquartiert wurden; und
da sich die feindliche Armee wieder Schwaben
näherte, wurden neuerdings Vertheidigungsanstalten in der Stadt gemacht. Beyde Armeen,
sowohl die Französisch-Schwedische, als auch
die Kaiserlich-Baierische, hielten sich in den
Monaten April und May beständig in der Nähe
der Stadt auf. —

Anfangs May, wurde in der Gegend von
Günzburg von der kaiserlichen Armee alles verheert und geplündert, die schwedisch-französische
Heere, rückten gegen sie an; weil sie sich aber
zum Widerstande zu schwach fühlten, so zogen
sie sich näher gegen Augsburg, und warfen die
Brücken bey Günzburg ab. Die Schweden ver-
folgten sie mit einigen Regimentern, und ihre
Armee folgte auf dem Fuße nach. — Der General Holzapfel, Befehlshaber des kaiserlichen und baierischen Heeres, bekam von diesem

Anmarsch Nachricht, und zog sich gegen Augsburg zurück, wohin er die baierische Armee, mit dem schweren Geschütz voran schickte. — Die Generale Turenne und Wrangel, griffen ihn aber bey Zusmarshausen an, und schlugen das kaiserliche Heer, nach einer tapfern Gegenwehr in die Flucht, wobey die ersten Offiziere der kaiserlichen Armee gefangen wurden. — General Holzapfel, wurde verwundet nach Augsburg gebracht, wo er starb. — Auf dem Schlachtfelde blieben 2000 Mann Kaiserliche todt. Die Schweden erbeuteten 320 Pferde, die Kriegskanzley, und vieles Gepäck des kaiserlichen Generalstaabs. — Die geschlagene kaiserliche Armee zog sich in der Nacht, unter die Festungswerke Augsburgs. Sie sammelte sich dort wieder, und suchte in der Folge unter dem Commando des baierischen General Gronsfeld, dem Feind den Uebergang über den Lech zu verwehren; allein seine Macht war zu schwach, um dieses verhindern zu können. Die Schweden paßirten den Lech, zogen in Baiern verheerend umher, und setzten den Churfursten in nicht geringe Verlegenheit. — General Gronsfeld, zog sich aber mit der baierischen Armee nach Ingolstadt zurück. — Unterdessen hatten die Friedensunterhandlungen zu Osnabrück ihren Fortgang, und um solche desto bälder zu beendigen, hatte man die Einrichtung getroffen, daß die katholischen Stände, welche auf der Seite des Kaisers waren, und die evangelische, welche auf schwedischer Seite waren, ein jeder Theil, in einem besondern Zimmer sich aufhalten und berathschlagen sollen; wenn alsdann die Gesandten beyder Mächte über irgend einen Artikel nicht ins Reine kommen konnten, so berathschlagten sie sich ein jeder mit seinen Ständen, in den besagten Nebenzimmern. Dieses beschleunigte das Friedensgeschäft ungemein. — Die Vorschläge wegen der Parität der Stadt Augsburg, wurden durch die unendliche Verwendung und Thätigkeit des Doktor Heider völlig zu Stande gebracht. — Das Friedens-Instrument wurde schon am 15. September im Jahre 1648 ausgefertigt und besiegelt.

Herzog Eberhard von Würtemberg wurde ersucht, die Exekution des Friedens, was Augsburg insbesondere betraf, auf sich zu nehmen. Er verstund sich sehr bereitwillig dazu. — Bevor aber noch dieser Friedensschluß bekannt gemacht wurbe, setzten die Bewegungen des feindlichen Heeres, um Augsburg alles in neue Furcht und Schrecken. — Indessen diese neue Besorgniß, einer neuen Gefahr und Drangsal war bald vorübergehend, denn die kaiserliche und baierische Armee war in der Nähe, und hinderte das weitere Vorrücken der Feinde. — Was aber noch mehr die Bürgerschaft Augsburgs beruhigte, und ihre Herzen mit unendlicher Freude erfüllte, war die Ankunft einer Staffette bey dem Commandanten, mit der trostvollen Nachricht, daß nun der Friede geschlossen seye. Dieser glückliche Tag war der zweyte November 1648, wo diese angenehme Botschaft erschien. —

David Herwart, der sich so viele Mühe gegeben hatte, den Evangelischen die Parität zu verschaffen, hatte diese freudige Nachricht des nun geschlossenen Friedens, nicht mehr erlebt, denn er starb am 28. Oktober 1648 an einem hitzigen Fieber. — Sein Bruder Heinrich Herwart, ein Mann von großen Kenntnissen und Fleiß, wurde anstatt des David Herwarts von seinen Glaubensgenossen zum Direktor des evangelischen

Wesens der Stadt, erwählt. — Konsulent Doktor Heider hatte in einem besondern Schreiben der evangelischen Bürgerschaft gerathen, daß sie bey den Kreisausschreiben den Fürsten des schwäbischen Kreises um die Vollstreckung des Friedensschlußes ansuchen, vorher aber dem Rath noch anzeigen sollten, was derselbe nach Inhalt des Friedensschlußes den Evangelischen einzuräumen habe. Beydes geschahe. Heider kam zum Bischof von Konstanz, und Doktor Otto, Konsulent von Ulm, gieng an den Herzog von Würtemberg, um diese Fürsten zu bewegen, den Inhalt des Friedensschlußes in der Stadt Augsburg vollziehen zu lassen.

Wir übergehen die weitläuftigen Verhandlungen zu beschreiben, welche noch vor der Ankunft der zur Vollstreckung des Inhalts des Friedens-Instrument ernannten Commissarien, wegen der Wiederherstellung der geistlichen Güter nothwendig vorher gegangen sind, besonders da sich der Magistrat gar nicht darein fügen wollte. Dieser suchte die Abreise der würtembergischen und kon-

ſtanziſchen Commiſſarien ſo lange
als möglich aufzuhalten. Man ſuchte auch ſo-
gar den Biſchof von Conſtanz zu bewegen, die
Proteſtanten zu einem Vergleich zu bringen,
aber alle Bemühung und Verſuche dieſer Art waren vergebens. — Den 29. Decemb. 1648 kamen die Commiſſarien in Augsburg an. —

Fortsetzung

der

Geschichte und Schicksale

der

Stadt Friedberg und dessen Umgebung in dem Bezirke der Stadt Augsburg,

vom

Jahre 1541 bis 1654.

Schon im ersten Bande der Geschichte der Stadt Augsburg, wurde auch jene der Stadt Friedberg mit eingeschaltet; da solche zur vollkommnen Darstellung der Ereignisse der Stadt Augsburg und ihrer Umgebung, als so nahe benachbart gelegen, nothwendig ist. Wir fahren demnach, in chronologischer getreulicher Geschichtserzählung, dieser vormaligen Gränzstadt Baierns fort, wie folgt.

Im Jahre 1541 betraf das Schloß Friedberg das erstemal, das unglückliche Schicksal
durch Feuer, aber nicht durch Feindes Hand,
sondern durch Verwahrlosung der darinn gelegenen baierischen Soldaten gänzlich verwüstet,
und in die Asche gelegt zu werden. — Als das
Schloß wieder erbaut war, nahm im Jahre
1567 die verwittibte Frau Herzogin Christina von Lothringen ihren
Aufenthalt darinnen. — Prinz Wilhelm,
ein Sohn Herzog Albrechts von Baiern, wurde zu Friedberg am Sonntag
Sexagesima im Jahre 1568 mit Renata,
einer Tochter der Herzogin Christina
von Lothringen, vermählt. Er hielt eine
prächtige Hochzeit, wobey auch der Magistrat
von Augsburg eingeladen war, wie solches bereits in diesen Blättern angeführt wurde.

Herzog Albrecht von Baiern
kam im Jahre 1569 mit seiner Familie, und Hofstaat, auch in das Schloß zu Friedberg, und wohnte daselbst bis 1579. Durch
die Anwesenheit dieser fürstlichen Personen, wurde die Stadt Friedberg in
einen hohen Wohlstand gebracht; so wie auch

das benachbarte Augsburg, sich durch die öftere Besuche dieser hohen Herrschaften, sehr geehrt fühlte. Herzog Albrecht war überhaupt, den Augsburgern besonders gnädig und günstig, welches Glück sie auch hoch zu schätzen wußten, solche mächtige Nachbarn in jenen unruhvollen Zeiten, zu ihren Freunden zu besitzen. —

Die Herzogin Christina von Lothringen, Schwiegermutter des Prinzen Wilhelm von Baiern, mit ihrer ledigen Tochter Prinzessin Dorothea, befand sich gleichfalls eine Zeitlang in dem Schloß Friedberg, das diese Gegend sehr belebt machte. — Christoph, der erste Sohn Prinz Wilhelms, wurde am 23. Februar 1571 daselbst gebohren; er starb aber eine Stunde nachdem er die Welt erblickte, und wurde auf dem heil. Berg Andechs am Ammersee, begraben. Im Jahre 1579 den 9. Nov., starb auch Herzog Albrecht von Baiern, zum allgemeinen Bedauern der Friedberger und Augsburger, denn er war ein guter Fürst. —

Im Jahre 1582 gab der Prinz Wilhelm von Baiern ein Hauptschießen zu Friedberg, welchem der König Matthias von Ungarn, und Herzog Maximilian von Oesterreich, nebst noch mehrern Reichsfürsten, beywohnten.

Im Jahre 1599 wurde die Stadt Friedberg auch mit der Pest heimgesucht, welche eine Menge Menschen wegraffte. — Der Magistrat daselbst, bestellte zu den Pestkranken und Verstorbenen, fünf Mann als Todtengräber und zwey Weibspersonen, als Wärterinnen, des Namens: Marx Merkel, Hans Weinmaier, Andrä Kauth, Ulrich Oefele, Katharina und Apollonia Prendtin, welche sich aus bloßer Menschenliebe, diesem gefährlichen Geschäft unterzogen, da Andere es nicht wagen wollten, sich hierzu gebrauchen zu lassen.

Im Jahre 1520 hatte die Stadt Augsburg das nämliche Unglück, wobey die Stadt 16,000 Menschen am Leben verlor. — Auch in den Jahren 1572 und 1634 stellte sich diese Landplage, neuerdings daselbst ein. —

Nach dem Verlust der Schlacht bey Breitenfeld, unweit Leipzig, den 17. September 1631, im dreyßigjährigen Kriege, der Baiern und Kaiserlichen gegen die Schweden; und nachdem der Schellenberg, und die Stadt Donauwörth, auch den Letztern in die Hände fiel, und General Tilly den siegreichen Fortschritten der schwedischen Heeresmacht keinen weitern Einhalt zu thun vermochte, zog sich Tilly hinter den Lechfluß, ins Baiern, zurück, in der Absicht, zwischen diesem und dem Flüßchen Aach, nahe an der Stadt Friedberg, Stand zu halten, und etwas Entscheidendes zu unternehmen.

Der Churfürst Maximilian kam auch dahin, und man sahe einem entscheidenden Schlag in dieser Gegend, mit bangen Herzen entgegen; als General Tilly, da er rekognosciren ritte, bey Oberndorf von einer schwedischen Kugel tödtlich verwundet wurde. — Der Churfürst Maximilian, sahe sich hierauf genöthigt, sich mit seiner Armee nach Ingolstadt zu ziehen, wohin Tilly auch gebracht wurde: der, obgleich schwer verwundet, noch immer kommandirte; — sein Tod erfolgte den 30ten April 1632. Auf den Friedberger Anhöhen, hinter dieser Stadt, blieb blos ein Korps kaiserlicher Kroaten, in ihrem Lager stehen. — Den Schweden war ganz Baiern von dieser Seite offen; und, als der König Gustav von Schweden vor Augsburg ankam, war seine Armee 100,000 Mann stark. — Er nahm in gedachter Stadt von einem Fenster der Fuggerschen Häuser auf dem Weinmarkt, zwischen dem Churfürsten Friedrich von der Pfalz, und Pfalz, grafen August, die Huldigung der Bürger Augsburgs an. Er theilte öfters in Person, seiner Armee, das Commis, brod aus, das er vorher untersuchte. Dieses Heer, hatte sein Hauptlager auf den Anhöhen und Feldern bey dem Augsburger Ziegelstadel. Er ließ die in die Stadt Augsburg geflüchtete Güter, aus dem benachbarten Baiern in Beschlag nehmen.

Am 22. April 1632, rückte er mit seiner Armee über den Lechfluß in Baiern vor, wo, bey Friedberg sogleich von den Schweden besetzt wurde. — Diese unglückliche Stadt muß,

te denselben auf der Stelle 6000 Gulden Brand-
schatzung bezahlen; demungeachtet aber, als
der König Gustav den 25sten April, mit seiner Armee von Augsburg gegen Ingolstadt vorrückte, wurde Friedberg,
sammt der eine Viertelstunde davon entlegenen
St. Afrakirche, von den Schweden
rein ausgeplündert, und das Archiv der
Stadt Friedberg verheert. —

Im Jahre 1632, wo die Schweden 3
Monate lang Friedberg besetzt
hielten, und ein Lazareth von ihnen
daselbst errichtet war, hatten die kaiserlichen
Kroaten, mit Vorwissen etlicher Bürger Friedbergs; die schwedische Besatzung daselbst, 140
Mann stark, überfallen, sich der Stadt bemäch-
tigt, und alle Schweden, bis auf vier Mann,
niedergemacht, welche sich über die Stadtmauer
herabließen, und nach Augsburg entflohen. —
Nicht weit von Friedberg, stand zwar der
kaiserliche Kroatenoberst Kraz, mit seinem
Corps, und machte den Bürgern Friedbergs,
und den katholischen Burgern Augsburgs, immer Hoffnung, er werde sie entsetzen; es blieb
aber beym leeren Verspruch. —

Als nun aber die vier von Friedberg nach Augsburg entflohene Schweden mit der Nachricht des Ueberfalls der Kroaten in Friedberg, mit Hülfe deren Bürger, in letztgedachter Reichsstadt ankamen, gerieth die Stadt daselbst in Bewegung, und es wurde Friedberg, von den Schweden und den schwedisch Gesinnten, blutige Rache geschworen, welche man den 16. July auch wirklich vollzog; denn nach gehaltenem Kriegsrath zog um Mittag ein Corps Freywilliger von einigen schwedischen Regimentern, und schwedischen Anhängern von der Stadt selbst, unter Anführung des schwedischen Kapitain Schlott, gegen Friedberg, und griff diese Stadt heftig an. Die Kroaten machten sich, nebst dem Landrichter bey Zeiten davon, so daß bloß einige Bürger, mit wenig zuruckgebliebenen kaiserlichen Soldaten, die Stadt in der Hoffnung vertheidigten; der kaiserliche Oberst Kraz, werde ihnen nun, um so eher zu Hülfe kommen. — Sie wurden aber ihrem Schicksal ganz uberlassen. Die Thore wurden von den Schweden mit Petarden eingesprengt und Friedberg mit stürmender Hand erobert; viele Weiber und Kinder wurden aus der Stadt gejagt, die Bürger aber, so man unter den Waffen fand, so wie die unbewaffneten Zurückgebliebenen, ohne Barmherzigkeit niedergemacht. Auch jene, so in die Kirche entflohen waren, worunter sich zwey Geistliche befanden, wurden nicht verschont, so daß das Menschenblut zur Kirchthüre heraus strömte. Alle Häuser wurden ausgeplündert, und noch denselben Abend, ein großer Theil der Stadt, durch Feuer in die Asche gelegt. — Das Brunnenwerk wurde sogar auch ganz zer stört, und in Augsburg wurden die erbeuteten Habseligkeiten der Friedberger, wie auf einem Jahrmarkt verkauft. —

Die Feuersbrunst hat in Friedberg sechs Ta ge lang gedauert, denn es brannten außer den meisten Häusern und Kirchen, das Schloß und das baierische Hochzollhaus ab. — In der Fol ge der Zeit setzten die Schweden einen prote stantischen Bürger von Augsburg, J u n k e r C h r i s t l als Landrichter nach Friedberg, welcher alles zum L a n d g e r i c h t und Z o l l a m t gehörige besorgte. — Eine Anzahl schwedischer Soldaten, welche im Kloster St. Ulrich in Augs burt einquartiert waren, hatten den 26. Okto ber auf ihrem Marsch nach Landsberg, die St. Afrakapelle auf dem Lechfeld, welche zum Gedächtniß der im Jahre 302 erlittenen Marter der heil. Afra, erbaut war, ganz verwüstet; und jene Säule, woran die heil. Martyrin gebunden gewesen seyn soll; die in eine steinerne Säule eingemauert, viele Jahre aufbewahrt wurde, ausgehauen, und das dabey gestandene Meßnershaus abgebrannt. —

Im Dorf Lechhausen, nahe an Augsburg, welches ganz verwustet, und niedergerissen war, wurden von den Schweden am 22. Jänner 1633 die etliche Häuser, so noch daselbst stunden, auch noch demolirt, damit sich die streifenden kaiserlichen Kroaten nicht dort setzen konnten. — Anfangs des Monat März, machte die schwedische Besatzung von Augsburg einen Streifzug ins Baiern, dieses Corps plünderte in Griesbach und in andern Ortschaften der dortigen Gegend; erbeutete 40 Stück Vieh, vieles Getreide, Heu und Anderes, welches alles nach Augsburg gebracht wurde. — Bey Dasing, wurden sie von den Kroaten angegriffen, und nach einem hitzigen Gefechte, blieben beyderseits viele Leute, mehrere wurden verwundet, und gefangen. — Vom Jahre 1633 bis 1635 machte die schwedische Besatzung von Augsburg noch einige Ausfälle, und plünderte in Steppach, Simpach, Angelsberg, Matsies, Kirchheim, Thierhaupten, Pöttmös, Windling u. a. m. doch der Betrag der Beute vom platten Lande, war im Ganzen unbeträchtlich. —

Nach der verlornen Schlacht der Schweden bey Nördlingen, den 27. August 1634, (wobey 12,000 Schweden auf dem Platze blieben, und mehrere tausend, mit dem General Horn gefangen wurden), sind die meisten Städte in Schwaben und Franken, von den kaiserlichen und baierischen Kriegsheeren in der Folge wieder erobert worden, so wie auch die Stadt Augsburg (deren schwedische Besatzung bis Ende Januar 1635 ihre schädliche Streifzüge nach Friedberg, Aichach und andern Ortschaften Baierns, fortsetzte), vom Churfürst Maximilian eingeschlossen, und nachdem solche eine schreckliche Hungersnoth aushalten mußte, den 3. März an die Baiern übergeben wurde. — Das verwüstete Friedberg war kaum wieder aufgebaut, und der Mangel an Lebensmitteln

weniger fühlbar, als früher; so fielen die Schweden im Jahre 1646 wieder in Baiern ein, nachdem sie im Jahre 1645 Schwaben wieder er-
oberten. Sie belagerten und bombardirten, in
Verbindung mit den Franzosen Augsburg
vergebens; denn sie konnten nichts dadurch erzwecken, als daß sie eine Lohmuhle in der Ja-
kovervorstadt in Brand steckten. Allein Friedberg, wurde von ihnen und den Franzosen, im
Jahre 1646 belagert und erobert, sammt dem
Schloße, dem Dorf Lechhausen, und andern
benachbarten Ortschaften in Brand gesteckt, und
gänzlich verheert. — Den 12ten Oktober stellte
jedoch Erzherzog von Oesterreich, als
er in der Gegend von Augsburg anlangte, seine Truppen (so wieder neuen Zuwachs erhielten), unter Friedberg, (das noch vom Brande
rauchte), in ein Lager. — Nach und nach,
fanden sich auch wieder die entflohenen, von
Hunger und Elend abgezehrten ungiucklichen
Burger Friedbergs daselbst ein. —

Das noch Uebrige des Stadtarchives Friedbergs, wurde zuerst im Jahre 1645 nach München geflüchtet, blieb aber nicht lange daselbst,
sondern kam im Jahre 1646 nach Augsburg in

das Kloster St. Ulrich, und von dort sehr unvollständig wieder zuruck. — In der Mitte Oktobers, im Jahre 1648, verließen endlich die Schweden und Franzosen (nachdem sie den 16. und 17. May die Kaiserlichen bey Zusmarshausen schlugen; 2000 Mann, nebst dem Feldmarschall Holzapfel getödtet; 11 Offiziere, 270 Mann zu Gefangene gemacht; 6 Feldstücke, 5 Standarten, 340 Pferde, die Kriegskanzley und viele Bagage, erbeutet hatte, und nachdem sie noch vieles Vieh, im Dorf Lechhausen hinwegnahmen); worauf den 24. Oktober, zur allgemeinen Freude, zu Münster der westphälische Friedensschluß erfolgte.

Im Jahre 1654, nachdem das Schloß zu Friedberg wieder erbaut wurde, nahm die verwittibte Maria Anna von Oestreich, Herzogin von Baiern, daselbst ihren Wittibsitz.

Inhalt

des

zweyten Bandes.